쓰임받는
사람의 축복

쓰임받는 사람의 축복

초판 1쇄 찍은 날 · 2005년 8월 15일 | 초판 10쇄 펴낸 날 · 2006년 11월 24일

지은이 · 김문훈 | 펴낸이 · 김승태

편집장 · 김은주 | 편집 · 이덕희, 최선혜, 방현주 | 디자인 · 이훈혜, 정혜정, 이은희 | 제작 · 조석행
영업 · 변미영, 장완철, 김성환 | 물류 · 조용환, 엄인휘 | 드림빌더스 · 고종원

등록번호 · 제2-1349호(1992. 3. 31.) | 펴낸 곳 · 예영커뮤니케이션
주소 · (110-616) 서울 광화문우체국 사서함 1661호 | 홈페이지 www.jeyoung.com
출판사업부 · T. (02)766-8932 F. (02)766-8934 e-mail: jeyoungedit@chol.com
출판유통사업 · T. (02)766-8931 F. (02)766-8934 e-mail: jeyoungsales@chol.com

ISBN 89-8350-359-9 (03230)

값 11,000원

■ 잘못 만들어진 책은 교환해 드립니다.

쓰임받는
사람의 축복

김문훈 지음

예영커뮤니케이션

쓰임받는 사람의 축복

한 시대에 성공적인 삶을 사는 사람들은 인물이 출중하다거나 명석해서가 아니라 주께서 들어 쓰셨기 때문에 가능했다는 생각을 해 봅니다. 하나님께서 세우시고 쓰시는 종들은 세상적 잣대와 기준에 충실한 사람들이 아니었습니다. 부족을 인정하고 잘못을 회개할 줄 아는 겸손하고 '낮은 자'들이었습니다.

이 시대 많은 크리스천들이 하나님과의 복된 관계에 목말라하고 갈급해하는 것을 봅니다. 하나님은 진리 편에 서서 오직 그분만을 갈망하는 사람을 기대하십니다. 고난도 축복임은, 나의 모자람으로 받는 연단이 종내, 하나님께서 주실 은혜의 준비 과정이기 때문입니다.

쓰임받는 사람은 담대합니다. 쓰임받는 사람은 온유합니다. 또 쓰임받는 사람은 하나님과 합한 마음을 갖습니다.

이 책에 실린 내용은 지난 수년간 방송과 집회 등지에서 설교를 통해 전해진 것으로, 현장감을 살리기 위해 억양 등을 제외한 말투는 가능한 살리려고 했습니다.

절기별로 그 특성에 맞게 준비되는 대다수 방송 집회나 강연회와 차별하여 주제별로 구성하였으며, 책의 특성을 고려해 비슷한 주제의 예화는 과감히 삭제하였습니다.

1부 '하나님께 더 가까이'는 구원론적 시각에서 그리스도인이라는 자아상과 믿음에 대해 다뤘습니다.

2부 '치유와 회복의 권능'에서는, 우리 시대 만연해 있는 상실감과 패배의식을 회복하기 위한 대안을 모색해 봤습니다.

3부 '희망의 언어'에서는 회복 후 그리스도인으로서 가져야 할 꿈과 그 성취를 위한 비전 등을 다뤘습니다.

마지막으로 4부 '하나님께 쓰임받는 인생'은 이 책의 주제 장입니다. 여기서는 하나님으로부터 쓰임받는 사람의 조건과 순종하는 자세, 그리고 그 과정에서 겪게 되는 고난이 궁극적으로는 축복이라는 점을 강조했습니다.

최근 저는 저의 방송설교나 인터넷설교 등을 보고 하나님께 돌아온 많은 불신 가정의 남편들의 간증을 접했습니다. 밀레니엄 시대, 선교 매체의 영향력이 아닐 수 없습니다. 루터가, 구텐베르크가 발명한 활판 인쇄 시대에 하나님 종으로서의 그 직임에 충실했듯 각 시대의 매체와 편리에 맞게 그 쓰임과 용도를 다루시는 그분의 놀라운 섭리와 손길에 놀랄 뿐입니다.

하나님은 다스려 쓰시기까지 인내하시고, 우리보다 우리를 더 잘 아시며, 우리보다 앞서 계획하시며 행하시는 분입니다. 이 책을 읽는 모든 독자가 순종함으로 나아가 이후 축복하시는 하나님의 사랑을 체험하는 기쁨과 유익을 누리기를 바랍니다.

2005년 7월

사람을 알고 하나님을 아는 사람

설교는 곧 목사라고 할 수 있을 것입니다. 그만큼 밀접한 관계를 갖고 있음을 자타가 공인하고 있습니다. 그러나 목사에게 설교만큼 부담이 되는 일도 없을 것입니다.

'어떻게 하면 설교를 통해 성도들에게 은혜를 받게 할 것인가! 어떻게 하면 알아듣기 쉽게 전달할 것인가, 또 재미있게 할 것인가.'

헌데 김문훈 목사님의 설교를 듣다보면 그러한 고민이 불식되고 탄성이 나오게 됩니다. 기독교TV를 시청하는 사람들 중에는 그리스도인뿐만 아니라 비그리스도인들도 시청하는 비중이 꽤 크다고 들었습니다. 김 목사님의 설교를 시청하는 마니아층이 대단히 넓다는 얘기도 듣고 있습니다. 여기에는 그만한 이유가 있다고 봅니다.

즉 그의 설교에는 어려운 세상살이, 고되고 힘든 세상살이를 웃으면서 여유 있게 헤쳐 나갈 수 있는 유머와 위트가 있습니다. 지방 사투리에 정감과 향수가 물신 풍깁니다. 속도전이라고 칭해질 만큼 빨리 내닫는 세상살이에서 그의 설교 속도는 사람의 마음을 앞지릅니다. 세상이 사람에게 던져 주는 유혹과 도전의 말을 앞질러 하나님의 말씀으로 사람을 낚는 설교가 그에게는 있습니다. 그의 설교는 사람을 알고 하나님을 아는 사람인 김문훈 목사를 보여 줍니다. 그의 설교에서 뿜어져 나오는 해학과 유머, 위트는 아마도 젊은 시절 그에게 있었던 대수술을 비롯하여 크고 작은 고난, 각종 스트레스와 누구나 갖고 있었던 열등감에서 오는 대인기피증 등 온갖 마음의 상처들을 예수님의 보혈로 깨끗이 해결 받은 사실들이 혼합된 진수일 것입니다. 그 농축된 얘기를 듣고 시청하는 청중들은 공감대를 형성하며 마음을 열고 감탄해합니다. 말씀을 통한 웃음은 삶의 중심을 잡아 주는 무게 잡힌 웃음이며, 죄와 상처에 매여 꼼짝달싹할 수 없는 사람들이 부담 없이 자신을 바라보게 해 주는 소탈한 웃음입니다. 그러므로 그의 설교도 인생의 큰 산을 향해 올라가는 과정이라고 보아집니다.

지나고 보니 아무것도 아니라는 후회들을 그의 설교에서 쉽게 들어 볼 수 있습니다. 그의 설교를 듣다보면 어느새 인생의 큰 산을 나도 넘고 있다는 것을 느끼게 합니다. 웃으며 산을 넘을 수 있는 설교를 나는 김문훈 목사님을 통해 만납니다. 그래서 김 목사님을 사랑하고 기대하고 있습니다.

이번 설교집이 많은 성도들에게 읽혀져서 보다 큰 은혜를 나누는 축복이 있기를 빕니다.

호산나교회 담임 **최홍준** 목사

하나님을 사랑하는 사람

호랑이는 죽어서 가죽을 남기고 사람은 죽어서 이름을 남긴다는 말이 있습니다. 여기서 일컫는 '이름' 이란 사람이 살아온 모든 삶을 함축한 의미입니다. 다른 표현으로 하자면 '삶의 간증' 이라고 하겠습니다. 다시 말해 그리스도인은 하나님께서 부르시는 날까지 이 땅에서 살다간 흔적을 간증으로 남기는 것입니다.

하나님의 말씀인 성경은 하나님께서 우리 인간을 어떻게 사랑하시고 구원하셨는지에 대한, 하나님의 인간에 대한 사랑 이야기입니다. 또한 사람들이 하나님을 어떻게 사랑하였는지에 대한, 인간의 하나님에 대한 사랑 이야기입니다.

하나님을 누구보다도 사랑하는 사람, 김문훈 목사님의 하나님을 향한 사랑 이야기가 금번에 책으로 출간됨을 진심으로 축하드립니다. 한국 교계에 귀하게 쓰임받으시는 김문훈 목사님은 제가 아주 가까운 친형제

같이 섬기는 목사님이십니다.

『쓰임받는 사람의 축복』이란 제목으로 출간된 이 귀한 책을 읽는 자마다 하나님을 향한 뜨거운 사랑과 헌신과 변화가 일어나고, 독자들로 하여 하나님께 쓰임받는 사람으로 변화되는 역사가 있을 것이라 믿습니다.

방송 사역과 부흥 사역을 통해서도 큰 일을 이루고 계시는 김문훈 목사님의 사역이 문서를 통해서도 더욱 크게 역사되기를 기도합니다.

중문침례교회 담임 장경동 목사

웃음과 영성이 있는 말씀

기독교텔레비전 가족으로 '밀레니엄
특강'을 방송하신 3년 동안, 한결같은 마음으로 영상 선교 사역을 사랑
으로 동역해 주신 김문훈 목사님께 깊이 감사드리며, 금번 설교집을 출
간하시게 됨을 축하드립니다.

그동안 여러 모양으로 목사님의 설교 말씀을 통한 한국 교회 교인들의
변화와 감사의 고백을 들어 온 터에 금번 책 출간 소식은 매우 기쁜 소식
이 아닐 수 없습니다.

언제나 구수한 사투리로 밝은 웃음을 주시고, 또한 깊은 영성으로 삶
을 변화시키는 목사님의 설교가 책으로 만들어져서 더 많은 목회자님과
성도들께 선한 영향력을 주시리라 믿습니다.

특별히 김문훈 목사님은 TV설교를 통해 약한 믿음의 사람에게는 기
운을 복돋우고, 불신자들을 예배당으로 이끄는 거대한 영향력을 가지신

분입니다.

　앞으로도, 목사님의 말씀을 통해 상한 심령과 깨어진 가정이 회복되고, 한국 교회에 부흥이 다시 일어나길 간절히 소망하며, 또한 CTS 기독교TV의 영상선교사역에 목사님의 지속적인 사랑을 기대합니다.

　감사합니다.

CTS 기독교TV 사장 감경철 장로

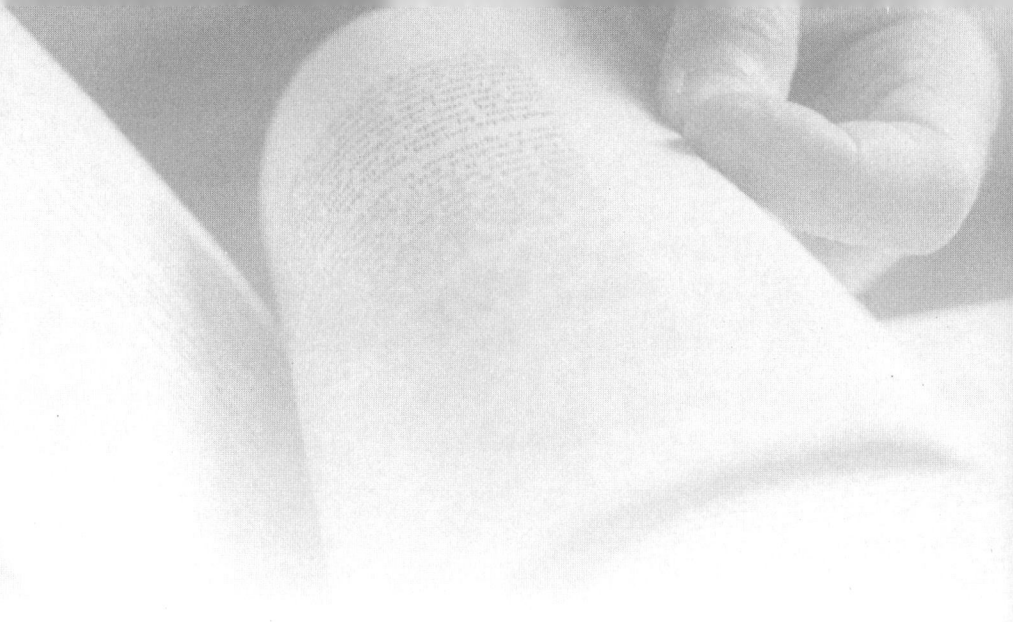

III. 희망의 언어

IV. 하나님께 쓰임받는 인생

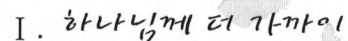

Ⅰ. 하나님께 더 가까이

이로써 그 보배롭고 지극히 큰 약속을 우리에게 주사

이 약속으로 말미암아 너희로 정욕을 인하여

세상에서 썩어질 것을 피하여

신의 성품에 참예하는 자가 되게 하려 하셨으니

이러므로 너희가 더욱 힘써 너희 믿음에 덕을, 덕에 지식을,

지식에 절제를, 절제에 인내를, 인내에 경건을, 경건에 형제 우애를,

형제 우애에 사랑을 공급하라

이런 것이 너희에게 있어 흡족한즉 너희로

우리 주 예수 그리스도를 알기에

게으르지 않고 열매 없는 자가 되지 않게 하려니와

이런 것이 없는 자는 소경이라 원시치 못하고

그의 옛 죄를 깨끗케 하심을 잊었느니라

그러므로 형제들아 더욱 힘써 너희 부르심과 택하심을 굳게 하라

너희가 이것을 행한 즉 언제든지 실족지 아니하리라

이같이 하면 우리 주 곧 구주 예수 그리스도의

영원한 나라에 들어감을 넉넉히 너희에게 주시리라

 베드로후서 1장 4~11절

신의 성품에 참여하는 자

우리 그리스도인들은 세상의 정욕을 피해 신의 성품에 참여하는 자들이어야 합니다. 신의 성품에 참여하는 자는 흡족하게 되며, 열매를 맺고 실족치 않는 사람입니다. 그리고 이러한 자가 영원한 나라에 들어갈 수 있습니다. 그렇다면 어떤 사람이 신의 성품에 참여하는 자일까요? 어떻게 해야 본문의 말씀처럼 열매 맺는 자가 되고, 실족치 않으며 영원한 하나님 나라에 들어갈 수 있을까요?

살다보면 사람의 성격에 따라 인생이 달라지는 것을 보게 됩니다. 그만큼 인생에 있어서 성격은 매우 중요합니다. 남녀가 결혼을 할 때 많은 경우 조건들을 보지만 궁극적으로 따지는 것은 성격입니다. 성격, 기질이 맞아야 결혼이 성사됩니다. 아무리 좋은 조건을 제시해도 성격이 안 맞으면 소용 없습니다. 이혼도 그렇습니다. 이혼을 하는 많은 부부가 헤

어짐을 결심하는 건 성격이 맞지 않아서입니다.

성격은 건강에도 영향을 미칩니다. 성격이 좋은 사람들이 대체적으로 건강합니다. 성격이 밝고, 원만하고, 따뜻하고, 환하고, 긍정적이고, 적극적이고, 낭만적이고, 진취적이고, 활달하고, 수수한 사람은 병에 잘 안 걸립니다. 스트레스가 와도 "할렐루야"하며 웃고 지나가는데 어떻게 병에 걸리겠습니까? 그런데 대개 아픈 사람은 얼굴이 굳어 있고, 말투가 삐딱하고, 정서가 어둡고, 부정적입니다. 그러니까 우울증이 생기고, 늘 화가 나고, 관계가 원만하지 못하며, 대화마다 충돌이 일어나는 것입니다. 소심하고, 말을 잘 못하고, 속으로 삭이는 사람들은 안으로 병을 키우는 사람들입니다.

병은 마음에서부터 생깁니다. 염려와 걱정이 많은 사람은 소화 기능이 좋지 않고, 겁이 많아 쓸개도 안 좋습니다. 그리고 화를 잘 내는 사람은 간이 안 좋습니다. 이처럼 우리의 기질과 육체는 밀접해서 영과 육으로 된 우리는 성격에 따라 위대한 사람이 될 수도 있고 신통치 않은 사람이 될 수도 있습니다. 그래서 성격이 중요합니다. 본래 가진 기질도 중요하지만 우리 그리스도인은 성격을 개발해야 합니다. 태어난 대로 그냥 살면 되는 것이 아니고 좋은 성격을 개발해야 합니다. 성격 개발을 통해 본문에서 말하는 신의 성품에 참여하는 자가 되어야 하는 것입니다. 그렇다면 신의 성품이란 어떤 성품을 말하는 것일까요?

하나님의 성품

성경을 통해 우리는 하나님의 많은 성품들을 봅니다. 그 중 이사야가

목도한 하나님의 성품은 한 마디로 '거룩' 이라고 할 수 있습니다. '거룩'
은 능력입니다. '거룩' 에는 병을 이기고, 마귀를 이기는 엄청난 파워가
있습니다. "마음이 청결한 자가 하나님을 볼 것이요"
라고 했습니다. 하나님은 정직하고, 깨끗한 그릇을 쓰
시는데 우리의 마음이 깨끗한 것을 넘어서 하나님의
성품인 '거룩' 을 회복하고 유지하면 우리 삶에 엄청
난 능력이 나타나게 됩니다. 하지만 우리가 범죄할 때
에 '거룩' 은 무너집니다. 능력도 사라지고, 담력도 사
라지고, 약하고 병들고 가난하게 되는 것입니다.

Blessing of the man serving the lord
쓰임 받는 사람의 축복

**하나님 성품을 한마디로
표현하면 그것은 바로 '평
강' 입니다. 평강은 하나님
의 성품들이 하나로 어우
러진 것입니다.**

호세아 선지자가 강조한 하나님의 성품은 '사랑' 입니다. 호세아에서는
끊을 수 없는, 도저히 포기할 수 없는 하나님의 사랑에 대해 말합니다.
바람난 아내를 돈을 주고서라도 다시 데려오는 호세아의 사랑은 값을
치루시면서까지 우리를 사랑하신 예수님의 사랑을 암시합니다.

그런가하면 아모스는 '공의' 를, 예레미아는 '진실' 을 강조하고 있으
며, 신약의 사도 바울은 '자유' 를 강조합니다. 사방을 우겨 싸도 싸이지
않고 '누가 막으리요 누가 끊으리요 누가 정죄하리요' 라고 고백했던 사
도 바울은 주 안에서 평안을 누리고 자유롭게 산 사람이었습니다. 이처
럼 성경의 선지자들이 강조하는 하나님의 성품은 다 다릅니다. 하나님
은 어제나 오늘이나 동일하시고 만유에 충만하며 회전하는 그림자도 없
는 분이시지만 그분은 사랑이 많으시며 공의로우시고, 가까이 하기엔
너무 먼, 그러면서도 자비롭고 사랑스럽고 친밀하고, 따뜻하신 분입니
다. 이렇게 다양한 하나님 성품을 한마디로 표현하면 어떻게 말할 수 있
을까요? '거룩+사랑+공의+진실+자유……' 그것은 바로 '평강' 입니
다. 평강은 하나님의 성품들이 하나로 어우러진 것입니다. 우리가 인사

할 때 "샬롬"이라고 하는데 샬롬이란 전쟁이 없는 그저 조용한 상태를 말하는 것이 아니라 올바르고, 평안하고, 자유로우면서도 질서가 잡힌 평강의 상태를 말합니다.

그렇다면 우리가 어떻게 해야 하나님의 성품에 참여하는 자가 될 수 있을까요? 베드로후서 1장에서는 신의 성품에 참여하는 자가 되기 위해서는 8가지의 덕목에 힘쓰라고 말합니다. 이 8가지 덕목이 우리 안에 있을 때에 흡족하게 되고, 열매를 맺으며, 옛 죄를 깨끗케 하심을 받아 영원한 하나님 나라에 넉넉히 들어갈 수 있다고 말합니다. 다음에는 우리를 흡족케 하는 8가지 덕목들에 대해 살펴보려고 합니다.

믿음에 힘쓰라

"이러므로 너희가 더욱 힘써 너희 믿음에 덕을, 덕에 지식을……." (벧후1:5).

'의인'은 '믿음'으로 삽니다.
믿음의 사람은 소극적이지 않습니다.

첫 번째 우리가 힘써야 할 것은 믿음입니다. 의인은 오직 믿음으로 말미암아 산다고 했습니다. 믿음장인 히브리서의 11장을 보면 믿음의 선진들에 대한 이야기가 나옵니다. 아브라함, 모세, 다윗이 어떤 사람들이었는지에 대해 나오는데 성경 어디에도 '아브라함의 IQ가 얼마고 요셉의 키가 얼마다' 라는 기록은 없습니다. 이들의 공통분모는 오직 '믿음' 이었습니다.

"믿음이 없이는 기쁘시게 못하나니 하나님께 나아가는 자는 반드시 그가 계신 것과 또한 그가 자기를 찾는 자들에게 상 주시는 이심을 믿어야 할찌니라"

(히11: 6).

우리는 왜 기도합니까? 하나님이 살아 계신 줄 믿기 때문에 기도하는 것 아닙니까? 하나님은 '전설 따라 삼천리'에 나오는 할아버지처럼 지팡이 들고 수염 휘날리는 지나가신 과거사의 한 분이 아닙니다. 오늘날 우리 삶의 현장에서 함께하시고, 구체적으로 간섭하시고 인도하시며 주관하시는, 살아 계신 분입니다. 우리는 그분이 살아 계신 것과 현존하시는 것, 그리고 '내'가 그분께 구하고 찾을 때마다 믿고, 구하는 대로 상 주심을 믿어야 합니다. 믿음에 힘을 쓰라는 것은 내 아버지, 내 하나님을 굳게 믿으라는 것입니다. 종교 개혁의 구호가 무엇이었습니까? "오직 믿음으로"입니다. '의인'은 '믿음'으로 삽니다. 믿음의 그릇을 채우십시오. 성도가 가장 힘써야 될 기초 단계, 신앙의 첫 번째 단추는 믿음입니다. 하나님은 기적을 일으키시기 전에 반드시 믿음을 테스트해 보시고 복을 주십니다. 아브라함의 경우가 그렇습니다. 아브라함이 하나님께 아들 이삭을 제물로 드리자 하나님께서는 그의 믿음을 의롭게 보시고 아들 하나가 아니라 하늘의 별, 바다의 모래 같은 천천 만만의 민족을 후대에 이루게 하셨습니다. 아브라함은 믿음 하나로 창대케 되고 존귀케 되는 축복을 누렸던 사람입니다.

믿음에 힘을 쓰십시오. 믿음의 사람은 소극적이지 않습니다. 하나님께서는 우리의 발바닥으로 밟는 땅을 허락하시는 분임을 믿기 때문에 담대히 나아갑니다. 심는 대로 거두리라는 공식을 믿고 무엇이든 뿌리고 심습니다. 하지만 믿음이 없는 사람은 노력하지 않습니다. 기도하지도 않습니다. 마태복음 25장에 믿음 없는 자의 모습이 잘 나타나 있는데 한 달란트 받은 종이 좋은 예입니다. 그는 "우리 주인은 마음이 굳은 사람이라"면서 주인에게 받은 한 달란트를 땅에 묻어 두고 아무 노력도 하지 않았습니다. 그래서 결국 '악하고 게으른 종'이라 책망을 듣고 내쫓겨 울며 이를 갈게 되는 신세가 됩니다. 하지만 하나님이 참 좋은 아버지라는 것을 믿는 사람은 소극적이지 않습니다. 믿음이 있기 때문에 계속해서 노력하고, 소망이 있기 때문에 포기하지 않습니다. 믿음의 내일이 있기 때문에 항상 긍정적이며, 진취적입니다. 그래서 우리가 믿음을 갖기위해 힘써야 하는 것입니다. 믿음은 들음으로 난다고 했습니다. 들어야합니다. 기회가 닿는 대로 말씀을 들으면서 믿음을 관리해야 합니다. 우리 믿음이 쉽게 변질되고 약해지는 것은 힘쓰지 않고 관리하지 않기 때문입니다.

저는 '하나님 100%, 사람 100%'란 말을 참 좋아합니다. 인간의 생사화복은 하나님의 절대 주권 안에 있지만 하나님이 아무리 전능하셔도 내가 믿지 않으면 아무 소용이 없다는 말입니다. 성경에서 "믿음대로 될지어다, 너희 믿음이 어디 있느냐? 내가 이만한 믿음을 본 적이 없노라"는 말씀이 있습니다. 하나님께서 보시는 것은 믿음이며, 우리를 평가하시는 가장 기초적인 기준도 믿음입니다. 내가 믿을 때 응답하시고, 내가 믿음으로 심을 때 싹이 나게 하시고, 열매 맺게 하십니다. 신앙생활에 3:7이니 2:8 같은 것은 없습니다. 100% 하나님 손에 달려 있습니다. 그리고 100% 우리의 믿음대로 됩니다. 저도 과거에는 하나님께서 90% 정도 인도하시면, 10% 정도는 제 의지로 되는 줄 알았습니다. 그러나 아니었습니다. 모든 것이 하나님 절대 주권 안에 있습니다. 그리고 그분의 주권은 우리의 믿음의 채널을 통해서 나타납니다. 그러므로 전지전능하신 하나님께서 우리의 믿음대로 역사하신다는 믿음에 더욱 힘쓰는 자가 되어야 하겠습니다. 믿는 자가 구원을 얻고, 믿는 자가 영광을 볼 수 있습니다. 누가 봐도 "저 사람 믿음 하나는 대단하다."라는 소리를 들어야 합니다. 자녀들이 볼 때도 "우리 엄마는 무식하지만, 하나님 믿는 데는 박사다."라는 말을 들어야 합니다. 하나님께서 사람을 평가하시는 가장 중요한 잣대는 믿음이라는 사실을 잊지 마십시오.

Blessing of the man serving the lord
쓰임 받는 사람의 축복

> 믿음이 있기 때문에 계속해서 노력하고, 소망이 있기 때문에 포기하지 않습니다. 믿음의 내일이 있기 때문에 항상 긍정적이며, 진취적입니다.

덕을 세우는 데 힘쓰라

"이러므로 너희가 더욱 힘써 너희 믿음에 덕을, 덕에 지식을……"

(벧후1:5).

두 번째로 힘써야 할 것은 덕을 세우는 일입니다. 왜 믿음 다음에 덕을 세우라고 하는 걸까요? 교회마다 믿음 좋은 분들을 보면 열심이 특심인 분들이 있습니다. 교회 행사마다 안 빠지고 나섭니다. 그런데 이런 분들 때문에 상처받는 사람들이 있습니다. 나의 열심이 때로는 다른 사람들을 실족시키는 경우가 생길 수도 있습니다. 왜 그렇습니까? 믿음은 있는데 덕이 부족해서입니다. 교회가 덕이 부족하면 성장 제일주의에 빠져서 예배당 넓히고, 성도들 숫자 늘이는 데만 신경 쓰기 쉽습니다. 그런데 하나님은 큰 것을 별로 좋아하시지 않습니다. 지극히 작은 일에 충성할 때 큰 것을 맡기시는 분입니다. 오늘날 한국의 교회들이 세상에 빛과 소금이 되지 못하고 교회 안팎으로 문제를 일으키는 것도 다 덕이 부족해서입니다.

제가 본문을 보면서 곰곰히 생각을 해봤습니다. '믿음에 덕을, 덕에 지식을…' 말씀 묵상 중에 '나는 어디쯤에 해당될까' 에 대해 생각해 보니 믿음에는 자신이 있는데 덕에는 자신이 없었습니다. 그만큼 사람이 덕스럽게 되는 것은 어렵습니다.

그렇다면 어떻게 하는 것이 덕에 힘을 쓰는 일일까요? 제가 보기엔 믿음이 '들음' (聞)에서 나듯이 시험도 '들음' (聞)에서 나는 것 같습니다. 교회 성도들로부터 나오는 모든 말에 예민해지다 보면 반드시 넘어집니다. 구역 예배나 여전도회 등의 모임에 가서 상처만 받고 오는 경우도 생깁니다.

그래서 모든 관계에 거리 유지가 중요합니다. 이것이 바로 덕에 힘을 쓰는 일입니다. 운전할 때 안전거리를 확보해야 하는 것과 같은 이치입니다. '안전거리 확보' 는 갑작스런 제동으로부터의 최소한의 안전장치입니다. 신앙생활도 마찬가지입니다.

신앙생활에도 적당한 거리 유지가 필요합니다. 예를 들어 교인은 목사를 태양과 같이 여겨야 합니다. 목사를 우상처럼 여기라는 뜻이 아닙니다. 태양이 무엇입니까? 불덩어리 아닙니까? 태양은 가까이 가면 타서 죽고, 멀어지면 얼어 죽게 됩니다. 담임 목사님과의 관계도 마찬가지입니다. 너무 가까이 가도, 너무 멀리 가도 문제가 생기기 때문에 적당한 거리 유지가 필요합니다.

교인들 사이에도 거리 유지가 중요합니다. 여 집사님 둘이 지나치게 가까이 지내는 경우 장담컨대 여섯 달을 못 갑니다. 아침에 눈뜨자마자 전화해서 "커피 마시러 와라!" "쇼핑 안 갈래?" 하면서 다정히 지내는 분들이 어느 날 철천지원수가 돼 있는 경우를 종종 봅니다. 왜 그렇습니까? 거리 유지를 잘 못했기 때문입니다. 서로 속깊은 애기까지 다 나눴는데 두 사람 중 하나라도 서운한 맘이 생기면 둘 사이의 관계는 끝장입니다. '저 여자가 나의 모든 것을 다 알고 있는데…, 저 여자가 나 없을 때 여전도회 가서 다 얘기하는 것 아닌가' 라는 생각에 견딜 수가 없습니다. 그렇기 때문에 처음부터 거리를 유지하는 것이 서로에게 덕스러운 일입니다.

하나님은 사랑하고, 마귀는 대적하고, 죄는 피하고, 악은 멀리해야 할 것이라면 사람은 돕고 섬겨야 할 대상입니다. 결론적으로 우리가 믿고 사랑해야 할 대상은 사람이 아니라 하나님입니다. 그런데 사람들은 외롭고 답답할 때마다 하나님 앞에 나가 기도하지 않고 휴대폰, 컴퓨터, TV에 의지합니다. 그러나 이럴 경우 문제는 더욱 커지게 마련입니다. 뒤끝이 안 좋습니다. 누군가가 "이건 우리 교회 일급 비밀이니까 너만 알고 있어라"고 말하거든 듣기를 거절하십시오. 그 일급 비밀을 듣는 순간 내 마음의 평정은 깨지고 시험에 빠지게 될 것입니다. 사람이란 하나를 알면 둘을 알고 싶고, 둘을 알고 나면 자신이 전파해야 될 역사적 사명이라도 생긴 줄 착각합니다. 그래서 그 '사실'을 알리고 싶어합니다. 한국 교회 성도들이 왜 시니컬해지는 줄 아십니까? 하나님이 아닌, '사람'을 믿다가 그 대가들을 치르기 때문입니다. 대상 선정, 거리 유지 잘 못해서 혹독한 대가들을 치르고 나면 그 다음부터는 교회사람 말만 나와도 예민해집니다. 믿음이 어린 사람들은 도피하기도 합니다.

이것이 바로 사단의 전법입니다. 사단은 사람들 사이를 이간질시켜서 의욕을 떨어뜨리고, 교회와 하나님을 멀어지게 합니다. 믿음 좋다고 스스로 자랑치 마십시오. 그것은 알파벳의 a수준에 불과합니다. 믿음의 사람은 다음 단계로 반드시 덕을 세우는 데 힘써야 합니다. 자신이 지금 오버하고 있다 싶으면 '이러면 덕이 안 되는구나' 생각하고 발을 빼십시오.

상대가 누가 됐든 늘 안전 거리를 유지해야 합니다. 복 있는 사람은 악인의 꾀를 좇지 않고, 죄인의 길에 서지 않는다고 했습니다. 거리 유지, 위치 선정이 중요하다는 말은 아무리 강조해도 지나치지 않습니다. 솔로몬 왕이 일천 번제를 드리고 받은 축복이 출입을 아는 지혜였습니다. 지혜란, 갈 때와 올 때, 설 때와 앉을 때를 아는 것입니다. 사람은 자신이 어떤 자리에 앉아 있는지를 잘 분별해야 합니다. 내가 있을 자리와 피해야 할 자리를 아는 것이 지혜이고 덕입니다.

북극에 사는 '고슴도치들의 사랑 이야기'가 좋은 예화가 될 것 같습니다. 어느 추운 날 북극에 사는 고슴도치 한 마리가 친구를 찾아갔습니다. 하지만 추위에 지쳐 있던 그 고슴도치는 친구와 붙어 있을 수가 없었습니다. 서로의 가시에 찔렸던 겁니다. 붙어 있자니 찔려 죽겠고, 떨어져 있자니 추워 죽겠고, 북극 고슴도치는 처절했습니다. 이 예화에서처럼 여러분은 북극 고슴도치의 모습을 우리의 모습에서 발견하지는 않습니까? 지치고, 상하고, 멍든 마음의 가시들이 뾰족하게 돋아 있지는 않습니까? 외로워하지만 뾰족하게 돋아 있는 그 마음의 가시들로 인해 서로 붙어 있기 힘들어하지는 않습니까? '나'의 가시가 상대를 찌르고 또 상대의 가시가 '나'를 찌르니 말입니다.

너무 가까이 하면 서로에 상처만 남기게 됩니다. 그래서 우리는 거리 유지를 잘 해야 합니다. 상처의 가시가 많은 존재들이기에 그렇습니다.

성 프란체스코가 제자들과 함께 금식을 할 때였습니다. 제자 하나가 배고픔을 참지 못하고 결국 팥죽을 먹었습니다. 그런데 성 프란체스코는 이런 제자를 책망하지 않았습니다. 그냥 자신도 함께 팥죽을 먹었습니다.

지식에 힘쓰라

"지식에 절제를, 절제에 인내를, 인내에 경건을……." (벧후 1:6).

세 번째 우리가 힘써야 할 것은 지식입니다. 우리는 믿음으로 구원받습니다. 믿음은 abc에서 a에 불과하기 때문에 믿음의 사람은 그 다음 단계로 덕을 세우고 그 위에 지식을 쌓아야 합니다. 실력을 키워야 하는 겁니다. 성경은 "진리를 알지니 진리가 너희를 자유케"한다고 기록하고 있습니다. 우리가 자유케 되려면 진리를 알아야 하고, 여기서 진리를 안다는 것은 곧 지식에 힘쓰는 일입니다.

인간은 네 가지 스타일이 있습니다. 똑부, 똑게, 멍게, 멍부가 있는데 똑부는 똑똑하고 부지런한 인간을 말합니다. 똑게는 똑똑하고 게으른 인간, 멍게는 멍청하고 게으른 인간, 멍부는 멍청하고 부지런한 인간을 말합니다. 그렇다면 여기서 가장 좋은 스타일의 인간은 누구일까요? 똑부일 것 같지만 똑부 스타일의 사람들은 남들과 조화를 이루지 못합니다. 한마디로 주변 사람들을 피곤하게 하는 사람들이 똑부입니다. 똑부 시어머니나 똑부 상관을 모시고 있는 사람들은 생활이 고달픕니다.

가장 좋은 인간 유형은 똑게입니다. 똑게는 속도를 조절할 줄 아는 사람입니다. 이런 사람이야말로 덕과 지식을 겸비한 사람입니다. 멍게, 멍청하고 게으른 사람은 얘기할 가치도 없습니다. 마지막으로 멍부는 위험한 존재입니다. 사고뭉치들이 바로 멍부입니다.

우리는 지식과 덕을 겸비한 똑게가 되어야 합니다. 성 프란체스코가 제자들과 함께 금식을 할 때였습니다. 제자 하나가 배고픔을 참지 못하고 결국 팥죽을 먹었습니다. 그런데 성 프란체스코는 이런 제자를 책망하지 않았습니다. 그냥 자신도 함께 팥죽을 먹었습니다. 금식에 실패한 제자가 낙심하고 상처 받을까 봐서였습니다. 누군가 실수하거나 실패했을 때 "그렇게 의지가 박약해서 뭘 하겠냐?"고 하면 그 사람이 회개하고 돌아옵니까? 오히려 기가 죽어 인생 낙오자가 될 겁니다. 때문에 우리가 살아가면서 신의 성품에 참여하기 위한 세 번째 단계, 즉 지식을 쌓는 일이 중요합니다. 왜 그렇습니까? 지식 없음이 상대에게 상처를 줄 수 있기 때문입니다.

호세아서는 이스라엘 백성들이 단계적으로 망하는 데 있어 그 첫 번째 단계로, 그들에게는 여호와를 아는 지식이 없었다고 기록하고 있습니다. 하나님을 모르니까 오해하고, 오해하니까 불신하고, 그래서 우상숭배하고 타락한 것입니다. 그 모두가 다 하나님을 몰라서 생긴 일입니다. 하나님을 사랑하려면 하나님에 대해서 배워야 합니다. 그래서 그리스도인들은 말씀에 능통해야 됩니다. 묵상을 하고 필사를 하고 암송을 해서라도 말씀에 있어서만큼은 박사가 되어야 합니다. 저희 교회에서는 학기 초가 되면 "조직에 몸을 담자."고 선서를 합니다. 그래서 모두가 제자 훈련반에 들어갑니다. 무조건 한 클래스에는 들어가야 합니다. 그리고 배워야 합니다. 평생 배워야 하는 것이 바로 기독교 교육입니다. 우리는 평생 말씀을 붙들고 살아가야 합니다.

그렇다면 안다는 것, 지식이라는 것은 무엇을 말할까요? 담배가 몸에 해롭다는 것은 다 아는 사실입니다. 하지만 사실 그것은 아는 것이 아닙니다. 지·정·의, 지식과 감정과 의지를 가지고 담배를 끊었을 때, 그때서야 비로소 담배가 몸에 해롭다는 것을 알았다고 말하는 것입니다. 행동이 따라줄 때 안다고 하는 것입니다. 내가 말씀을 안다는 것은 말씀에 순종하는 것까지를 말합니다. 하나님을 아는 것은 하나님을 사랑하고 그분 뜻대로 사는 것까지를 말합니다. 여호와를 아는 지식이란 그분의 광대하심과, 전능하심과, 사랑과 공의를 깨닫는 것인데 그렇게 되면 내 삶이 뒤집어지는 역사가 일어납니다. 하나님을 아는 만큼 자유가 생기고, 하나님의 능력에 붙들리고, 그분의 거룩하심에 사로잡힙니다. 그래서 하나님을 아는 지식이 가장 고상한 것입니다. 덕스럽게 하려고 대충 얼버무리지 마십시오. 배워서 제대로 해야 합니다. 마이크를 알면 기능, 성능, 원리를 알아야 제대로 쓸 수 있듯이 인생도 그렇습니다. 우리 그리스도인들에게 인생의 지침서는 바로 성경입니다. 성경을 알고, 성경의 원리와 방식을 알아야 헛되이 살지 않고 실족하지 않습니다.

> Blessing of the man serving the lord
> 쓰임 받는 사람의 축복
>
> **신의 성품에 참여하기 위한 세 번째 단계는 지식을 쌓는 일입니다.**
> **지식 없음이 상대에게 상처를 줄 수 있기 때문입니다.**

절제에 힘쓰라

"지식에 절제를, 절제에 인내를, 인내에 경건을……" (벧후1:6).

지식 다음에 힘써야 할 것은 절제입니다. 지식 다음으로 절제가 나오는 것은 대체적으로 똑똑한 사람들이 도도하고, 기가 세고, 별나기 때문입니다. 머리가 좋고, 아는 것이 많으면 교만하기 쉽습니다. 그래서 지식이 겸비된 후에는 절제가 따라야 합니다.

삼손은 누구보다 힘이 센 천하장사였지만, 절제하지 못해 패가망신했습니다. 솔로몬의 경우도 이와 비슷합니다. 성경에 나오는 여느 인물보다 하나님의 사랑을 많이 받았던 솔로몬은 이름 자체에 사랑받는 자란 뜻이 있습니다. 하지만 그 사랑을 절제하지 못한 솔로몬에겐 천 명에 이르는 이방 아내가 있었습니다. 하나님께서 사랑하시는 솔로몬이 하나님만 사랑했어야 했는데 그 사랑을 절제하지 못하고 여인들한테 마음을 줌으로 솔로몬 때에 부흥했던 역사는 기울어집니다. 오늘 우리 역시 능력을 받고 은사를 받아도 절제하지 못하면 아무 소용 없게 됩니다.

> "하나님이 우리에게 주신 것은 두려워하는 마음이 아니요,
> 오직 능력과 사랑과 근신하는 마음이니" (딤후 1:7).

이 말씀은 제 평생의 좌우명이기도 합니다. 젊은 시절, 한 달 안에 죽는다는 소리를 들었습니다. 저는 그때 뼈가 녹는다는 표현을 이해했습니다. 한 달도 되기 전에 죽을 것 같았습니다. 신경 쇠약, 노이로제 등 너무 두려워서 잠을 잘 수가 없고, 음식을 먹으면 다 토하고 견딜 수 없는 상황이었습니다. 그런데 그때 디모데 1장 7절을 보았습니다. 하나님이 우리에게 주신 것은 두려워하며 겁먹고 사는 것이 아니고, 능력 있게 사는 것이라고 했습니다. 하나님의 본심은 우리가 두려워하며 사는 것이 아닙니다. 하나님이 아니라고 하면 아닙니다. 두려워하지 마십시오. 두려움은 사단이 주는 마음입니다. 예수님은 우리에게 생명을 주시고 풍성케 하려고 하시는데, 마귀는 우리를 두렵게 하고 참소합니다. 마귀는 할 수만 있으면 우리를 깎아내리고, 우는 사자와 같이 잡아먹으려고 하기 때문에 마귀의 음성을 듣게 되면 그 순간 우리는 영적으로 침체됩니다. 다시 한번 강조하지만 두려움은 마귀가 우리의 마음을 들쑤셔서 불안하고 염려하

Blessing of the man serving the lord
쓰임 받는 사람의 축복

두려움은 사단이 주는 마음입니다. 예수님은 우리에게 생명을 주시고 풍성케 하려고 하시는데, 마귀는 우리를 두렵게 하고 참소합니다.

게 하는 것이지 하나님이 우리에게 주신 것이 절대 아닙니다. 하나님께서 우리에게 주신 것은 능력과 사랑과 근신하는 마음입니다. 성령 충만하다고 고삐 풀린 망아지처럼 다녀서는 안 됩니다. 성령의 열매 중 하나가 절제라고 했는데 절제하지 못한다면 성령 충만하다고도 할 수 없습니다. 삼가고 두려워해야 능력이 능력으로, 사랑이 사랑으로, 은사가 은사로 나타납니다. 솔로몬과 삼손이 능력과 사랑을 받았어도 그것을 절제하고 근신하지 못하니까 그 능력이 흉기가 되어 많은 사람에게 고통을 주지 않았습

Blessing of the man serving the lord
쓰임 받는 사람의 축복

절제는 온유하다는 말입니다.
'온유하다'는 말은 거칠기만 한 야생마가 훈련받아 적토마로 만들어지는 것에 비유될 수 있습니다.

니까? 믿음 좋고, 덕 있고, 지식 있는 분들은 눈에 힘을 좀 빼십시오. 절제해야 됩니다. 우리가 절제를 잘 못하기 때문에 많은 역반응이 나타나는 것입니다. 믿음의 사람은 절제해야 합니다.

절제는 온유하다는 말입니다. 참고 삭이는 것만 절제가 아닙니다. 온유라는 말은 온화하고 순한 상태만을 뜻하지 않습니다. '온유하다'는 말은 거칠기만 한 야생마가 훈련받아 적토마로 만들어지는 것에 비유될 수 있습니다. 야생마가 엄격한 훈련을 받고 연단을 받아 준마가 되면 그 속에는 엄청난 파워가 내재되어 있습니다. 하지만 훈련된 말은 방종하지 않습니다. 고도의 훈련된 절제로 주인에게 복종합니다. 그때 그 말의 부드러운 컨디션이 온유입니다. 굉장한 힘이 내재되어 있지만 겉으로는 부드러운 그 상태가 바로 온유인 것입니다. 절제와 온유라는 개념 속에는 매우 강한 힘이 내재되어 있습니다. 절제할 줄 아는 사람은 강한 말씀과 기도를 통해 한없이 삭이는 겁니다.

그 속에서 파워풀한 역사가 일어날 때는 하늘을 찌르고 세상이 감당할 수 없는 사람이 되어 기도하지만 부드러울 때는 한없이 부드러운 사람,

절제와 온유를 겸비한 사람입니다. 절제의 은혜를 받으십시오. 믿음과 지식이 있어도 그 믿음 때문에 남에게 상처 주고, 지식 때문에 교만해져 절제하지 못하면 오히려 지식이 고통이 됩니다. 그렇기 때문에 믿음 있는 사람은 덕에, 덕이 있는 사람은 지식에, 지식이 있는 사람은 반드시 절제에 힘써야 합니다.

인내에 힘쓰라

"지식에 절제를, 절제에 인내를, 인내에 경건을" (6절).

Blessing of the man serving the lord
쓰임 받는 사람의 축복

독버섯은 비가 오고 6시간만 지나면 다 자란다고 합니다. 그러나 버섯의 기둥이 되어 주는 나무는 20년, 50년, 100년을 자라야 비로서 독버섯이 자랄 수 있는 나무로 성장한다고 합니다. 독버섯을 버틸 수 있는 경륜, 세월의 경륜처럼 무서운 것은 없습니다.

다섯 번째 인내에 힘써야 합니다. 인내는 무조건적으로 참는 것을 말하지 않습니다. 인간적인 의지와 노력으로 절제하는 것이 아니고 예수님의 이름으로 참는 것이 인내입니다. 예수님은 수치와 고통에 개의치 않으시고 천국 영광 본체를 버리시고 이 땅까지 낮아지신 분입니다. 그가 찔림으로, 그가 죽음으로 우리가 살아난 것입니다. 예수님께서는 십자가에서 끝까지 고통을 참으신 분이라는 것을 기억하며 우리도 인내에 힘써야 합니다. 결론적으로 말해 신앙생활을 한다는 것은 인내하는 것입니다.

약 중에 제일 좋은 약은 세월입니다. 우리는 세월이 약이라는 말을 많이 합니다. 흘러가는 세월 속에서 우리는 인내해야 됩니다.

독버섯은 비가 오고 여섯 시간이 지나면 다 자란다고 합니다. 그러나 버섯의 기둥이 되어 주는 나무는 이십 년, 오십 년, 백 년을 자라야 비로소 독버섯이 자랄 수 있는 나무로 성장한다고 합니다. 독버섯을 버틸 수 있는 경륜, 세월의 경륜처럼 무서운 것은 없습니다. 우리도 세월 속에서 다져지는 신앙인이 되어야 하겠습니다. 참으십시오. 예수님께서 참으신 것만큼 참으십시오.

경건에 힘쓰라

"지식에 절제를, 절제에 인내를, 인내에 경건을" (6절).

인내 다음으로 여섯 번째 힘써야 할 것은 경건입니다. 경건이라는 것은 쉽게 말해서 하나님을 닮았다는 것입니다. 그런데 어떻게 경건해집니까? 어떻게 하나님을 닮게 됩니까? 앞의 5가지 단계를 지나고 나면 자연스럽게 경건해집니다. 믿음의 사람이 덕을 세우고, 하나님을 아는 지식이 풍부하며 절제하고 인내하면 예수님과 닮아 갑니다. 이것이 바로 경건입니다. 교인은 배워서 변화되는 것이 아니라 보고 변한다고 합니다. 어려운 여건에서도 남들을 섬기는 장로, 권사, 집사님들을 볼 때 감동이 옵니다. 그리고 사람은 감동을 받을 때 변화가 됩니다. 탕자의 아버지처럼 용서해 주고, 덮어 주고, 기다리는 아버지의 마음을 갖는 것이 예수님을 닮는 것입니다. 우리는 경건의 능력을 가지도록 힘써야 합니다. 하나님의 마음, 하나님의 성품을 내 것으로 만들기 위해 애써야 됩니다. 그러다 보면 아무리 고약한 사람도 조금씩 변화가 됩니다.

형제 우애에 힘쓰라

"경건에 형제 우애를, 형제 우애에 사랑을 더하라"(7절).

일곱 번째로 형제 우애에 힘써야 합니다. 형제 우애란 가까운 사람에게 잘하는 것입니다. 부흥회 때 은혜 받은 증거는 집에 가서 가족들에게 어떻게 하는지를 보면 알 수 있습니다. 집에 가서 화내고 성질내면 은혜 받았다고 할 수 없습니다. 집에 가서 가족들에게 부드럽게 대하십시오. 믿음의 사람은 고수로 올라갈수록 가까운 사람에게 잘 합니다. 저는 제 신앙의 상태를 아내에게 대하는 저의 태도에서 발견합니다. 제게 은혜가 떨어지면 아내에 대해서 사무적이고 딱딱합니다. 동행을 해도 저 혼자 거룩하고 당당하게 걸어갑니다. 그런데 은혜가 충만하면 절대 그렇게 안 합니다. 말투부터 달라집니다. 은혜를 받으면 사람이 약간 유치해지고 어린아이 같아집니다. 그 은혜를 받으면 내 마음이 편안해지고 사람들이 불쌍하게 보이게 되기 때문입니다.

형제 우애가 그 사람의 믿음의 수준을 가늠합니다. 가까운 사람에게 잘하십시오. 세월이 흘러갈수록 사람이 억세고 강퍅해진다면 그것은 신앙생활에 문제가 있는 것입니다. 믿음의 고수는 가족에게 정말 잘 합니다. 제가 존경하는 집사님 한 분은 남편이 의사인데 명절 크리스천입니다. 성탄절에 한 번, 부활절에 한 번 교회에 나옵니다. 그런데도 남편을 위해 365일을 하루같이 점심을 챙겨 병원에 갖다 줍니다. 교회 일 한다고 남편에게 싫은 소리 안 들으려고 그렇게 매일 밥을 나르는데 참 대단한 분이라는 생각이 듭니다.

우스갯소리라도, 은혜 받은 성도가 집에 가면 싸움질이나 하고, 대화

가 뭐냐고 물으니까 대놓고 화내는 것이 대화라고 하고, 남편은 남의 편
이 남편이라고 하면 안 됩니다. 내 가족, 내 형제들과 우애하는 것은 믿
음의 증거입니다. 은혜를 받았다고 하면서 도도하게
굴고, 가까운 사람에게 상처를 주고 그러면서 밖에서
유능하다는 소리 들으면 뭐합니까? 은혜 받고 사랑받
은 사람은 안이 충만하게 차서 이웃에게로 흘려 보내
야 합니다.

하나님을 사랑하라. 이웃을 사랑하라. 그런데 너희
몸과 같이 사랑하라고 합니다. 내가 나를 사랑하고
인정하고, 또 그 마음과 그 정성으로 이웃을 사랑하
는 사람은 그것으로 덕 있는 사람이 됩니다. 자기를 미워하고 자기 가족
을 업신여기는 사람은 절대로 하나님의 영광을 위해서 살아갈 수 없습
니다.

사랑에 힘쓰라

> "경건에 형제 우애를, 형제 우애에 사랑을 더하라" (7절).

마지막으로 우리가 힘써야 할 것은 사랑입니다. 믿음 소망 사랑 중 최
고는 사랑입니다. 사랑은 주는 것입니다. 사랑은 수준 높은 사람이 하는
것입니다. 사랑할 때 나오는 엔돌핀이 천연 진통제입니다. 사랑은 허다
한 죄를 덮습니다. 사랑은 묘약입니다. 사랑은 최고의 약입니다.

왜 싸웁니까, 왜 안 됩니까? 사랑하지 않기 때문입니다. 성경은 사랑

하라고 명령합니다. 사랑은 느끼는 것이 아니고 내가 의지적으로 하는 것이기 때문입니다. 신기하게도 사랑은 받지는 못해도 할 수는 있습니다. 사랑을 느끼지 못해도 사랑을 줄 수는 있습니다. 영성이 깊어지고 성품이 변화되면 하나님 앞에서 달라 하던 사람도 감사하기 시작하고 찬송하기 시작하고 자꾸 주려고 합니다.

사랑에 힘을 쓰십시오. 사랑은 주려고만 한다면 줄 수 있습니다. 달라고만 하는 사람은 거지 근성만 생깁니다. 섭섭증만 생깁니다. 그런데 주려고 해보십시오. 교회를 사랑하고 하나님을 사랑하고 성도를 사랑하는 사람은 늘 무엇을 줄까를 생각합니다. 좋은 것은 함께하고 싶고, 주고 싶어집니다. 사랑은 모든 것을 이깁니다. 사랑은 모든 것을 극복합니다. 믿음의 고수는 사랑의 사람입니다.

이제까지 우리는 하나님의 성품에 참여하는 것이 무엇인지를 살펴보았습니다. 하나님의 성품에 참여한다는 것은 이 여덟 가지 단계를 밟는 것입니다. 베드로가 바로 이런 과정을 살아온 사람입니다. 베드로를 보십시오. 예수님이 부르셨을 때 다 버리고 따라갑니다. 하지만 예수님께서 그에게 '사단아 물러가라'고 하셨습니다. 이렇듯 베드로는 천방지축, 좌충우돌의 사나이였습니다. 실패하고 저주하고 부인하고 도망갔다가 다시 주님 앞에 나아갑니다. 이 여덟 가지 단계를 거치면서 성령의 감동을 받고 이 말씀을 기록하게 된 것입니다. 베드로는 신의 성품에 참여하고, 실족치 아니하고, 하나님 나라에 들어가는 멋진 사람이 되기 위해서는 믿음에 덕을, 덕에 지식을, 지식에 절제를, 절제에 인내를, 인내에 경건을, 경건에 형제

사랑은 주는 것입니다. 사랑은 수준 높은 사람이 하는 것입니다.
사랑은 허다한 죄를 덮습니다. 사랑은 묘약입니다.
사랑은 모든 것을 이깁니다. 사랑은 모든 것을 극복합니다. 믿음의 고수는 사랑의 사람입니다.

우애를, 형제 우애 위에 사랑을 더하라고 말하고 있습니다.

믿지 않고 불신에 빠져 구원의 대열에서 낙오자가 되지 마시고 믿는 자가 되십시오. 믿는다고 마음대로 하지 마시고 덕스러운 사람이 되십시오. 덕스럽다고, 좋은 게 좋다고 유야무야하지 마시고 말씀을 부지런히 배우십시오. 배운 만큼 쓰임받습니다. 또 많이 배웠고, 많이 안다고 해서 교만 떨지 말고 절제의 은사를 구하십시오. 능력도 사랑도 절제하지 못하면 흉기가 됩니다. 절제할 때 인간적인 노력으로 하지 말고 예수님처럼 참으십시오. 예수님만큼 참으세요. 그러면 세월이 지났을 때 그리스도의 향기가 나타납니다. 하나님을 사랑하고 경외하는 사람은 가족에게 잘 못할 수가 없습니다. 그런 사람에겐 궁긍적으로 사랑이 나타납니다. 이런 사람이 바로 신의 성품에 참여한 자입니다. 내가 치유되고 회복되고 나면 내 속에 평화가 밀려오고 여유가 만만해집니다. 이런 성품의 사람이 무엇 때문에 짜증을 내겠습니까? 무엇 때문에 싸우겠습니까? 우리 모두가 매력적이고 탁월한 하나님의 성품에 참여하는 자가 되기를 축원합니다.

가로되 내 딸아 여호와께서 네게 복 주시기를 원하노라

네가 빈부를 물론하고 연소한 자를 좇지 아니하였으니

너의 베푼 인애가 처음보다 나중이 더하도다

 룻기 3장 10절

하나님의 인도

성경 속에서 가장 아름다운 여성을 한 사람 뽑는다면 누가 있을까요? 미스코리아를 뽑듯이 미스바이블을 뽑는다면 제 생각엔 룻이 아니겠는가 생각합니다. 아쉽게도 그 당시 그녀의 모습을 담은 자료는 없지만 룻기서 기자가 표현한 것만 보더라도 룻은 참으로 아름다운 여인이었을 것 같습니다. 무엇보다도 그녀는 신앙과 성품이 탁월한 여인이 아니었나 싶습니다.

뿐만 아니라 룻은 역사상으로도 아주 중요한 인물 중 한 사람입니다. 마태복음 1장에 기록된 예수님의 족보에는 네 명의 여성이 등장하는데 그 중 한 명이 바로 룻입니다.

> "살몬은 라합에게서 보아스를 낳고 보아스는 룻에게서 오벳을 낳고 오벳은 이새를 낳고 이새는 다윗왕을 낳으니라"(마 1:5).

미국의 어느 연구소에서 조사한 바에 의하면 구약 시대에 가장 위대했던 사람으로 다윗왕이 뽑혔습니다. 이스라엘 국기에는 다윗의 별이 그려져 있습니다. 이처럼 다윗은 역사상으로나 성경상에서 매우 중요한 인물로 꼽히는 사람입니다. 그런데 이 위대한 다윗의 증조 할머니가 바로 룻입니다. 한 여인의 태에서 다윗의 왕조가 열리고 예수님의 족보에까지 올랐으니 이보다 더 큰 영광이 어디 있겠습니까?

그런데 룻은 역사적으로 뿐만 아니라 가정 생활이나 신앙생활에서도 참으로 위대한 여인이었습니다. 룻기서를 살펴보면 그녀의 신앙과 성품이 얼마나 아름다운지 알 수 있습니다. 또한 하나님께서 한낱 이방인에 불과했던 그녀를 어떻게 이끌어 가시고 복 주시는가를 볼 수 있습니다.

"사사들이 치리하던 때에 그 땅에 흉년이 드니라 유다 베들레헴에 한 사람이 그의 아내와 두 아들을 데리고 모압 지방에 가서 거류하였는데"(룻1:1).

다윗은 역사상으로나 성경상에서 매우 중요한 인물로 꼽히는 사람입니다. 그런데 이 위대한 다윗의 증조 할머니가 바로 룻입니다. 한 여인의 태에서 다윗의 왕조가 열리고 예수님의 족보에까지 올랐으니 이보다 더 큰 영광이 어디 있겠습니까?

1장 1절에서는 룻이라는 여인이 살았던 시대적 배경을 설명하고 있습니다. 그런데 구약에서 가장 아름다운 여성이 살았던 시대적 배경이나 환경이 결코 밝지만은 않습니다. 룻기서는 시작부터가 참으로 서글픕니다. 하지만 한 가지 사실을 알게 됐습니다. 시작이 좋으면 끝이 안 좋고, 시작이 안 좋으면 끝이 좋다는 것입니다.

이스라엘 백성들이 축복을 받고 약속의 땅 가나안에 들어갔을 때 어땠습니까? 인간은 축복 받고 은혜 받고 행복하고 건강하면 그때부터 쉽게 게을러지고 교만해지며 타락합니다. 그러다가 결국은 심판을 받게 되고 어려움을 당하게 됩니다.

반대로 어려운 상황에서 신앙생활을 하는 사람은 늘 긴장하고 깨어서 기도합니다. 그래서 권능을 받게 되고, 권능을 받으니까 능력이 생기고, 그 능력으로 마귀를 대적하고 승리합니다. 기독교인들에 대한 핍박으로 스데반 집사가 순교를 당했던 초대 교회 시절, 사람들은 안디옥으로, 로마로 흩어졌습니다. 하지만 그들은 낙망하지 않았습니다. 큰 환란이 있으면 있을수록 교회와 복음은 들풀처럼 번져 나갔습니다.

이것이 바로 교회의 역사입니다. 초대 교회는 은과 금은 없었어도, 예수님의 이름으로 앉은뱅이를 잡아 일으키면 불쑥 불쑥 일어나게 했을 정도의 능력이 있었습니다. 우리 시대 금반지, 은반지 낀 손으로 앉은뱅이를 잡아당긴다고 앉은뱅이가 일어납니까? 그런 역사는 TV 개그 프로에서나 볼 수 있습니다.

하나님께서는 가장 암담했던 사사 시대 200년대에 룻이라는 '대단한' 여성을 보내 주셨습니다. 밤하늘이 칠흑같이 어두울수록 새벽의 샛별은 더욱 빛나듯 하나님의 역사 또한 그렇습니다. 그러니 상황이 어렵고 힘들다고 원망하고 좌절하지 마십시오. '하나님이 얼마나 많은 복을 주시려고 이러실까?'라고 긍정적으로 생각하고 은혜를 기대하십시오.

사사 시대는 영적인 춘추전국시대와도 같았습니다. 그 시대는 각자 소견의 옳은 대로 살아가는 시대였습니다. 정치적으로 매우 혼란한 데다 흉년까지 들어 경제적으로도 매우 어려웠던 시기였습니다. 하지만 룻기서의 마지막은 다윗이 태어나는 사건으로 마무리가 됩니다. 이 부분을 통해 알 수 있는 것은 환경을 탓하고 원망하고 불평할 필요가 없다는 것입니다.

복 있는 사람은 있어도 복 있는 환경은 없습니다. 요셉을 보십시오. 요셉이 인간적으로 받은 축복은 없습니다. 어머니는 동생 베냐민을 낳다가 돌아가셨습니다. 형제들은 또 어땠습니까? 형들은 요셉을 시기하고 팔아넘겼습니다. 어디 그뿐입니까? 보디발의 집에서 보낸 노예 시절, '미세스 보디발' 때문에 죽을 고생도 합니다. 요셉이 보디발의 아내와 커피를 한 잔 마셨습니까? 손목을 만졌습니까? 그런 요셉이 억울하게 스캔들을 덮어쓰고 감옥에 갇히는 신세가 됩니다. 감옥에서 만난 사람들은 또 어땠습니까? 술 맡은 관원이 꿈을 해석해 주면 잘 봐주겠다고 했지만 나가서는 까맣게 잊어버립니다.

하지만 복을 주시는 하나님으로 인해 그의 인생은 달라졌습니다. 창세기를 보십시오. 하나님이 요셉과 함께하시고, 요셉에게 복을 주신 후 보디발의 집이 복을 받고, 애굽이 복을 받는 일들이 일어납니다. 이처럼 복 있는 사람은 있어도 복 있는 환경은 없습니다. 그리고 복 있는 사람은 환경이 변해도 그 달라진 환경에 영향 받지 않습니다.

제가 알고 있는 부산의 H교회는 주변 환경이 아주 열악합니다. 경마장, 안마시술소, 술집, 여관, 러브호텔들이 교회 주위를 뺑 두르고 있습니다. 그런데도 그 교회는 부산에서 제자 양육이 가장 잘된 교회로 소문이 나 있습니다. 제가 담임 목사님께 물었습니다.

"교회 주변 환경이 이래서 되겠습니까?"

🌳 Blessing of the man serving the lord
쓰임 받는 사람의 축복

롯이 살던 시대는 오늘의 한국 교회와 비슷합니다. 첫째 구원의 감격을 잃어버렸다는 점에서 그렇습니다.

그랬더니 그 목사님 왈,

"죄악이 더한 곳에 은혜가 더한 것처럼 환경이 좋지 않을수록 은혜는 더 커집니다."

아무리 고약한 환경에서라도 하나님께서 눈동자 같이 지키시고 함께 하시면 복의 센터가 된다는 것을 믿으시길 바랍니다. 배경이나 환경, 조건을 탓하지 마십시오. 핑계 대지 마십시오. 잘되고 못되는 것은 하나님의 손에 달렸습니다. 안된다고 포기하지 말고 잘된다고 교만해하지 마십시오. 이 세상엔 좋은 것도 없고 나쁜 것도 없습니다. 주님께서 붙들어 쓰시면 안되던 일도 다 됩니다.

한편 룻이 살던 시대는 오늘의 한국 교회와 비슷합니다. 첫째 구원의 감격을 잃어버렸다는 점에서 그렇습니다. 첫사랑을 상실하고 영적인 감각과 하나님의 영광을 잃어버린 시대가 바로 사사 시대였습니다. 어떤 아이에게 물었습니다.

"자네 집안의 어르신들은 어떤 분이신가?"
"우리 할아버지는 모세 할아버지와 함께 홍해를 건넜습니다. 우리 아버지는 요단강 건너가고 여리고성 깨부술 때 여호수아 장군 뒤에 서서 따라갔습니다."
"그래? 그럼 너는?"
"잘 모르겠는데요……."

이런 시대가 바로 사사 시대였습니다. 이스라엘 백성들이 모세와 함께 홍해를 건너고, 여호수아와 함께 가나안 땅에 진군할 때는 굉장했을 것입니다. 하나님께서 구름기둥과 불기둥으로 역사하시고 홍해를 가르시는 역사가 있었으니 참으로 대단했을 것입니다. 그때는 이스라엘 백성들이 지나가기만 해도 이방인들이 벌벌 떨었습니다. 이스라엘 백성들은 전능하신 하나님, 막강하신 하나님의 손을 잡고 광야 생활을 헤치고 요단강을 건너 젖과 꿀이 흐르는 가나안 땅에 들어가서 가나안 족속을 멸했습니다. 그런데 세월이 흐르고 세대가 바뀌면서 하나님의 손길, 구원의 감격이 사라지기 시작했습니다. 오늘날 한국 교회도 마찬가지입니다.

초기 한국 교회 성도들의 신앙은 정말 뜨거웠습니다. 새벽마다 눈물 콧물을 흘리며 기도했습니다. 얼마나 간절했는지 모릅니다. 저희 모교회는 79년 된 교회였는데, 저는 어릴 적 교회에 가면 할머니들이 기도하면서 우는 모습을 많이 보았습니다. 그래서 어릴 적 저는 새벽 기도 가서는 꼭 울어야 되는 줄 알았습니다. 촌에서 농사짓는 할머니들이 무슨 죄가 많다고 그리 울며 기도했겠습니까? 구미공단에 간 딸, 군에 간 손주, 객지 나가 사는 자식들 잘되라고 우는 것입니다. 그런데 요즘은 새벽 기도에 나가도 우는 사람을 별로 볼 수 없습니다. 더 이상 말씀을 배우고 기도하는 일에 열심을 내지 않습니다. 구원의 감격을 잃어버린 시대, 하나님의 영광이 없어진 시대, 한국 교회가 그 지경이 되어가고 있습니다. 옛날에 할머니들이 둘러앉아서 많이 부르던 찬송 중에 〈주님 고대가〉가 있습니다.

먼 하늘 이상한 구름만 떠도 행여나 내 주님 오시는가해
머리 들고 멀리 멀리 바라보는 맘 오 주여 언제나 오시렵니까

우리 할머니들은 하늘에 이상한 구름만 떠도 혹시나 우리 주님 오실까 싶어 고대하며 사셨습니다. 그런데 요즘 사람들은 먼 하늘 이상한 구름이 뜨면 비가 올까 싶어 걱정합니다. '벚꽃놀이 가야 하는데, 단풍놀이 가야하는데, 비 오면 어떡하나' 싶어 걱정하는 것입니다.

그 옛날에는 시설이 열악해도 신앙은 뜨겁고 간절했습니다. 겨울마다 황소바람이 들어오는 예배당에서 톱밥 난로, 장작개비 난로 피워 가며 예배를 드렸습니다. 때로는 난로에 불붙이다 예배가 다 끝나는 날도 있었습니다. 또 어떤 날은 불을 잘못 붙여 예배당이 온통 연기로 가득 차 콜록거리면서 예배를 드리기도 했었습니다. 예배를 위한 헌신이 최선이었습니다. 그런데 요즘은 어떻습니까? 예배 때 액정이 있느니 없느니, 우리 공간이 있느니 없느니 그저 불평불만만 충만합니다.

둘째로 사사 시대와 한국 교회의 비슷한 점은 죄를 반복해서 짓는다는 것입니다. 사사 시대 200년 동안 이스라엘 백성들은 일곱 번의 사이클을 가지고, 같은 죄를 일곱 번이나 반복해 지었습니다. 약속의 땅, 축복의 땅에 들어갔으면 잘 먹고 잘 살아야 되는데, 그동안 받았던 은혜를 다 잊어버리고 교만해져서 범죄하고 맙니다. 그러다 하나님의 심판으로 고통스럽고 힘들어지면 그들은 다시 기도했습니다. 그러나 겨우 용서받고 회복되는가 싶을 때 다시 쓰러집니다. 저들은 이러기를 일곱 번을 했습니다. 그런데 오늘날 한국 교회도 이와 비슷합니다.

교회마다 가정마다 반복되는 죄악들이 있습니다. 제가 아는 어느 교회는 50년의 역사를 갖고 있지만 부흥이 잘 안 되는 교회였습니다. 제가 한번은 그 교회 장로님께 물었습니다.

"이 교회는 왜 이렇게 부흥이 안 됩니까?"

장로님 말씀에 그 교회는 10년마다 시험이 찾아오는데 교회가 좀 성장하고 부흥하려 하면 분열이 생긴다고 했습니다. 교회 안에서 싸움이 일어나고 결국은 교인들이 갈라서게 된다는 것입니다. 그 교회에서는 근래에만 목회자가 일곱 번 바뀌는 불행이 있었습니다. 교회 안에서 음란한 사건들이 계속해서 일어난다는 소문도 흘러 나왔습니다.

교회만 그렇습니까? 가정도 마찬가집니다. 어떤 가정은 도박으로, 어떤 가정은 술로, 또 어떤 가정은 게으름으로 넘어집니다. 할아버지는 화투로, 아버지는 카드로, 손자는 빠칭꼬로, 증손자는 로또로 대대로 망하는 집안이 있습니다. 사사 시대가 바로 그런 시대였습니다.

마지막으로 이름대로 못 산다는 점이 비슷합니다. 1절에 보면 엘리멜렉이라는 사람이 나옵니다. 엘리멜렉이란 이름은 '하나님은 나의 왕' 이라는 뜻을 가지고 있습니다. 하나님이 나의 왕이면 나는 신하입니다. 왕과 신하는 대단한 관계입니다. '사약' 의 '사' 자가 무슨 사자일까요? 많은 사람들이 죽을 '사(死)' 로 알고 있지만 사실 줄 '사(賜)' 를 씁니다. 비록 죽으라고 주는 약이지만 임금이 내려 주신 하사품이라고 해서 줄 '사(賜)' 자를 씁니다. 이 때문에 사약을 받는 사람은 의관을 갖춘 뒤 궁궐을 향해 절을 하고 마셔야 했습니다. 그런데 엘리멜렉은 어땠습니까? 이름은 '하나님은 나의 왕'이라고 하지만 그의 삶은 이름 같지 않았습니다. 흉년이 들자 그는 하나님께 의뢰치 않고 모압 땅으로 이사를 갔습니다. 이름대로 못 산 겁니다. 나오미도 그랬습니다. 원래 나오미라는 이름은 '기쁨, 즐거움'의 뜻이 있는데 그녀의 삶은 그렇지 못했습니다. 남편과 두 아들을 먼저 보내고 타향에서 눈물과 한숨과 원망의 삶을 보냈습니다.

이 같은 사례와 현상은 오늘날 한국 교회에도 유사하게 나타나고 있습니다. 교회 자모실에 가보면 한나, 에스더, 요한, 예찬이 등등 수많은 성경적인 이름들을 볼 수 있습니다. 한국 교회의 각종 선교 단체, 찬양단에도 좋은 이름들이 참 많습니다. 마하나님 찬양단, 헵시바 찬양단…. 하지만 오늘의 한국 교회 현실은 수많은 요한과 에스더들이 이름대로 못 살 환경입니다.

그런데 이름과 직분대로 못 살 때는 문제가 매우 심각해집니다. 직분 인플레이션 현상으로 웬만하면 집사님이고 권사님인 요즘, 목회자가 없는 집안은 별로 없습니다. 물론 직분대로 사는 사람이 별로 없다는 것이 문제입니다. 과거에는 서리 집사만 되도 벌벌 떨고, 대표 기도를 시켜도 두 달 전부터 신령과 진정으로 준비했습니다. 그러나 요즘은 어떻습니까? 집사 안 시켜주면 서운해서 교회를 옮기기도 합니다. 직분을 얻기에는 급급하면서도 직분대로는 살려고 하지 않는 시대가 바로 사사 시대였습니다. 한국 교회 현주소이기도 합니다.

이상에서 설명한 사사 시대의 세 가지 특징을 통해 하나님께서 때를 어떻게 통치하고 어떻게 역사하셨는지 알아보겠습니다. 변심한 유대인들이 하나님을 향한 감격과 영광을 다 잊어버리고 범죄하던 그때 하나님께서 룻이라는 여자를 부르십니다.

> "그들은 모압 여자 중에서 그들의 아내를 취하였는데
> 하나의 이름은 오르바요 하나의 이름은 룻이더라"(룻1:4).

룻은 모압 여자였습니다. 당시 모압 족속은 사회적으로 천하게 여겨졌던 이방 족속이었습니다. 소돔과 고모라가 멸망했을 때 살아나온 롯과 그 딸들이 근친상간을 통해 낳았던 모압의 후예들이었기 때문에 사람들의 멸시와 천대를 받았던 족속이었습니다. 그런데 룻이 바로 그 모압 족속의 사람이었습니다. 이런 룻이 어떻게 위대한 인물이 됩니까? 그 해답은 그녀의 신앙 고백에서 찾을 수 있습니다.

> "룻이 가로되 나로 어머니를 떠나며 어머니를 따르지 말고 돌아가라
> 강권하지 마옵소서 어머니께서 가시는 곳에 나도 가고 어머니께서
> 유숙하시는 곳에서 나도 유숙하겠나이다 어머니의 백성이
> 나의 백성이 되고 어머니의 하나님이 나의 하나님이 되시리니"(룻1:16).

한낱 이방 여인에 지나지 않던 룻이 시어머니가 믿는 하나님을 '나의 하나님'으로 고백하고, 시어머니의 백성을 나의 백성이라고 고백하고 있습니다. 참으로 중요하고 대단한 신앙 고백입니다.

하나님은 전능하시고, 어제나 오늘이나 동일하시고, 만유에 충만하시며 회전하는 그림자도 없는 분이시지만 우리의 신앙 고백과 헌신의 각도에 따라서 다르게 역사하시는 분입니다. 우리는 성경에서 아브라함의 하나님, 이삭의 하나님, 야곱의 하나님이라는 표현을 봅니다. 어떤 의미일

까요? 하나님은 한 분이시지만 아브라함, 이삭, 야곱, 요셉, 4대 족장을 내려가면서 매번 다르게 역사하셨다는 뜻입니다. 하나님께서는 이스라엘 백성에게 무조건적으로 복을 주시지 않았습니다. 사람의 믿음을 보시고, 처지와 입장을 보시고, 사람의 체질에 맞추어 복을 주셨습니다.

아브라함의 하나님은 가이드(guide) 하시는 하나님이셨습니다. 여행을 가면 가이드가 얼마나 중요한지 알 수 있습니다. 우리가 해외여행을 갈 때 그 나라 말을 한마디 하지 못해도 가이드 안내만 잘 따르면 별로 어려운 일이 없습니다. 아브라함은 75세의 나이에 갈 바를 알지 못하고 본토 아비집을 떠났으나 가이드 하시는 하나님의 인도대로 잘 되지 않았습니까?

한편, 이삭의 하나님은 보디가드(bodyguard) 하나님이셨습니다. 성경에 나오는 인물 중 제일 연약하고 소극적인 사람이 이삭이었습니다. 이런 이삭을 보시는 하나님의 마음이 어땠을까요? 사람이라면 많이 속을 태웠을 것 같습니다. 그런데 하나님께서는 어떻게 이런 사람을 데리고 구원의 역사를 이루어 가셨나 싶습니다. 어릴 때는 이복 동생인 이스마엘에게 희롱을 당하고, 어렵고 힘들게 판 우물은 빼앗기기 일쑤였습니다. 당시 이스라엘 백성들에게 우물은 대단히 중요한 것이었습니다. 이스라엘은 우리나라처럼 물이 흔치 않은 곳이었습니다. 사막이라 땅을 파면 무너져서 우물을 하나 팠다는 것은 가문의 영광이었습니다. 그런데 그렇게 어렵게 판 우물을 매 번 빼앗기는 사람이 이삭이었습니다. 아니, 빼앗기기도 전에 줘 버리는 사람이 이삭이었습니다. 우리가 보면 참 답답한 사람입니다. 그런데 이삭이 매 번 고생해 판 우물을 빼앗기니까 어느 날 하나님께서 나서십니다. 아비멜렉의 꿈에 나타나시어 우물을 돌려줄 것을 경고하신 겁니다. 놀란 아비멜렉은 이삭을 찾아가서 우물을 돌려줬고 그 해에 이삭은 백 배의 결실을 맺습니다. 약한 이삭을 위해 보디가드 되시는 이삭의 하나님께서 빼앗긴 것도 찾아 주시고 백 배의 복도 주신 것입니다.

그렇다면 야곱의 하나님은 어떤 분일까요? 많은 사람들이 성경에서 성격이 가장 안 좋은 사람으로 야곱을 꼽습니다. 야곱은 태어날 때부터 경쟁에 지고는 못 사는 성격의 사람이었습니다. 야곱은 이름부터 '속이다', '사기꾼'이라는 뜻을 갖고 있습니다. 형님도 속이고, 외삼촌도 속이고, 평생을 속이고 산 사람이 야곱입니다. 이런 야곱의 하나님은 재활용의 하나님이셨습니다. 하나님께서는 얍복강에서 야곱의 이름을 이스라엘로 바꿔 이스라엘 열두 지파의 아비로 사용하셨습니다. 원하시기만 하면 이름을 바꾸어서라도 사용하시는 분이 하나님이십니다.

야곱에게는 열두 아들이 있었습니다. 그런데 이 열두 아들의 엄마가 다 달랐습니다. 그 중엔 여종에게서 난 자식도 있었습니다. 하지만 하나님은 서열이나 혈통에 상관없이 야곱의 열 두 자녀 모두를 다 들어 쓰셨습니다.

요셉의 하나님은 역전의 하나님이셨습니다. 요셉의 인생을 보면 참으로 구구절절합니다. 하지만 하나님께서 요셉을 불러 쓰시면서 상황은 바뀝니다. 감옥에 갇힌 죄수에서 총리가 된 요셉, 하나님이 함께하시면 모든 것이 끝장 난 것 같아도 그게 끝이 아니라는 것을 알 수 있습니다.

하나님은 우리의 형편과 처지를 우리보다 잘 아시는 분입니다. 내 약점을 아시고, 내 몸의 질고를 아시는 분입니다. 하나님께서는 덮어놓고 복을 주시는 것이 아니고, 나의 체질과 기질, 상처와 아픔을 아시고 내게 맞는 복을 주십니다.

저는 불신가정에서 자란 사람입니다. 많은 핍박을 받으며 교회를 다녔습니다. 가정 제사는 있지만 가정 예배는 꿈도 꿀 수 없었던 집안이었습니다. 그때 제 소원이 빨리 장가가서 자식 낳아 4부 합창으로 가정 예배 드리는 것이었습니다. 어릴 적 성탄절에 교회에 빵 얻어먹으러 간 것이 계기가 되어 하나님을 믿게 됐는데, 아브라함의 하나님을 믿으니까 고난 이후 다 좋아졌습니다. 지금은 저희 어머님도 서리 집사님이십니다. 평생을 우상숭배하시던 어머니가 서리 집사 됐다는 것은 사실 천지가 개벽할 일이었습니다. 제사를 끔찍하게 여기던 저희 집안에서 목회자가 나오고 서리 집사가 나왔습니다. 아무리 별 볼일 없는 가정에서 별 볼일 없이 자란 제가 아브라함의 하나님을 나의 하나님으로 믿었던 것이 복의 근원이 된 것입니다. 아브라함의 하나님을 나의 하나님으로 모시고, 이삭의 하나님을 나의 하나님으로 모셔 보십시오.

룻의 신앙 고백이 중요한 것은 바로 이 때문입니다. 자신은 비록 이방의 천한 민족이었을지라도 어머니의 하나님을, 나의 하나님으로 믿었기 때문에 룻이 복의 근원이 될 수 있었던 것입니다.

룻은 신앙뿐만 아니라 삶의 태도도 참 좋았습니다. 성경은, 룻이 고부간의 갈등이 심한 이 세대를 본받지 않고 시어머니하고 함께 살아가기로 굳게 결심하는 장면을 다음과 같이 묘사하고 있습니다.

"어머니께서 죽으시는 곳에서 나도 죽어 거기 장사될 것이라
만일 내가 죽는 일 외에 어머니를 떠나면 여호와께서 내게 벌을 내리시고
더 내리시기를 원하나이다 나오미가 룻이 자기와 함께 가기로
굳게 결심함을 보고 그에게 말하기를 그치니라" (룻 1:17-18).

어떤 며느리가 남편도 없이 시어머니하고 사는 것을 좋아하겠습니까?
제 아내가 학교 교사로 재직 중일 때 시골에 계신 어머니가 손자를 보러
저희 집에 오신 적이 있습니다. 하루는 아내의 퇴근이 늦으니까 어머니
께서 말씀하시길,

"애야, 내가 밥을 할까?"

하셨습니다. 그래서 제가 집사람 오거든 시키라고 했더니

"왜? 내가 해주는 밥은 맛이 없니?"

하며 버럭 화를 내시는 겁니다. 저는 당황해서 그럼 어머니께서 하시
라고 했습니다.

그랬더니 이번에는 이렇게 얘기하시더군요.

"왜? 마누라 아꼈다가 어디 써먹을라고?"

밥을 하시라고 해도 화를 내시고, 하시지 말라고 해도 역정을 내시는
데 참 난감했습니다. 사실 어머니께서는 며느리가 늦게 들어오는 게 싫
으셨던 겁니다. 저희 집은 오형제인데 그 중에 둘째 형님과 형수님의 성
품이 참 좋으십니다. 하지만 사람 좋다는 둘째 형수님도 저희 어머니 모
시는 데 많이 힘들어했습니다. 그래서 끝내는 분가를 하셨습니다. 제가
명절에 시골에 내려가서 어머니 말씀을 듣다 보면 우리 형수님은 참 독
한 여자입니다. 하지만 형님네 집에 가서 형수님 얘기를 삼십 분만 들어
보면 우리 어머님이야말로 모진 분입니다. 이처럼 시어머니와 며느리
사이는 참 어렵고도 힘든 관계입니다.

그런데 룻은 남편도 죽고 집안이 기울었는데도, '내가 시어머니를 떠
나면 천벌을 받을 것'이라면서 '죽기 전에는 어머니를 안 떠나겠다'고
결심을 합니다. 불편하게 사는 것이 불행이 아닙니다. 우리는 불편이 곧

불행이라고 생각하지만 하나님께서는 고난을 통해서 연단하시고 그 과정을 통해 축복을 주십니다. 고난 주간 뒤에 부활 주일이 있듯이 고난이 생략되면 축복도 생략됩니다. 고난 당하는 것을 기뻐하십시오. 성경은 기록하고 있습니다.

'복음과 함께 고난을 받으라.'

'좁은 길로 가라.'

'십자가를 지고가라.'

룻은 나의 하나님이라는 신앙 고백뿐만 아니라 시어머니와 함께 살아가기로 굳게 결심했습니다. 불편을 감수하고자 했고, 고난에 담대했습니다. 하지만 우리 시대 많은 사람들이 이 부분에 참으로 연약합니다.

불편하게 사는 것이 불행이 아닙니다. 우리는 불편이 곧 불행이라고 생각하지만 하나님께서는 고난을 통해서 연단하시고 그 과정을 통해 축복을 주십니다.

제가 중국에 집회를 갔을 때의 일입니다. 중국에서 사업을 하시는 집사님 한 분의 요청으로 가게 된 곳이 있었습니다. 한국인들이 지었다는 공장이었습니다. 만주 벌판에 위치한 공장은, 공장에서 일하는 사람만 이십만 명이 될 정도로 규모면에서 실로 엄청났습니다. 그런데 막상 집사님 사무실에 가 보니 그곳 환경은 너무 열악했습니다. 구석에 고무 물통이 하나 있었는데 거기서 바가지로 물을 퍼서 씻는다고 합니다.

"웬만하면 샤워기 하나 다시지요."

"목사님, 습관화 되면 다 똑같아요."

나중에 알고 보니 저의 숙박 비용이며, 왕복항공권을 다 그분 개인이 부담한 것이었습니다. 하나님의 나라와 선교를 위해서는 아낌없이 투자하면서도 생활의 어떤 불편도 기꺼이 감수하는 모습이 참 보기 좋았습니다. 이런 사람이 복을 받습니다. 다시 한번 강조하지만 불편한 것이 불행한 것은 아닙니다. 우리는 조금만 불편하면 마치 저주라도 받은 것처럼 생각하지만 불편을 통해서, 고난을 통해서 하나님은 우리를 정금같이 만드십니다.

롯은 신앙 고백에서뿐만 아니라 어려운 시어머니와 함께 살기로 결심하면서 복을 받는데, 하나님께서 이 여인으로 하여금 유력한 자 보아스를 만나게 하십니다. 롯에게 축복의 통로를 여신 것입니다.

롯이 이삭을 주우러 가는 장면은 밀레의 만종처럼 아름다운 풍경이 아닙니다. 성경엔, 교회 종소리가 울리고 노을이 붉게 물든 저녁에 앞치마를 두른 롯이 우아하게 이삭을 줍는 모습이 없습니다. 롯은 농사지을 땅도 없고, 먹을 것도 없어서 남의 땅에 떨어진 이삭을 주우러 간 것입니다. 이런 롯을 보고 동네 사람들은 한마디씩 했을 것입니다.

"저 사람이 누구지? 나오미 며느리 롯이네, 참 안 됐네. 젊은 나이에 남편 없이 객지에서 ……."

오늘날 많은 한국 교회와 교인들이 하나님에 대한 첫사랑을 잃어 버렸습니다. 믿음이 식어 버리고, 영적 감각이 무뎌지고, 있던 신앙마저 껍데기만 갖고 사는 등 문제가 심각해지고 있습니다.

롯은 누가 보아도 서글프기 짝이 없고 불쌍한 여자였습니다. 하지만 롯은 매일같이 "어머니, 다녀오겠습니다" 깍듯하게 인사하고 밭에 나가서 이삭을 주워와 시어머니를 봉양했습니다. 그러던 어느 날 우연히 보아스의 밭에 이르게 됩니다. 그런데 보아스와 롯, 이 두 사람의 만남은 절대 우연이 아닙니다. 잘 믿을 줄 알았던 자기 백성들이 하나님을 떠나 각자의 소견에 옳은 대로 살면서 죄를 짓고 살던, 그때 기대도 안 했던 여인이 시집을 와서는 '나의 하나님'을 붙잡고 살아가는 모습이 하나님 보시기에 어땠을까요? 하나님께서는 그녀의 갸륵하고 기특한 마음과 믿음을 보시고는 '내가 네게 복을 주리라, 반드시 너를 인도하리라' 며 천사들을 급파하십니다. 아무것도 모르고 가는 룻의 발을 보아스의 밭으로 인도하신 하나님의 각별하시고 놀라운 섭리의 손길을 인간의 언어로 표현하기란 한계가 있습니다. '우연히' 라는 말밖에는 달리 사용할 단어가 없습니다. 우연히 누구를 만난다는 것은 하나님의 각별하신 섭리며 특별하신 손길입니다.

Blessing of the man serving the lord
쓰임 받는 사람의 축복

하나님께서는 한 시대에 이름도 없고 천한 신분의 보잘 것 없는 여성들, 인구 통계치에도 포함되지 않는 여성들을 택하셔서 존귀하게 쓰셨습니다.

"가로되 내 딸아 여호와께서 네게 복 주시기를 원하노라 네가 빈부를 물론하고 연소한 자를 좇지 아니하였으니 너의 베푼 인애가 처음보다 나중이 더하도다" (룻:3:10).

저는 이 말씀을 룻기서에서 가장 중요한 말씀이라고 봅니다. '인애(仁愛,kindness)' 라는 말은 영어 성경에는 '친절' 이란 단어로 표현되어 있습니다. "너의 베푼 인애가 처음보다 나중이 더하다." 는 말은 사랑과 친절이 갈수록 뜨거워지고 커졌다는 말씀입니다. 이것이 룻의 라이프 스타일, 그녀 생(生)을 관통하는 철학이었습니다. 이스라엘 백성들이 구원의 감격과 하나님의 영광을 잊어 어려웠던 시대에 이방인이었던 룻은 믿음과 사랑, 인애로 열조의 태를 품는 어머니가 됩니다.

오늘날 한국 교회와 많은 교인들이 하나님에 대한 첫사랑을 잃어 버렸습니다. 믿음이 식어 버리고, 영적 감각이 무뎌지고, 있던 신앙마저 껍

데기만 갖고 사는 등 문제가 심각해지고 있습니다. 다시 회복해야 합니다. 새로워져야 합니다. 룻은 '갈수록' 사랑이 뜨거워졌습니다. 이것이 바로 그녀가 복 받은 비결이었습니다. 한나가 사무엘을 낳고, 보아스와 룻의 사이에서 다윗이 태어나고, 사무엘이 다윗에게 기름을 부어 이스라엘의 왕으로 세웠습니다. 하나님께서는 한 시대에 이름도 없고 천한 신분의 보잘 것 없는 여성들, 인구 통계치에도 포함되지 않는 여성들을 택하셔서 존귀하게 쓰셨습니다. 룻과 같이 하나님의 인도하심을 받아 한 시대를 새롭게 하고, 그 태에서 다윗의 왕조가 열렸던 역사가 오늘 저와 여러분의 삶 속에 재현되길 소망합니다. 믿음의 여인들, 기도의 여종들을 통해서, 나의 하나님을 붙잡는 사람을 통해서 하나님의 독특한 은혜를 체험하는 저와 여러분이 되시기를 주의 이름으로 축원합니다.

그러므로 너희는 이렇게 기도하라

하늘에 계신 우리 아버지여 이름이 거룩히 여김을 받으시오며,

나라가 임하옵시며 뜻이 하늘에서 이룬 것같이 땅에서도 이루어지이다

오늘날 우리에게 일용할 양식을 주옵시고

우리가 우리에게 죄지은 자를 사하여 준 것같이 우리 죄를 사하여 주옵시고

우리를 시험에 들게 하지 마옵시고 다만 악에서 구하옵소서

나라와 권세와 영광이 아버지께 영원히 있사옵나이다 아멘

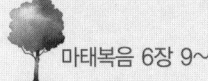 마태복음 6장 9~13절

이렇게 기도하라

주기도문은 예수님이 우리에게 직접 가르쳐 주신 기도입니다. 주기도문은 매우 짧습니다. 그리고 매우 간결합니다. 하지만 주기도문만큼 완전한 기도가 없습니다. 예수님의 설교 메시지를 다 담고 있다고 할 만큼 아주 중요한 기도이기도 합니다. 우리가 모일 때마다 주기도문을 수시로 고백하고 구하는 것도 모두 이런 이유에 섭니다. 그러나 또 한편으로 쉽게 무시당하는 것도 주기도문입니다. 아무 생각 없이 모임이나 집회를 '주기도문으로 마치겠습니다'라고 할 때가 많은데 참 안타까운 일입니다.

본문에서 예수님께서는 "이렇게 기도하라"고 하시며 주기도문을 가르쳐 주십니다. 주기도문은 매우 간결한 것 같지만 내용이나 순서가 아주 절묘하게 구성되어 있음을 볼 수 있습니다. 모든 것에는 원리가 있고, 방식이 있고, 법도가 있는데 주기도문 또한 그렇습니다. 예수님은 주기도문을 통해서 우리의 기도에 있어서 꼭 필요한 것을 가르쳐 주고 계십니다.

기도의 대상 - 하늘에 계신 우리 아버지여!

주기도문은 기도의 대상을 부르면서 시작됩니다.

"하늘에 계신 우리 아버지여!"

기도의 대상은 아버지입니다. 그런데 그냥 아버지가 아니고 하늘에 계신 아버지입니다. '하늘에 계신' 이란 무슨 말일까요? 우리가 사는 이 땅은 제한적인 곳입니다. 자식을 아무리 사랑해도 이 땅의 아버지는 군대를 대신 가줄 수 없고, 시집을 대신 가줄 수 없습니다. 시공간이 갖는 한계 때문입니다. 우리의 기도를 들으시는 분은 하늘에 계신 분입니다. '하늘에 계신' 이란 말은 '위대하신' 이란 말입니다. 마치 하늘에 있는 달을 서울, 부산, 대구, 대전, 광주 어디에서나 볼 수 있는 것과 같습니다. 우리가 어디를 가도 달은 우리를 따라다닙니다. 하나님께서도 우리가 어디를 가든 구름기둥, 불기둥으로 지켜 주시고, 주야로 눈동자처럼 지켜 주십니다. 이 땅의 아버지들은 내가 아무리 위급해도 바로 올 수 없습니다. 그러나 하늘에 계신 아버지는 바로 오십니다. 그래서 하늘에 계신 아버지라는 말은 위대하시고 전능하신 아버지라는 말과도 같습니다.

네비게이션이 설치된 차는, 기계가 분명 나와 함께 차 안에 있지만 속도, 위치를 정확히 추적해서 알려 줍니다. 그것은 하늘에 높이 떠 있는 인공위성에서 추적한 데이터를 보내 주기 때문에 가능합니다. 그런가 하면 요즘은 외국에 나가도 한국 방송을 볼 수 있습니다. 위성 TV가 있기 때문입니다. 이처럼 3차원의 이 땅은 제한이 많지만 우주 공간인 하늘은 그렇지 않습니다. 모든 시공간을 초월합니다. 그렇기 때문에 '하늘에 계시다'는 것 자체가 대단한 것이고 위대한 것입니다.

그 다음 살펴볼 것은 기도의 대상이 '우리 아버지'라는 점입니다. 하나님은 '나'의 하나님도 되지만 '너'의 하나님도 됩니다. '우리'라는 단어는 너와 나를 일컫는 말로 그 안에 공동체성을 담고 있습니다. 하나님께서는 나의 기도도 들어 주시고, '그'와 '그녀'의 기도도 들어 주시는 분입니다. 그리고 우리는 주 안에서 한 형제들입니다. 안타깝게도 한국 교회는 이 부분이 약합니다. '나'의 하나님이 '너'의 하나님도 되신다는 사실을 인정하기 싫어합니다. 형제가 연합하여 동거함은 참으로 선하고 아름다운 일입니다. 그런데 한국 교회는 수많은 성도를 자랑하면서도 '우리'라는 공동체 의식에 약하고, 하나 되는 일을 힘들어합니다. 나의 기도가 중요한 것처럼, 다른 사람의 기도도 존귀히 여길 줄 알아야 합니다.

제가 아는 어느 자매님의 이야기입니다. 그 자매님이 다니는 교회가 시끄럽고 문제가 많다보니 교인들이 하나 둘 떠나기 시작했습니다. 나중에는 그 자매 혼자 주일학교 학생 백 이십여 명을 돌보게 됐습니다. 어떻게 그런 일이 가능하냐고 물었더니 그 자매 대답이 제게 도전을 주었습니다.

Blessing of the man serving the lord
쓰임 받는 사람의 축복

하나님께서는 나의 기도도 들어주시고, '그'와 '그녀'의 기도도 들어주시는 분입니다. 그리고 우리는 주 안에서 한 형제들입니다. 안타깝게도 한국 교회는 이 부분이 약합니다. '나'의 하나님이 '너'의 하나님도 되신다는 사실을 인정하기 싫어합니다.

"성령이 하나 되게 하신 것을 힘써 지키라고 했는데 만일 제가 교회가 맘에 안 든다고 해서 교회를 떠나 버리면 그것은 주님의 몸된 교회를 찢는 행위이자 하나님을 찢는 것이기 때문에 그럴 수 없었습니다."

우리가 하나 되지 못하고, 상대방을 인정하지 못할 때 갈등이 오고, 싸움이 생기며, 고통을 당합니다. 그러나 공동체 의식이 강한 곳에서는 합심해서 하는 기도의 능력도 커집니다. 수백 명이 주님의 이름으로 공동의 주제를 놓고 기도할 때 그 힘이 얼마나 대단하겠습니까? 우리가 '하늘에 계신 우리 아버지여'라고 기도하는 것은 '우리는 주님의 한 몸을 이루는 운명 공동체입니다'라는 고백과도 같은 것입니다.

한번은 기차로 서울에 가는 길에 저희 교회 집사님으로부터 전화를 받았습니다.

"목사님, 김 집사님이 위독하셔서 곧 돌아가실 것 같은데 목사님이 제일 보고 싶다고 해요. 목사님이 지금 좀 와 주시면 안 될까요?"

하지만 저는 전화를 받고 당장에 돌아갈 수가 없었습니다. 그런 제 마음은 너무 아팠습니다. 성도들이 아프면 목회자의 가슴은 찢어집니다. 양떼가 다치면 목자의 마음이 속상하듯 목사님들도 성도들이 아프고 다치고 문제가 생기면 속이 상합니다. 왜 그렇습니까? 우리는 한 아버지로부터 난 한형제이기 때문입니다. 공동체적인 신앙 고백을 하십시오.

오늘날 한국 교회 안에서 가장 강하게 역사하는 사탄 마귀가 시기와 질투의 영입니다. 교인들이 시기와 질투 때문에 사랑하는 형제가 잘되는 것을 눈뜨고 못 봅니다. 허구한 날 물어 뜯고 싸우다가 피차 망합니다. 눈을 들어 산을 보고, 동서남북을 보며 살아야 될 주의 백성들이 도토리 키재듯 하지 마십시오. 우리는 한형제입니다. 하늘에 계신 우리 아버지 안에서 우리는 한가족입니다. 주님의 울타리 안에 있는 운명 공동체입니다. 형제가 잘되는 것이 내가 잘되는 것이고, 우리 교우가 복을 받는 것이 우리 교회가 복을 받는 것이고, 우리 교회가 부흥되는 것이 하나님 나라가 부흥되는 것입니다. 영적인 동지 의식, 지체 의식을 가지십시오. 하나님께서 우리에게 기도를 가르쳐 주시며 '우리 아버지' 이라고 표현한 부분을 통해 우리 그리스도인들은 나의 하나님도 중요하지만 너의 하나님도 중요하다는 것을 알아야겠습니다.

세 번째로 살펴 볼 것은 우리의 기도 대상이 '아버지' 라는 것입니다. 가정에서 어머니와 아버지의 역할은 다릅니다. 보통의 아이들은 길을 가다 넘어졌을 때 '엄마야!' 하지 '아빠야!' 하지 않습니다. 아이들이 아프고 다급할 때는 아빠보다 엄마를 먼저 찾습니다. 저희 집 아이들도 그렇습니다. 저는 집회 다니느라 집에 없는 날이 많고, 대개 귀가 시간도 열한 시를 넘기는 경우가 많습니다. 그래서 아이들에게 늘 미안합니다. 그래도 저는 아이들을 끔찍하게 좋아합니다. 딸을 위한 노래를 작사 작곡하기도 했습니다. 그런데 우리 딸은 엄마가 더 좋다고 합니다. 저는 집에 들어갈 때 딸아이가 좋아하는 인형을 사다주곤 합니다. 딸 방에 있는 인형만 보더라도 제가 아내보다 훨씬 더 딸을 사랑하는 것 같습니다. 하지만 그렇듯 선물을 하고, 수시로 애정 표현을 하지만 우리 딸아이는 엄마가 더 좋답니다. 엄마가 맨날 잔소리하고 혼내도 아이는 저보다 엄마를 더 좋아합니다. 아이들 마음에 엄마는 강력한 보호자로 자리하기 때문입니다. 늘 옆에서 챙겨주고 얘기 들어 주고 돌봐 주는 사람은 아빠가 아니고 엄마이기 때문입니다. 그만큼 아이들에게 엄마의 존재는 안전하고 든든한 존재입니다.

엄마의 존재가 그러하다면 아빠의 존재는 어떻습니까? 아버지란 한 가정의 보호자, 세대주, 호주입니다. 아버지가 아버지다울 때 집안의 질서가 잡힙니다. 그러므로 '하늘에 계신 우리 아버지'라는 말은 그분이 우리의 보호자가 되시고, 지킴이가 되시고, 우리 가정의 울타리가 되시고, 스폰서가 된다는 말입니다. 우리 가정의 모든 문제를 책임져 주신다는 의미가 됩니다. 어린 딸이 시집을 가게 됐습니다. 그때 딸이 걱정되겠습니까? 시집 밑천 장만할 아버지가 걱정되겠습니까? 아이의 등록금 철이 되면 누가 더 걱정이 되겠습니까?

Blessing of the man serving the lord
쓰임 받는 사람의 축복

하늘이란 말에서 우리는 거룩하고 위대하고 전능하다는 느낌을 받으며 아버지라는 말에서 든든함과 친근함을 느낍니다. 그러니까 하늘에 계신 우리 아버지는 위대하시면서 동시에 편안한 분이 되신다는 말입니다.

아이들은 "아버지!" 하면 됩니다. 그러나 아버지들은 등록금 철이 다가오면 벌써 땅 팔고 논 팔고, 대출까지 받아 준비해 놓으십니다. 이것이 바로 아버지입니다. 우리가 "하늘에 계신 우리 아버지여"하며 부르는 것도 이와 같이 하면 됩니다. 왜 그렇습니까? 하나님이 바로 우리 보호자이기 때문입니다. 아버지는 딸의 마음, 아들 마음을 다 압니다. 무엇이 필요한지 다 압니다. 이렇듯 아버지란 한 가정의 보호자이며 큰 울타리가 됨을 의미합니다. 저는 저의 아버지를 기억하면 헛기침이 떠오릅니다. 아버지의 헛기침이 들리면 아버지가 집안에 계시다는 것이고 그럴 때면 온 집안이 편안했습니다. 아버지라는 존재는 그렇습니다.

그렇다면 이젠 '하늘에 계신 우리 아버지'라는 말을 하나로 연결해 봅시다. '하늘'이란 말에서 우리는 거룩하고 위대하고 전능하다는 느낌을 받으며 '아버지'라는 말에서 든든함과 친근함을 느낍니다. 그러니까 하늘에 계신 우리 아버지는 위대하시면서 동시에 편안한 분이 되신다는 말입니다.

교회에 나와 "아버지 제가 왔습니다"라고 하면 기도의 절반은 끝난 것입니다. 아버지가 되신 하나님, 나의 보호자가 되시는 하나님께서 우리에게 필요한 것을 미리 아시고 채워 주십니다. 아버지는 강해도 자식에게는 한없이 약합니다. 자녀들에게는 무조건 져 주고, 천 번이고 만 번이고 속아 주는 사람이 아버지입니다. 하늘에 계신 우리 아버지도 그렇습니다. 탕자가 집으로 돌아왔을 때 그 아버지가 그랬습니다. 탕자를 보고 측은히 여겨 달려 나간 아버지는 목을 안고 입을 맞추고, 가장 좋은 옷을 내어다 입히고 손에 가락지를 끼우고 발에 신을 신기며, 살진 송아지도 잡았습니다. 그렇듯 하늘에 계신 아버지께서도 "주님 제가 왔습니다"라는 고백을 기뻐하십니다. 늘 부족하고 여전히 유치하고 철이 없어도 하늘에 계신 우리 아버지는 우리의 기도를 들으십니다.

이름을 거룩히 여김을 받으시오며

기도의 대상을 부른 후 처음으로 하는 기도 내용이 무엇입니까? "이름을 거룩히 여김을 받으시오며"입니다. 그렇다면 이름이 거룩히 여김을 받으신다는 말의 의미는 무엇입니까? 이름은 그 사람의 인격이며 그 사람 전체를 말합니다. 그러므로 이름을 거룩히 여기며 하나님을 영화롭게 한다는 뜻입니다. 원래 기도는 하나님을 하나님답게, 거룩하신 하나님을 거룩하게, 영광스런 하나님을 영화롭게 하는 행위입니다.

하나님의 이름을 거룩히 여기는 것은 우리 그리스도인들이 사는 궁극적인 목적이기도 합니다. "하나님의 뜻은 성공이 아니고 성별(聖別)이다"라고 합니다. 성경에 성공이라는 단어는 없습니다. "거룩하라, 구별되라, 성별되라"는 말씀만 있습니다. 하나님의 뜻은 '거룩'이고, 하나님은 거룩하신 분이기 때문에 하나님은 거룩한 자, 깨끗한 자, 구별된 자를 좋아하십니다.

그러나 성공은 부작용이 많습니다. 성공할수록 죄의 유혹이 더 크고 많습니다. 성공한 남자들 중엔 재력 등의 여유가 생기면 쉬이 유혹에 빠지는 경우가 있습니다. 칠 계명을 어길 위험에 처하기도 하고 도박에 손을 댑니다. 남편이 성공을 하고 너무 많이 변했다는 얘기를 주변에서 자주 듣게 됩니다. 그러나 그러던 사람이 사업에 어려워지고 돈이 떨어지면서 생전 안 나가던 새벽 기도를 나가게 됩니다. 새벽 기도를 위해 오고 가는 차 안에서 부부는 전에 없이 진하고 깊은 대화를 나누게 되고, 함께 기도하기 시작합니다. 본질적으로 사람은 성공하고, 재물이 쌓이고 권세가 생기면 교만해지는 것이 인지상정입니다. 그러니 성공을 위해 기도하지 말고 성별을 위해서 기도하십시오.

여기서 '성별하라'고 하는 것은 하나님의 뜻이 거룩이기 때문입니다. '거룩'이란 단어 속에는 '구별되다'라는 뜻이 있습니다. 우리는 이 세대를 본받지 말고 하나님의 온전하시고 거룩하신 뜻을 분별할 줄 알아야 합니다. 권능은 거룩함과 깨끗함에서 오는 것입니다.

"이름을 거룩히 여김을 받으시오며"라는 기도가 처음으로 나오는 이유는 그렇습니다. 하나님을 거룩하게, 하나님을 존귀하게, 하나님을 영화롭게 하면 하나님도 반드시 우리를 축복하십니다.

제 딸은 공부에 취미가 없습니다. 아이는 휴일이 되면 "아빠! 내일 아침 일어날 때까지 깨우지 마세요!" 하고는 늦잠을 즐깁니다. 저녁에는 늘 TV를 붙잡고 삽니다. "TV는 나의 목자시니 내게 부족함이 없으리로다." TV를 얼마나 좋아하는지 "나중에 뭐가 될래?" 물으면 백댄서가 되겠다고 합니다. 이렇게 공부에는 취미가 없고, 춤추는 것과 가수를 좋아하고, 날마다 TV에 붙어 사는 딸이 한번은 교회 종합 경연 대회에서 성경고사 최고상을 받아왔습니다. 제가 얼마나 충격을 받았는지 모릅니다. 평소 공부하는 걸로 봐서 최우수상은 기대할 수 없었기 때문입니다. 그날 저는 아이에게 피자를 사줬습니다. 우리 딸이 아빠의 이름을 드러내고, 아빠를 존귀하고, 거룩하게 해 줬는데 피자든 아이스크림이든 원하는 건 다 사주고 싶었습니다. 저는 기분이 너무 좋아서 아이를 데리고 선물 코너에도 데리고 갔습니다. 갖고 싶은 것이 있으면 마음대로 고르라고 했더니 딸애가 가져온 것은 삼천 원짜리 다이어리였습니다. 저는 그날 지갑에 십만 원을 가지고 갔는데 딸이 고른 선물은 겨우 삼천 원짜리였습니다. 저의 믿음이 적은 것인지 딸의 믿음이 적은 것인지는 모르겠지만 아무튼 저는 그날 딸아이가 원하는 것은 뭐든지 해 줄 계획이었습니다.

하나님과 우리의 관계도 마찬가지입니다. 하나님께서는 자신을 존귀하게 하고, 영화롭게 하는 자들에게 무엇이든 부어주고 싶어 하십니다. 다만 우리가 그 구할 바를 모를 뿐입니다.

우리는 하나님의 이름을 거룩히 해야 합니다. 하나님을 영화롭게 해야 합니다. 그것이 기도입니다. 우리가 주님의 이름을 높일 때 주님은 다 채워 주십니다. 우리가 성공이 아닌 성별을 위해 살아야 하는 것은 우리가 성별되어 살 때 하나님께서 기뻐하시기 때문입니다. 자녀들이 진리에 행하고, 거룩한 길로, 십자가의 길로 걸어가면 성공, 축복, 은사, 건강, 물질은 하나님께서 다 책임지십니다. 부모들은 자녀들에게 그것을 가르쳐야 합니다.

"돈을 따라가지 마라. 하나님의 영광을 따라가라. 인기를 따라가지 마라. 성공을 목표로 하지 마라. 성별을 목표로 해라. 하나님의 뜻은 성공이 아니라 성별이다."

이렇게 가르쳐야 합니다.

Blessing of the man serving the lord
쓰임 받는 사람의 축복

하나님께서는 자신을 존귀하게 하고, 영화롭게 하는 자들에게 무엇이든 부어주고 싶어 하십니다. 다만 우리가 그 구할 바를 모를 뿐입니다.

나라이 임하옵시며…

하나님의 이름을 부르고, 하나님의 이름, 존재를 높여드린 다음에 오는 기도가 "나라이 임하옵시며"(10절)입니다. '나라이 임하옵시며' 라는 고백은 두 가지로 생각해 볼 수 있습니다. 하나는 '하나님께서 나를 다스려주십시오' 라는 뜻입니다. 우리가 이 고백을 드리는 것은 하나님이 나의 왕이 되셔서 나를 온전히 다스려 주시고, 통치해 주실 때가 가장 행복하기 때문입니다. 성령님이 나를 장악하시고, 사랑의 줄로 나를 꽁꽁 묶어 완전히 주장하실 때가 가장 자유롭기 때문입니다. 나라가 임한다는 말은 내 마음속에 천국이 임하고, 주님의 통치권이 나타나는 것을 말합니다.

'나라이 임하옵시며'의 또 다른 의미는 우리가 복음을 전하는 대상의 심령 안에 임해 달라는 것입니다. 저희 지역에 믿음 좋은 안수 집사님이 새 경찰 서장으로 부임해 오셨습니다. 그분은 오자마자 목사를 초빙해서 경찰서 직원들과 함께 예배를 드리고 말씀을 가르치셨습니다. 비그리스도인이 부임했다면 돼지 머리 놓고 고사를 지내지 않았겠나 생각합니다. 하나님이 가장 싫어하시는 것이 우상숭배입니다. 결국 돼지 머리에 고사를 지내면 지역 주민들까지 복을 못 받게 됩니다. 그렇기 때문에 복음을 전할 때도 역차별적인 전도는 하지 말아야 합니다. 복음은 가난하고 약한 자들에게만 전해야 한다는 생각을 버려야 합니다. 우리 주님은 가난하고 원통하고 약하고 없는 자들을 특히 사랑하셨지만 절대 차별하지 않으셨습니다. 그런데 사람들은 차별을 합니다. 특히 역차별을 합니다. 하지만 '나라이 임하옵시며'라는 말에는 복음을 전할 때 차별을 두지 말라는 의미가 있습니다. 우리는 구청장에게 복음을 전하고, 시장을 전도하고 국회의원을 개종케 하는 능력이 있어야 합니다. 세상에서 유력한 자들이 그리스도 안에 들어오면 많은 변화가 일어날 것입니다. 이 땅에 평안이 오고 이 땅의 국민들이 행복하기 위해서는 경제가 안정되어야 하며 정치가 안정되어야 하는데 그러려면 지도자를 위해서 기도해야 합니다. 나라가 평안해야 교회가 평안하고 우리의 자녀들이 행복합니다. 나라의 지도자들에게 복음을 전해야 합니다. 그들이 구원받고 그들 마음속에 주님의 나라가 임하면, 그들이 내리는 결정과 판단이 선하기 때문에 국민들이 복을 받게 되는 것입니다. 복음을 차별해서 전하지 마십시오. 왠지 모르게 우리는 사장님이라고 하면, 국회의원이라고 하면, 대

Blessing of the man serving the lord
쓰임 받는 사람의 축복

우리는 구청장에게 복음을 전하고, 시장을 전도하고 국회의원을 개종케 하는 능력이 있어야 합니다.

통령이라고 하면 기부터 죽습니다. 그럴 필요가 없습니다. 그들도 예수 님을 믿고 구원받아야 할 사람, 회개해야 될 사람입니다. 이젠 당당하게 복음을 전하십시오.

'나라이 임하옵시며'에는 이상에서와 같이 두 가지 의미가 있습니다. 이제는 지도자들을 위해 특별히 복음을 전해서 그들의 마음과 생각에, 그리고 그들의 가정에 하나님의 나라가 임하도록 해야 합니다. 그러면 그들이 영적 지도력을 발휘에서 이 땅이 행복해질 것입니다.

뜻이 하늘에서 이룬 것 같이 땅에서도 이루어지이다

기도는 하나님 앞에서 내 뜻을 관철시키고자 부리는 응석이나 고집이 아닙니다. 기도는 하나님 아버지께서 말씀하시는 뜻을 경청하는 것입니다. 우리는 기도할 때, 화자로서보다 청자로서의 역할에 더 충실해야 합니다. 우리가 하는 기도는 "어쨌든지 이대로 해 주세요"가 아니라 "모든 지각에 뛰어나신 하나님, 나 보다도 내게 있어야 할 것을 더 잘 아시는 하나님, 나뿐만 아니라 나와 우리 집안과 우리 교회의 필요를 아시는 하나님께서 내 생각대로, 내 고집대로가 아니고 아버지의 뜻대로 해 주옵소서"와 같이 되어야 합니다. 아버지의 뜻이 이루어지기를 기도해야 합니다. 진정 하나님께서 기뻐하시고 그분께 합한 자라면 그렇게 기도할 것입니다. 하나님의 사람이라면

Blessing of the man serving the lord
쓰임 받는 사람의 축복

기도는 하나님 앞에서 내 뜻을 관철시키고자 부리는 응석이나 고집이 아닙니다. 기도는 하나님 아버지께서 말씀하시는 뜻을 경청하는 것입니다. 우리는 기도할 때, 화자로서보다 청자로서의 역할에 더 충실해야 합니다.

진정 하나님께서 기뻐하시고 그분께 합한 자라면 그렇게 기도할 것입니다. 하나님의 사람이라면 능히 정욕보다 하늘나라를 좇을 것이기 때문입니다.

능히 정욕보다 하늘나라를 좇을 것이기 때문입니다.

출애굽 당시 이스라엘 백성들은 홍해 앞에 이르자 모세를 원망합니다. 그러자 모세가 외칩니다.

"너희는 가만히 서서 하나님의 구원을 보라."

앞은 망망대해고 뒤에서는 애굽 군대가 뒤를 좇는 상황인데 지도자 모세는 가만히 서서 하나님께서 구원하시는 것을 보라고 말합니다. 이것이 기도입니다. 가만히 서서 하나님의 구원, 하나님의 뜻을 보는 것이 기도입니다. 가만히 서서 하나님의 구원을 바라보는 것이 믿음입니다.

이스라엘 백성들은 가만히 있었습니다. 그들의 믿음이, 하나님의 권능이 바다를 가릅니다. 구원의 문제도 마찬가지입니다. 하나님이 하시는 것입니다. 기도할 때 우리는 가만히 하나님의 음성을 들어야 합니다. 다시 강조하지만 기도라는 것은 아버지의 뜻을 새겨듣는 것입니다. 기도로 하늘 문을 열고 닫았던 엘리야는 그가 실패하고 영적 침체에 빠졌을 때, 불 가운데서도 아니고 바람 가운데서도 아닌, 모든 소란이 다 지나가고 조용할 때에 하나님의 세미하고 부드러운 음성을 들었습니다. 세미하신 하나님, 속삭이시는 하나님, 부드러우신 하나님의 음성은 당연하지만 시끄러운 데서는 들리지 않습니다. 그 음성은 우리가 가만히, 주의 뜻을 사모하고 주님의 뜻이 이루어지기를 바랄 때 들립니다. 예수님도 "내 원대로 하지 마옵시고 아버지 뜻대로 하옵소서"라고 기도하셨듯이 내 생각, 내 고집을 관철시키는 것은 기도가 아닙니다. 기도는 먼저 아버지의 뜻을 구해야 합니다. 그분의 뜻이 이 땅에서도 이루어지길 기도해야 하는 것입니다.

Blessing of the man serving the lord
쓰임 받는 사람의 축복

믿음의 사람은 구원의 날과, 구원의 때를 현재 시점으로 생각하고 오늘 행복하고 오늘 성령 충만하고 오늘 은혜 충만하기를 기도합니다.

오늘날 우리에게 일용할 양식을 주옵시고

대상을 부르고, 그 이름을 높이고, 먼저 아버지의 나라와 뜻을 구한 다음에는 일용할 양식을 구하는 기도를 드립니다. 일용할 양식은 오늘의 충분한 양식입니다. 사람이 돈이 많다고 행복하지 않습니다. 오늘 내게 필요한 것이 채워지면 행복합니다. 하나님께서는 오늘 필요한 은혜를 주십니다. 내일은 내일, 모레는 모레…. 그때 그때 채워 주십니다. 때마다, 날마다 복을 주시는 하나님이십니다. 사람들이 '실망' 을 하는 것은 욕심이 많아서입니다. 하지만 기도는 겸손하고 소박하게 해야 합니다. 하나님이 만나를 주실 때 그날 필요한 만나를 주셨지 한 달치를 주시지 않았습니다. 그렇게 주셨다면 다 먹지 못하고 썩어 버렸을 겁니다. 무엇이든 지나치면 문제가 생깁니다. 일용할 양식을 구하는 기도를 하십시오. 믿음의 사람은 꿈과 비전을 가지고 시온대로를 걸어가는 사람이지만 현실적이기도 합니다. 믿음의 사람은 구원의 날과 구원의 때를 현재 시점으로 생각하고, 오늘 행복하고, 오늘 성령 충만하고, 오늘 은혜 충만하기를 기도합니다. 내일은 내일 하나님이 책임지십니다. 공부 못하는 사람들이 수학 시간에 영어책 펴 놓고, 영어 시간에 수학책 펴 놓습니다. 일 못하는 사람이 정월 초하루에 나무하러 간다고 합니다. 오늘에 필요한 은혜를 오늘 구하고, 오늘 해야 할 일을 오늘 하는 사람이 믿음의 사람입니다.

Blessing of the man serving the lord
쓰임 받는 사람의 축복

하나님은 우리가 기도 한 번 열심히 했다고 무더기로 복을 주시지 않습니다. 그렇게 주시면 우리는 복에 치여죽습니다. 하나님께서는 오병이어 기적을 행하셨을 때도 남는 것은 거두셨습니다. 하나도 버리는 것이 없게 하셨습니다.

오늘은 오늘의 일용할 양식을, 내일은 내일의 일용할 양식을 구하는 것이 완전한 기도입니다.

오늘 감사를 회복하시고, 매일 신앙을 회복하시고, 날마다 축복을 회복하십시오.

일용할 양식을 구하는 이 기도야말로 필요충분한 기도입니다. 일용할 양식이면 족하지 않습니까? 모든 사람은 하루 세 끼 먹지 열 끼 먹는 사람 없습니다. 그리고 밥 한 끼 먹는 것도 감사하게 생각해야 합니다. 오늘 잠들고 내일 아침에 산뜻하게 일어날 수 있는 것, 이것이 축복입니다. 오늘 내가 살아 있는 것이 황홀하고, 오늘 내가 내 발로 교회에 걸어 나오는 것이 축복이고 영광입니다. 날마다 아침마다 새롭게 하시는 하나님, 때마다 걸음마다 인도하시는 하나님은 우리가 기도 한번 열심히 했다고 무더기로 복을 주시지 않습니다. 그렇게 주시면 우리는 복에 치여 죽습니다. 하나님께서는 '오병이어' 기적을 행하셨을 때도 남는 것은 거두셨습니다. 하나도 버리는 것이 없게 하셨습니다. 하나님의 은혜가 그렇습니다. 모자라는 것도 없고 남는 것도 없습니다. 딱 알맞게 주십니다. 일용할 양식을 구하는 기도가 사소한 기도가 아닙니다. 일용할 양식을 구하는 사람에게는 그 사람의 필요만큼 공급하십니다.

"일용할 양식을 주옵소서."라는 기도는 삼손의 기도와도 통합니다. 사사기에 보면 삼손이 "이번만 강하게 하옵소서."라고 기도합니다. 이 기도로 삼손은 자신이 살아있을 때 죽였던 블레셋 사람보다 더 많은 사람을 죽입니다. 그래서 '오늘'과 '이번'이 중요합니다.

여전히 나에게 미운 사람이 있고, 원수 같은 사람이 있다면 그것은 구원의 감격과 은혜를 체험하지 못한 증거입니다.

우리 인생도 마찬가지입니다. 우리가 작년에 돈 좀 벌었다고 올해도 행복합니까? 우리는 날마다 세상이 뒤집어지는, 격동 · 격란 · 격변의 세월을 살아가고 있습니다. 하나님이 일마다 날마다 복을 주시지 않으면 안 되고, 일용할 양식을 주시지 않으면 안 되고, '이번만 강하게' 하시지 않으면 안 되는 세상에서 우리가 살고 있습니다. 그래서 오늘은 오늘의 일용할 양식을, 내일은 내일의 일용할 양식을 구하는 것이 완전한 기도입니다. 오늘 건강하고, 오늘 행복하고, 오늘 안녕하면 내일도 안녕합니다. 지금, 오늘 안 되는 사람이 내일 무슨 일이 되겠습니까? 현실을 떠난 축복은 없습니다. 오늘 감사를 회복하시고, 매일 신앙을 회복하시고, 날마다 축복을 회복하십시오.

내가 아직도 누군가를 미워하고 용서하지 않는다면 하나님과 나 사이에도 담이 있는 것입니다. 사실 내가 누군가를 용서하는 것은 그 사람을 풀어 주는 것이 아니고 내 영혼을 풀어 주는 것입니다.

우리가 우리에게 죄지은 자를 사하여 준 것 같이 우리 죄를 사하여 주옵시고

일용할 양식을 구한 다음에 오는 기도는 용서에 대한 기도입니다.

"우리가 우리에게 죄지은 자를 사하여 준 것 같이 우리를 사하여 주옵시고"

이 말씀은 하나님께서 경건하지 못한 나, 문제가 많은 나를 용납해 주시고, 사랑해 주시고, 이끌어 주셨듯이 용서함을 받은 우리도 우리에게 잘못한 사람들을 용서하라는 말씀입니다. 여전히 나에게 미운 사람이 있고 원수 같은 사람이 있다면 그것은 구원의 감격과 은혜를 체험하지 못한 증거입니다. 예수를 믿는 사람들의 특징은 용서하는 것입니다. 예수님이 우리를 용서하셨기 때문입니다.

믿음의 사람들에게 용서는 참으로 중요한 것입니다. 내가 용서하지 못하면 결국 그 대가는 나에게 돌아옵니다. 내가 누군가를 용서하면 그 사람도 나도 좋아지지만, 내가 누군가를 모질게 미워하면 둘 다 불행해질 수밖에 없습니다. 그러니 주님께 용서받았다면 다른 사람도 용서하십시오.

또한 우리는 날마다 용서를 구해야 합니다. 날마다 회개를 해야 합니다. 아무리 깨끗하게 씻어도 외출했다가 들어와서 다시 씻으면 어떻습니까? 또다시 더러워져 있다는 것을 알게 됩니다. 내가 딱히 더러운 것을 만지지 않았는데도 더러워져 있습니다. 죄도 마찬가지입니다. 내가 딱히 잘못한 일이 없다고 하더라도 이 세상 자체가 죄와 공존하고 있기 때문에 우리는 주님 앞에 나올 때마다 회개하고, 주님 앞에 나올 때마다 손과 발을 씻어야 합니다. 그래야 당당한 삶을 살 수 있습니다.

그리고 우리가 하나님께 용서를 받았다면 자기 자신도 용서하십시오. '나는 왜 이럴까?' 하지 말고 자신을 용서해 주십시오. 주님 앞에 엎드려서 회개하면 내게 문제가 아무리 많아도 하나님께서는 반드시 용서하십니다. 그리고 하나님께 용서함을 받았다면 나도 나 자신을 용서해야 합니다. 그래야 남을 용서할 수 있습니다. 오늘날 성도들이 자신을 용서하지 못하기 때문에 마음이 엉키는 것이고 그래서 사랑이, 축복이 더 이상 흘러가지 못하는 것입니다. 자기를 늘 용서하십시오. 그런 다음에 가족도 용서하고 나에게 모질게 구는 사람도 용서하십시오. 내가 아직도 누군가를 미워하고 용서하지 않는다면 하나님과 나 사이에도 담이 있는 것입니다. 사실 내가 누군가를 용서하는 것은 그 사람을 풀어 주는 것이 아니고 내 영혼을 풀어 주는 것입니다. 용서를 통해 그 사람이, 아니 내 속이, 내 영혼이 자유해지는 것입니다. 용서를 통해 거침이 없어지고 쓴뿌리들이 사라지는

하나님이 간섭하셨기 때문에 욥이 회복이 된 것이지, 욥 스스로가 승리한 것은 아니었습니다. 성경에 나오는 축복받았다고 하는 사람들은 하나님이 고통을 감해 주시고, 환난을 벗어나게 하셔서 회복이 된 사람들입니다.

것입니다. 이처럼 우리는 날마다 용서를 구하고, 또 용서해야 할 존재들이기에 용서에 대한 기도는 매우 중요합니다.

우리를 시험에 들게 하지 마옵시고 다만 악에서 구하옵소서

마지막으로 예수님께서 가르쳐 주신 기도는 이렇습니다.

"우리를 시험에 들게 하지 마옵시고 다만 악에서 구원하옵소서 대개 나라와 권세와 영광이 아버지께 영원히 있사옵나이다."

왜 시험에 들지 않게 해 달라고 기도할까요? 시험엔 장사가 없기 때문입니다. 큰 시험을 당하면 버틸 사람이 아무도 없습니다. 그래서 하나님께서는 사랑하는 자에게 환난을 벗어나게 하시고, 시험이 올 때 피할 길을 주시고 고통의 때를 감해 주십니다. 하나님께서 피할 길을 주시기 않으면 사람은 시험 앞에서 어이없이 쓰러지고 맙니다. 한순간에 무너지기도 합니다. 그래서 우리는 시험에 들기 전에 기도해야 합니다. 성도들과 사귈 때도 시험에 드는 사람하곤 사귀지 마십시오. 아무리 재미있는 이야기를 해도 만나고 와서 기분이 개운치 않거든 그 사람은 만나지 마십시오.

죄짓는 일은 대체적으로 재미가 있다고 합니다. 그러나 반드시 행위에 대한 대가를 치릅니다. 그렇기 때문에 당장은 교제가 재미있더라도 시간이 지날수록 마음이 무겁고 '후한'에 부담이 오면 그 사람을 피하는 것이 좋습니다. 그렇지 않으면 시험에 듭니다. 시험 들기 전에 내 마음을 내가 지켜야 합니다.

"태풍 '매미'가 온 세상을 다 쓸고 지나갔는데 나 혼자 살았다!"

이런 간증은 하지도 마십시오. 부모 다 죽고 나 혼자 산 것이 무슨 간증입니까?

"태풍이 오다가 기도 때문에 살짝 비켜서 동해 바닷가로 갔다!"

이런 간증이 진짜 간증입니다. 자기 집은 다 무너졌으며 부모, 자식은 다 죽고 나만 살아남은 것이 어떻게 간증이 될 수 있습니까? 다시 한번 강조하지만 시험은 안 만나는 것이 축복입니다.

모진 시험을 견디는 천하장사는 없습니다. 동방의 의인 욥을 보십시오. 자식 잃고, 재산을 다 잃은 욥이 마지막에 뭐라고 합니까? 차마 하나님을 저주할 수는 없으니까 "내 생일이 없었으면 좋겠다. 내가 태어난 날이 없었으면 좋겠다"라고 합니다. 너무 힘드니까 말도 안 되는 소리를 하고 있는 것입니다. 피부병에 걸리고, 아내는 도망가고, 자식은 죽고, 친구라고 찾아왔지만 정죄하는 소리만 하고, 참 아슬아슬합니다.

십 분만 더 그대로 두면 하나님을 원망하고, 자살할 것 같은 분위기입니다. 그때 하나님께서 간섭하십니다. 만일 하나님이 마지막에 욥을 구원하시지 않으셨다면 어땠을까요? 하나님을 원망하고 결국엔 죄를 범하게 되었을 것입니다. 즉 하나님이 간섭하셨기 때문에 욥이 회복이 된 것이지, 욥 스스로가 승리한 것은 아니었습니다. 성경에 나오는 축복 받았다고 하는 사람들은 하나님이 고통을 감해 주시고, 환난을 벗어나게 하셔서 회복이 된 사람들입니다. 시험을 반길 사람은 아무도 없습니다. 험하고 무서운 상황을 안 보는 것이 축복입니다. 그렇기 때문에 우리는 기도해야 합니다.

"하나님, 나는 약합니다. 나는 견딜 수가 없습니다. 피할 길을 주시옵소서. 시험에 들게 하지 마시옵고, 악에서 구하여 주시옵소서."

저와 여러분도 주님의 구원의 팔, 권능의 팔 안에서 안식을 얻고 평안을 얻고 기도하는 대로 응답을 받으며 살아가기를 주님의 이름으로 축원합니다.

항상 기도하고 낙망치 말아야 될 것을 저희에게 비유로 하여

가라사대 어떤 도시에 하나님을 두려워 아니하고

사람을 무시하는 한 재판관이 있는데

그 도시에 한 과부가 있어 자주 그에게 가서

내 원수에 대한 나의 원한을 풀어 주소서 하되

그가 얼마 동안 듣지 아니하다가 후에 속으로 생각하되 내가 하나님을 두려워

아니하고 사람을 무시하나 이 과부가 나를 번거롭게 하니

내가 그 원한을 풀어 주리라 그렇지 않으면 늘 와서 나를 괴롭게 하리라 하였느니라

주께서 또 가라사대 불의한 재판관의 말한 것을 들으라

하물며 하나님께서 그 밤낮 부르짖는 택하신 자들의 원한을 풀어 주지

아니하시겠느냐 저희에게 오래 참으시겠느냐

내가 너희에게 이르노니 속히 그 원한을 풀어 주시리라

그러나 인자가 올 때에 세상에서 믿음을 보겠느냐 하시니라

누가복음 18장 1~8절

응답받는 기도

본문 말씀은 우리가 익히 알고 있는 '과부의 기도'에 대한 이야기입니다. 가난하고 불쌍한 과부가 날마다 재판관을 찾아가 억울한 사정을 아뢰었더니 '불의한 재판관'이 그녀의 원한을 풀어 줬더라는 내용입니다. 비유로 설명하신 이 말씀을 통해 예수님께서는 '인자가 올 때에 세상에서 믿음을 보겠느냐?'(8절)라고 말씀하십니다. 그렇다면 하나님께서 원하시는 믿음은 무엇일까요? 하나님께서 보고 싶어 하시는 믿음은 무엇일까요? 바로 본문에 등장하는 과부와 같은 믿음입니다. 그렇다면 과부의 믿음은 어떤 믿음일까요? 낙망치 않고 항상 기도하는 믿음입니다. 하나님께서는 지금 그러한 믿음을 보고 싶어 하십니다.

요즘 저에게 새로운 은혜와 감동으로 다가오는 순간들이 있습니다. 지금의 제 모습을 보면서 무엇이 지금의 제 모습을 만들었을까를 생각할 때 그렇습니다. 정말로 현재 제 모습을 만든 것은 무엇일까, 그것은 바로 과거에 했거나 들었던 말들과 기도였습니다.

오늘의 '나'의 모습은 지금까지 부모님이 저에게 해 주셨던 말들과 제가 뿌려 놓았던 말들의 열매입니다. '말이 씨가 된다'는 말처럼 말은 심는 대로 열매를 맺습니다. 십 년 전, 이십 년 전, 삼십 년 전에 내가 뿌려 놓았던 말들이 싹이 나고 잎이 나고 꽃이 피고 열매가 되어서 오늘의 나를 만든 것입니다. 때문에 우리는 어떤 말을 듣고 하느냐가 참으로 중요합니다.

기도 또한 그렇습니다. 어떤 기도를 '심느냐'에 따라서 맺게 될 나의 열매가 달라집니다. 그래서 항상 낙망치 말고 기도해야 합니다. 과거의 기도가 지금의 나를 만들었듯이 지금의 기도가 미래의 나를 만들어 갈 것이기 때문입니다. 기도하십시오. 간절히, 과부와 같이 하십시오. 간절히 심는 기도는 시기를 따라 반드시 열매를 맺습니다. 우리가 기도해야 하는 이유가 바로 여기에 있습니다.

미래는 불확실한 세계입니다. 내일 일은 늘 불안합니다. 미래에 대해서 자신할 수 있는 사람은 아무도 없습니다. 제가 아는 분 중에 참 선하고 장래가 촉망되는 귀한 사람이 있습니다. 직업이 의사인데, 몸이 자꾸 피곤해 받아 본 검사에서 위암 판정을 받았습니다. 전이가 심해 얼마 살 수 없는 상황이라고 합니다. 의사라고 해서 자기 몸을 다 아는 것도 아니고, 자기 건강을 지킬 수 있는 것도 아닙니다. 전문가도 실패하는 시대입니다. 그만큼 미래는 불확실하며 불안합니다. 우리 아이들을 보십시오. 앞으로 누구를 만날 것이며, 어떤 직업을 가지고 살아갈지 아무도 모릅니다. 하루하루가 살얼음판과도 같은 세상에서 우리는 미래에 대해 어떤 장담도 할 수 없습니다.

　그러나 신비하게도 그렇듯 불확실하고 불안한 미래가 신앙인들의 삶 속에서는 항상 감사로 빛납니다. 미래는 항상 불안하지만, 지나간 과거(우리는 이것을 간증이라 합니다)는 모두 하나님의 은혜였다는 것을 알게 됩니다. 나는 늘 불안하고, 어설프고, 바보 같아서 실수만 하지만 그럼에도 불구하고 하나님의 사랑은 내 실수를 능가하고, 어설픈 나의 마음을 능가해서 나를 이끌어 가십니다. 그러기에 그리스도인들에게 지나간 과거는 만가지가 다 은혜가 되고, 아무리 미래가 불투명해도 하나님을 믿는 우리들은 더 이상 불안해하지 않아도 됩니다.

　그렇다면 우리는 이 불안한 현실을 어떻게 살아가야 할까요? 어떻게 해야 걱정 근심 없이 살 수 있을까요? 불확실한 인생을 살아가는 우리에게 성경은 말합니다.

> "아무 것도 염려하지 말고 오직 모든 일에 기도와 간구로, 너희 구할 것을 감사함으로 하나님께 아뢰라 그리하면 모든 지각에 뛰어난 하나님의 평강이 그리스도 예수 안에서 너희 마음과 생각을 지키시리라"(빌4:6~7).

　우리는 말씀대로 기도하면 됩니다. 그분의 품으로 파고들어 가면 됩니다. 우리는 자랑할 것도, 걱정할 것도, 부끄러워할 것도, 그렇다고 자학할 것도 없습니다. 그냥 기도하면 됩니다. 무엇이든 기도 제목으로 삼고 주님께 구하면 됩니다. 그렇다면 어떻게 기도해야 할까요? 어떻게 기도

해야 하나님께서 응답하실까요? 누가복음 18장에 나온 과부를 통해 하나님께서 어떤 기도에 응답하시는지 살펴보겠습니다.

어느 동네에 한 과부가 있었는데 날마다 재판관을 찾아가
"원한을 풀어주옵소서"라고 간절히 애원합니다. 불의한 재판관은 돈도 없고
힘도 없는 과부가 매일 와서 원한을 풀어 달라고 하니 귀찮기만 합니다.
처음에는 모른 척 했으나 소원을 안 들어 주면 계속 시끄럽고
귀찮을 것 같아서 그녀의 원한을 풀어 주기로 합니다.

여기서 중요한 것은 '과부가 재판관을 번거롭게 했다'는 데에 있습니다. '귀찮게 했다'는 것입니다. 마찬가지로 우리도 하나님을 귀찮게 해야 합니다. 신앙생활은 점잖게만 해서도 안 됩니다. 신앙은 생활이고, 삶이며 전쟁입니다. 내 아이들이 자라면서 아무렇게나 되어도 괜찮습니까? 집안의 어르신들이 아무렇게나 살다 돌아가셔도 괜찮습니까? 우리 집 가장이 하는 사업이 망해도 그만, 흥해도 그만입니까? 그럴 수는 없습니다. 내 사랑하는 자녀들이 형통하게 되어야 합니다. 나의 사랑하는 부모님들이 건강해야 합니다. 우리의 남편이, 아내가 복을 받아 형통하고 지경은 넓어져야 합니다. 그렇기 때문에 우리는 간절한 소원을 가지고 하나님을 날마다 귀찮게 할 필요가 있습니다.

서울에 가면 '감자탕 교회'로 유명한 광염교회가 있습니다. 그 교회 목사님은 겨우 칠십 평짜리 건물을 세 내어 목회를 하시지만 기도 제목은 거창합니다.

'백 명의 선교사를 파송하게 해 주시옵소서. 백 명의 목회자를 양성하게 해 주시옵소서.'

그런가 하면 광염 교회에서는 주일학교 교육 부서를 '인재 양성부, 인재 개발부'라고 부르는데, 인재를 발굴하고 양성한다는 데에 의미를 둬서입니다. 믿음은 바라는 것들의 실상입니다. 바라는 것이 다르고, 기대치가 다르고, 믿는 구석이 다르기 때문에, 칠십 평 아니라 일곱 평짜리라도 하나님이 하늘 문을 여시고, 복에 복을 더하시고, 지경을 넓혀 주시면 무엇이든지 다 된다는 믿음이 그 목사님께 있었던 것입니다.

믿음이 좋은 사람들은 약간의 푼수 끼가 있고, 약간의 주책 끼가 있습니다. 주님이 책임져 주시는 것을 '주책'이라고 하는 말이 있습니다. 실없는 것을 주책이라고 하지 않고, 남들이 보지 못하고 듣지 못하는 비밀스러운 믿음의 세계가 있는 사람을 바로 주책 끼가 있는 사람이라고 합니다. 인간적인 눈으로 보면 허풍이지만 믿음의 눈으로 보면 허풍이 아닌 것입니다. 그래서 믿음 좋은 분들은 기도부터가 다릅니다. 십 년, 이십 년 후 내 모습이 내가 뿌린 말대로, 내가 심은 기도대로, 내가 품은 소원대로 되어진다고 한다면 허풍이 클수록 좋지 않겠습니까?

이렇게 말과 기도가 씨앗이 되어 훗날 열매를 맺는다는 사실을 또 한 번 느낀 건 제가 말레이시아로 집회를 갔을 때입니다. 파송된 현지에서 직업을 갖고 있는 선교사님은 자신이 말레이시아에 있는 것이 과거의 기도 때문이라고 했습니다.

"젊은 시절 단기 선교 여행에 가서 '땅밟기' 기도를 했었는데 그것이 계기가 되어 이십 년 후인 지금, 이렇게 말레이시아 선교사로 오게 됐습니다."

그런가 하면 저를 공항까지 태워다 주신 집사님도 이와 비슷한 이야기를 했습니다.

"어머니께서는 어렸을 때부터 저희 여섯 딸들에게 좁은 땅에서 살지 말고 나가서 살라는 말씀을 하셨어요. 근데 정말로 큰언니와 둘째 언니는 캐나다에, 셋째 언니는 호주에, 저는 이곳 말레이시아에서 살고 있죠."

저는 최근, 과거에 누군가가 뿌려 놓았던 '기도'와 '말'들이 지금 혹은 미래에 응답되는 경우를 자주 봅니다. 볼 때마다 저는 놀라지 않을 수 없습니다. 그러다 보니 사람들을 만날 때마다 지금의 그 사람 모습 또한 과거에 누군가가 뿌려 놓은 말과 기도의 열매일 것이라는 생각을 합니다.

하나님께서는 소원의 항구로 인도하시며 꿈꾼 대로 인도하시고 믿음대로 역사하십니다.
우리는 하나님을 바라보며 미래에 대하여 걱정하지 말고 지금 서 있는 곳에서 생산적인 것을 심으면 됩니다.

하나님께서는 소원의 항구로 인도하시며 꿈꾼 대로 인도하시고 믿음대로 역사하십니다. 그러므로 우리는 하나님을 바라보며 미래에 대하여 걱정하지 말고, 지금 서 있는 곳에서 생산적인 것을 심으면 됩니다. 그러면 언젠가 그 심은 것을 거두는 때가 올 것입니다. 불의한 재판관도 과부의 원한을 풀어 주는데 하물며 하늘에 계신 아버지께서 택한 백성들의 밤낮 부르짖는 원한을 속히 풀어 주시지 않겠습니까? 그러므로 낙망치 말고 항상 기도로 부지런히 심으십시오.

"하물며 하나님께서 그 밤낮 부르짖는 택하신 자들의 원한을 풀어 주지 아니하시겠느냐 저희에게 오래 참으시겠느냐 내가 너희에게 이르노니 속히 그 원한을 풀어 주시리라" (눅 18:7-8)

그렇다면 여기서 예수님께서 말씀하신 '원한'이라는 말은 무엇을 의미할까요? 점잖은 기도를 소원이라고 한다면, 원한이란 사무치는 기도를 말합니다. 하나님은 사랑하는 자에게 소원을 주시고 그 소원을 행케 하신 후 성취시키십니다. 하나님께서는 복을 무조건적으로 주시지 않습니다. 우리가 무엇을 원하는지 우리의 소원을 물어보십니다. 또한 예수님께서 믿음을 평가하실 때도 그 사람 마음속에 있는 소원을 보십니다. 그래서 소원이 중요합니다.

점잖은 기도를 소원이라고 한다면, 원한이란 사무치는 기도를 말합니다. 하나님은 사랑하는 자에게 소원을 주시고 그 소원을 행케 하신 후 성취시키십니다.
하나님이 원하셔도 우리에게 바라는 것에 의지가 없으면 아무 소용없습니다. 우리가 말을 끌고 강가로 갈 수는 있지만 물을 억지로 먹일 수는 없습니다.

세상에서 진짜 불행한 사람은 누구입니까? 아무 기대감, 소원, 꿈, 비전이 없는 사람입니다. 하나님이 원하셔도 우리에게 바라는 것에 의지가 없으면 아무 소용 없습니다. 우리가 말을 끌고 강가로 갈 수 있지만 물을 억지로 먹일 수는 없습니다. 이렇듯 공부를 하든 사업을 하든 전도를 하든, 하려고 하는 마음만 있으면 하나님께서 그 필요에 따라 방법, 지혜, 능력 등 필요한 것들을 채워 주십니다. 공부를 잘하는 아이들은 자신들이 공부를 잘하려고 하는 마음이 그 안에 있기 때문입니다. 억지로 시켜서 잘할 수 없는 것이 공부고, 억지로 안 되는 것이 전도이고, 사업입니다.

그리스도인은 '빛'과 '소금'이 되어야 한다고 말합니다. 소금은 우리에게 갈증을 유발시키는 특성을 가지고 있습니다. 소금과 같은 그리스도인이란 사람들로 하여 삶의 갈증, 영적 갈증을 일으키게 하는 사람입니다. 누군가에게 삶의 자극이 되고, 각성제가 되고, 활력소가 되는 사람이 바로 소금과 같은 사람입니다. 갈증이 나면 물을 찾듯, 마음에 소원이 있는 사람은 늘 기도가 갈급합니다. 그래서 그 사람이 기도를 하게 되면 그 맘에 소원이 불일 듯 일어나게 됩니다. 우리가 기도하고 부르짖을 때 하나님께서 우리 안에 소원을 주시기 때문입니다. 그런데 이런 소원 중에 가장 농도 짙은 소원이 바로 성경에서 말하는 원한입니다. 소원을 보시고, 소원을 성취하시는 하나님이신데 그러한 분이 원한을 품은 사람을 방치하시겠습니까? 하나님의 본심을 의심치 마십시오. 문제는 하나님이 우리의 기도를, 우리의 소원을 안 들어주시는 것이 아니라, 우리 안에 원한 맺힌 소원이 없는 것입니다.

성경에도 원한을 품고 기도한 사람들이 있습니다. 그중 한 사람이 바로 한나입니다. 사무엘상 1장에 보면 한나라는 여인이 나오는데 그녀는 아이를 낳지 못해서 한이 맺힌 여인이었습니다. 그런 한나가 마음이 괴로워 하나님께 통곡하며 기도합니다. 그런데 옆에 있던 대제사장 엘리의 눈에는 기도하는 그녀가 마치 술 취한 사람처럼 보였습니다.

"이 여자가 술을 먹었느냐, 왜 자꾸 취정을 부리느냐."

오늘날 한국 교회 성도들에게 한을 품은 기도가 없습니다. 교회를 생각하고, 가족을 생각하고, 영혼을 생각하는, 깊은 탄식의 기도가 끊긴 지 오랩니다.

대제사장은 오히려 한나를 꾸짖기까지 합니다. 그러자 한나가 대답합니다.

"제가 술을 마신 것이 아닙니다. 저는 마음이 슬픈 여자입니다. 하나님께서 저에게 아이를 주시지 않으셔서 제 심정을 여호와 앞에 통곡한 것뿐입니다."

여기서 한나가 술 취한 것처럼 기도했다는 것은 신학적으로는 성령 충만함으로 기도했다는 것을 말합니다. 한나는 간절한 소원이 있었고 그래서 간절히 기도했습니다.

오늘날 한국 교회 성도들에게 이런 기도가 약합니다. 한을 품은 기도가 없습니다. 교회를 생각하고, 가족을 생각하고, 영혼을 생각하는, 깊은 탄식의 기도가 끊긴 지 오랩니다.

우리는 에서와 야곱의 경우에서 본받아야 할 기도의 전형을 찾을 수 있습니다. 에서는 익숙한 사냥꾼이었고, 야곱은 조용한 사람이었습니다. 에서는 오늘날로 말하면 몸짱, 얼짱이었습니다. 그런데 하나님께서는 그런 에서를 놔두고 이름도 '사기꾼'인 야곱을 쓰셨습니다. 말라기 1장에 '내가 에서는 미워하고, 야곱은 사랑한다'는 하나님의 고백이 나옵니다. 그리고 그 이유가 히브리서 12장에 나옵니다. 에서는 팥죽 한 그릇에 장자의 권한을 팔아먹은 망령된 자였습니다. 하지만 야곱에게는 '내가 자격이 과해도 궁극적인 복은 만복의 근원이신 하나님께로서 나온다. 그렇기 때문에 팥죽 백 그릇을 팔아서라도 축복권을 사고야 만다'라는 마음이 있었습니다. 야곱은 하나님의 축복권을 돈을 주고서라도 쟁취하려고 할 만큼 하나님의 축복에 대해 목마른 사람이었습니다. 하나님께서는 이런 자를 사랑하십니다.

뿐만 아니라 야곱의 기도에서도 우리는 그의 남다른 면모를 봅니다. 야곱은 기도할 때도 점잖을 피우지 않았습니다. 야곱은 천사를 붙들고 기도할 만큼 필사적인 사람이었습니다. 사람의 뼈가 부러지면 극심한 고통이 옵니다. 야곱은 환도뼈가 위골된 그 순간에도, 견딜 수 없이 고통스러웠을 그 순간에도 주의 사자를 붙잡고 필사적으로 매달립니다. 하나님께서는 이러한 모습을 예뻐하시며 이러한 자를 들어 쓰십니다. 비록 사기꾼이고 속이기를 잘하던 야곱이었지만 하나님께서는 야곱의 목마름, 간절함을 보셨고 들어주신 것입니다.

이렇듯 원한 맺힌 기도가 우리에게도 필요합니다. 한국 사람들은 한 (恨)의 민족입니다. 한이라는 것은 상처받은 마음으로 온갖 멸시와 무시를 받을 때, 자신의 꿈이 무참히 꺾였을 때 오는 마음입니다. 어떤 국문학 책을 보니 한의 종류가 84,000가지라고 합니다. 옛날부터 들어왔던, 학교 화장실에 가면 빨간 손이 올라오고, 모퉁이를 돌면 몽달귀신, 처녀 귀신이 나온다는 귀신 이야기는 우리 조상들이 한이 많았다는 얘기이기도 합니다. 보통 우리의 소리, 우리의 가락을 '구성지다'고 하는데 구성지다는 것은 아픔, 고통, 서러움, 눈물이 목을 통해서 나오는 것을 표현할 때 씁니다. 창(唱)을 듣다 가슴이 아릿해지는 것은 바로 우리의 마음 속에 있는 한 때문입니다. 중요한 것은, 이러한 한이 예수님을 믿지 않는 사람에게는 상처가 되고, 고통이 되고, 스트레스가 되지만, 믿음의 사람들에게는 오히려 기도 제목이 된다는 겁니다. 바로 본문 속의 과부처럼 원한 맺힌 기도를 드릴 수 있게 되는 '모티브'가 되는 것입니다.

하나님께 응답받는 비결은 강청하는 기도를 하는 것입니다. 때를 써서라도 부르짖으며 기도하면 역사가 뻗어 나갑니다. 약속의 말씀을 붙들고 기도하십시오. 말씀이 나의 꿈이 되고, 기도 제목이 되고, 소원이 되면 다음 순서는 하나님께서 진행하십니다. 물론 거기까지의 상황도 하나님께서 인도하셨음을 부인할 수는 없습니다. 오늘날 우리가 응답받지 못하는 이유는 하나님께서 기도를 안 들어주시는 것이 아니라, 우리 안에 꿈도 없고, 기대도 없고, 소원도 없어 기도를 안 하기 때문입니다.

내 마음 속에 창피하고 고통스러운 것이 있을 때 숨기지 마십시오. 동물들은 상처를 받으면 자신의 상처를 햇볕에 쪼입니다. 자외선, 적외선

치료를 받기 위해서입니다. 그리고 본능적으로 약초를 뜯어먹어 스스로 자신의 병을 고칩니다. 그런데 사람들은 상처가 있고 부끄러운 것이 있으면 자꾸 숨기려고 합니다. 남들에게 들통 날까 봐 조마조마해합니다. 그래서 치유가 되지 않는 것입니다. 상처는 곪았을 때 곪은 부분을 째서 바람이 통하게 돼야 낫는다고 합니다. 그런데 그것을 가만히 두면 안으로 썩어 들어간다고 합니다. 마찬가지로 마음에 한이 있고 상처가 있는 사람은 그것을 감추고 숨겨서는 안 됩니다. 우리가 문제를 감출 때 상황은 심각해지고 복잡해지기 마련입니다. 그리스도인은 상처를 들고 하나님께 나아가야 합니다. 세상 사람들이 상처로 인해 열등감, 수치감, 패배감, 죄책감에 괴로워 해도 예수님을 믿는 사람은 그것을 기도 제목으로 삼고 나아가 세상이 감당할 수 없는 능력을 보여 줘야 합니다.

하나님께 응답받는 비결은 강청하는 기도를 하는 것입니다. 때를 써서라도 부르짖으며 기도하면 역사가 뻗어 나갑니다.

오늘날 우리가 응답받지 못하는 이유는 하나님께서 기도를 안 들어주시는 것이 아니라, 우리 안에 꿈도 없고, 기대도 없고 소원도 없어 기도를 안 하기 때문입니다.

다. 더 이상 한을 품는 것으로 그치지 마십시오. 기도 제목으로 삼으십시오. 믿음의 사람은 자신의 원한을 기도 제목으로 바꾸고 낙망치 않으며 결국 하나님께 응답을 받습니다.

자신의 한을 제목으로 기도하기 시작했다면 그때부터는 꿈을 꾸십시오. 내가 과거에 꿨던 꿈이 지금의 나를 만들었듯이 지금 우리가 자녀를 위해 기도하고 축복하면 십 년 후, 이십 년 후에 자녀들 삶 속에 꽃이 핍니다. 큰 축복을 받는 사람들은 기도 제목부터 다릅니다. 꿈이 크기 때문입니다. 남들이 보기엔 허풍이라고 할지라도 내가 꿈으로 '심으면' 그것은 현실이 됩니다. 남들이 '참 가당치도 않은 기도를 한다. 그런 허무맹

랑한 기도가 어디 있나? 라는 조롱할지라도 세월이 흐르면, 믿음은 바라는 것들의 실상이라는 말씀대로 우리의 꿈은 현실이 됩니다.

자신의 한을 제목으로 기도하기 시작했다면 그때부터는 꿈을 꾸십시오.

남들이 보기엔 허풍이라고 할지라도 내가 꿈으로 심으면 그것은 현실이 됩니다.

조롱을 받을지라도 세월이 흐르면, 믿음은 바라는 것들의 실상이라는 말씀대로 우리의 꿈은 현실이 됩니다.

남다른 꿈을 가지십시오. 꿈꾼 대로 믿은 대로 심은 대로 됩니다. 꿈이 없는 사람이 가장 답답한 사람입니다. 하나님께서는 복을 주시기 전에 먼저 우리 안에 꿈과 소원을 주십니다. 하나님이 주신 꿈, 소원을 가지고 기도하십시오. 이것이 하나님의 섭리입니다. 하나님께서는 과부의 원한을 들어주셨듯이 우리의 원한도 들어주실 것입니다.

사람이 땅 위에 번성하기 시작할 때에 그들에게서 딸들이 나니

하나님의 아들들이 사람의 딸들의 아름다움을 보고

자기들의 좋아하는 모든 자로 아내로 삼는지라

여호와께서 가라사대 "나의 신이 영원히 사람과 함께 하지 아니하리니

이는 그들이 육체가 됨이라. 그러나 그들의 날은 백 이십년이 되리라" 하시니라.

당시에 땅에는 네피림이 있었고 그 후에도 하나님의 아들들이 사람의 딸들을 취하여 자식을 낳았으니 그들은 용사라. 고대에 유명한 사람이었더라

여호와께서 사람의 죄악이 세상에 관영함과 그 마음의 생각의 모든 계획이

항상 악할 뿐임을 보시고 땅 위에 사람 지으셨음을 한탄하사

마음에 근심하시고 가라사대

"나의 창조한 사람을 내가 지면에서 쓸어버리되 사람으로부터 육축과 기는 것과

공중의 새까지 그리하리니 이는 내가 그것들을 지었음을 한탄함이니라" 하시니라

그러나 노아는 여호와께 은혜를 입었더라

노아의 사적은 이러하니라

노아는 의인이요 당세에 완전한 자라 그는 하나님과 동행하였으며,

세 아들을 낳았으니 셈과 함과 야벳이라

때에 온 땅이 하나님 앞에 패괴하여 강포가 땅에 충만한지라 하나님이 보신 즉

땅이 패괴하였으니 이는 땅에서 모든 혈육 있는 자의 행위가 패괴함이었더라

 창세기 6장 1절~12절

당세에 완전한 자

노아는 죄악이 가득하고 사람들의 마음이 부
패해서 하나님께서 심판하시기로 작정하신 시대에 살았습니다. 본문 말
씀대로 '여호와께서 사람의 죄악이 세상에 가득하고 그의 마음으로 생
각하는 모든 계획이 항상 악한 것을 보시고 이 땅에 사람을 지으셨음을
한탄하사 마음에 근심' 하셨던 때입니다. 그렇다면 완악한 이 시대에 어
떻게 노아는 '당세에 완전한 자' 로 하나님께 인정받을 수 있었을까요?
본문에서 제시한 노아의 삶은, 죄악과 어두움의 시대를 살아가는 우리
에게 적잖은 도전을 줍니다.

노아는 의인이요 당세에 완전한 자였습니다

노아를 당세에 완전한 자라고 하는데 그렇다면 노아가 살던 당세란 어

떤 시대였을까요? 성경이 묘사한 그 시대는 "사람이 땅 위에 번성하기 시작할 때"(1절)입니다. 당시의 땅에는 네피림이 있었고, 하나님의 아들들이 사람들의 딸들을 취해 자식을 낳았는데 그들은 용사였고, 유명했던 사람들이라고 했습니다. 이 말씀을 통해 우리가 알 수 있는 것은 그 시대 사람들이 추구했던 것들입니다. 그 시대 사람들이 추구했던 것은 첫째 번성이고, 둘째 네피림이고, 셋째 용사와 유명세였습니다. 여기서 '네피림'(Nephilim; '큰사람' 또는 '용사'라는 뜻을 가진 이름으로 히브리어로는 나발, 떨어짐 등을 의미한다. 창세기 6장은 네피림이 반초인으로 무력과 갖은 횡포를 다 하였다고 기록하고 있으며, 민수기 13장은 그 후손이 팔레스타인 원주민으로 남아 있다고 기록하고 있다.―편집자 주)은 건강에 관한 것입니다. 결국 노아의 시대에 사람들이 추구했던 것은 궁극적으로 성공과 건강과 출세였습니다. 그런데 그들은 이것 때문에 심판을 받게 됩니다.

이 부분에서 우리는 노아의 시대와 지금 우리가 사는 시대가 아주 닮아 있다는 것을 알 수 있습니다. 오늘날 대부분의 기독인들이 하는 기도 제목이 무엇입니까?

'번성하게 해 주옵소서. 건강하게 해 주옵소서.'

많은 사람들이 번성과 건강을 위해 기도합니다. '웰빙'이라는 유행어가 생길 만큼 많은 사람들의 관심이 건강에 쏠려 있습니다. 네피림이란, 장대 같은 인간, 거인족속, 신체 건강한 사람을 말하는데 요즘 사람들도 자기 몸을 위해서라면 무슨 일이든 합니다. 헬스, 다이어트가 신종 종교라고 할 만큼 많은 사람들이 건강한 외모를 추종합니다. 다이어트를 위해서라면, 건강을 위해서라면 족욕, 반신욕 등 가리지 않고 좋아하며,

Blessing of the man serving the lord
쓰임 받는 사람의 축복

노아의 시대에 사람들이 추구했던 것은 궁극적으로 성공과 건강과 출세였습니다. 그런데 그들은 이것 때문에 심판을 받게 됩니다.

개, 뱀 등 몸에 좋다는 것은 안 가리고 먹습니다.

노아 당시의 사람들이 이와 같았습니다. 문제는 그들이 종내 심판을 받았다는 겁니다. 그렇다면 그들의 '추구'를 닮은 우리도 어쩌면 멸망을 위한 기도를 하고 있는 것은 아닌지 모르겠습니다. 나의 기도하는 것이 결국은 번성하고 성공하고 그래서 내가 유명해지고 건강하게 되는 것이라면 이제는 기도를 바꾸어야 합니다. 실패를 반복하지 않기 위해서라도 그렇습니다.

그런데 불운했던 시대의 분위기에도 불구하고 노아는 완전했습니다. 그것은 세상 사람들이 추구하던 것으로부터 자유했다는 것을 말합니다. 노아는 성공, 건강, 출세에 대해서 자유한 사람이었습니다. "어떻게 하면 잘살 수 있을까? 어떻게 하면 건강하게 오래 살 수 있을까?"와 같은 욕심을 부리지 않았습니다. 노아는 이런 것에는 관심이 없었습니다. 노아가 잘한 것이 있다면 구별된 삶을 살았다는 것이었습니다. 저는 앞장에서 이러한 삶을 성별(聖別)된 삶이라고 했습니다. 노아는 당대에 다른 사람들과는 달리 성결한 삶, 거룩한 삶을 살았습니다. 이것이 하나님께서 노아를 완전한 자로 여기신 가장 큰 이유입니다.

하나님의 뜻이 무엇입니까? 하나님의 뜻은 행복이 아니고 '거룩'입니다. 하나님의 뜻은 일이 아니고 사람입니다. 하나님의 뜻은 자유가 아니고 구원입니다. 그렇기 때문에 하나님의 뜻에 따라 사는 사람은 행복, 성공, 자유를 추구하지 않습니다.

불운했던 시대의 분위기에도 불구하고 노아는 완전했습니다. 그것은 세상 사람들이 추구하던 것으로부터 자유했다는 것을 말합니다.
하나님의 뜻은 행복이 아니고 '거룩'입니다. 하나님의 뜻은 일이 아니고 사람입니다. 하나님의 뜻은 자유가 아니고 구원입니다. 그렇기 때문에 하나님의 뜻에 따라 사는 사람은 행복, 성공, 자유를 추구하지 않습니다.

번성하고, 네피림을 추구하고, 명성을 좇아가는 사람은 범죄하기 쉽습니다. 성공을 추구하고 부자가 되고자 하는 사람들이 더 많이 올무에 빠지고 시험에 듭니다. 그러기에 성공이 목적이 되어서는 안 됩니다. 그리스도인은 구별되어 살아가야 합니다. 내가 그저 행복하고, 쾌락을 추구하고, 즐겁고, 웰빙하는 것이 목표가 되어서는 안 됩니다.

하나님은 거룩하시기 때문에 우리도 거룩하게 살아가야 합니다. 거룩하고 깨끗한 자가 하나님을 만나고, 하나님의 사랑을 받습니다. 거룩을 추구하는 자는 건강하고 행복하며 안정돼 있습니다. 거룩엔 또한 엄청난 능력이 있습니다. 까만 옷을 입고 고즈넉이 앉아서 기도를 하는 것이 거룩이 아닙니다. 하나님께 코드를 맞추고 났을 때 하나님으로부터 부어지는 가장 기본적인 본질, 진수를 거룩이라고 합니다. 거룩한 사람은 담대합니다. 거룩한 사람은 세상을 겁내지 않습니다. 행복 나부랭이를 추구하지 마십시오. 거룩하도록 힘쓰십시오. 그러면 안녕하고 행복합니다. 그래서 거룩이 위대한 것입니다.

우리가 진정 추구해야 할 것은 자유가 아니라 구원입니다. 우리는 구원받아야 할 존재이며, 이 땅, 이 시대, 그리고 사람들은 구원받아야 합니다. 하나님께서는 모든 사람들이 구원을 얻도록 쉬지 않고 일하십니다. 그러나 수많은 사람들이 예수님을 믿고 은혜 받아 형통하면 그때부터 죄를 짓고 안일해집니다. 건강해지니까, 돈 좀 버니까 세상 쾌락을 찾아다닙니다. 내 생명이 구원받고, 내 시간이 구원받고, 내 관계가 구원받고, 내 물질이 구원받았다면 이제는 나의 모든 것들을 이 땅의 구원 사역에 사용해야 합니다. 세상 사람들이 자유를 추구할 때 우리 그리스도인들은 구원을 추구해야 합니다. 구원받았을 때 비로소 최고의 자유가 주어지기 때문입니다. 하나님이 나를 건져 주시고 영생의 복을 주시면 그것이 바로 최고의 자유요, 최고의 행복이기 때문입니다.

> "주의 구원의 즐거움을 내게 회복시키시고
> 자원하는 심령을 주사 나를 붙드소서"(시 51: 12).

범죄하고 난 다윗이 하나님께 구원의 즐거움을 회복시켜 달라고 호소하는 내용입니다. 다윗이 이렇듯 호소하는 것은, 구원의 즐거움이 최고의 즐거움임을 누구보다 잘 알기 때문입니다. 이렇듯 세상의 많은 즐거움 가운데 가장 즐거운 일은 내가 구원받는 것입니다. 내가 신유의 능력을 받아서 암을 고쳤다고 해도 시간이 지나면 죽는 것이 인생입니다. 그렇기 때문에 능력보다 영생의 축복을 받는 것이 더 행복한 것입니다. 예수님의 제자들이 귀신을 쫓아냈다고 즐거워할 때 예수님께서는 "귀신이 물러간 것을 기뻐하지 말고 너희 이름이 생명책에 기록된 것을 기뻐하라"고 하셨습니다. 영생이 최고의 행복이요 즐거움이기 때문에 그렇습니다.

🌳Blessing of the man serving the lord
쓰임 받는 사람의 축복

우리가 진정 추구해야 할 것은 자유가 아니라 구원입니다.
구원 받았을 때 비로소 최고의 자유가 주어지기 때문입니다.

세상이 주는 즐거움은 일시적이고 충동적이며 중독적입니다. 세상의 즐거움은 그것을 마실수록 더 목마릅니다. 갈증 날 때 아이스크림, 콜라를 먹으면 더 갈증이 나는 것처럼 먹을 때는 시원하고 달콤한 것 같지만 시간이 지날수록 더 갈증 나게 하는 것이 바로 세상이 주는 유희며 쾌락입니다. 그러다 보니 세상의 즐거움은 강도가 점점 강해지는 특징이 있습니다. 그러면서 사람을 점점 더 마모시키고 파괴시킵니다. 하지만 구원받은 사람들은 주 안에서 강해지고, 주 안에서 평안해지게 됩니다. 이것이 '오리지날 웰빙'(Original Well-Being)입니다. 노아는 바로 그 당시 사람들과는 구별된 것을 추구했기에 즉, 거룩한 것과 구원의 즐거움을 추구했기에 하나님께서 완전한 자라고 말씀하신 것입니다. 여기서 '완전한 자'란, 모든 것이 100% 충분했다는 것을 말하는 게 아닙니다. 쓸데없는 것에 고민하지 않고, 세상의 번뇌에 자기를 빠뜨리지 않았다는 것을 말합니다. 쓸데없는 비교 의식과 경쟁의식에 빠지면 사람이 비참해집니다.

사람마다 개성이 있습니다. 노래 못하는 사람이 노래 잘하는 사람을 보고 '어떻게 저런 목소리를 타고 날 수 있을까?' 하며 꿈을 꾼다고 자신의 목청이 좋아집니까? 하나님께서는 공평하시기 때문에 각양 다른 재능을 주십니다. 그런데 내게 주신 것들에 대해선 감사할 줄 모르고 그저 나한테 없는 것, 남한테 있는 것만 바라보게 되면 실족하는 사람이 되고 맙니다. 남의 손에 있는 사과 쳐다보지 말고, 자두든 복숭아든 수박이든 내 손에 있는 것을 드십시오. 그렇게 사는 것이 완전하게 사는 것입니다.

노아는 의인이었습니다

"사람이 땅위에 번성하기 시작할 때에 그들에게서 딸들이 나니 …〈중략〉…
당시에 땅에 네피림이 있었고 그 후에도 하나님의 아들들이 사람의 딸들을
취하여 자식을 낳았으니 그들이 용사라 고대에 유명한 사람이었더라

여호와께서 사람의 죄악이 세상에 관영함과 그 마음의 생각의 모든 계획이

항상 악할 뿐임을 보시고 땅위에 사람 지으셨음을 한탄하사

마음에 근심하시고" (창 6:1-6).

1절, 4절, 5절 ,6절의 말씀과 8~9절의 말씀은 무척 대조적입니다.

"그러나 노아는 여호와께 은혜를 입었더라" (창6:8).

세상은 죄악이 가득하고 하나님께서는 급기야 사람 지으신 것을 한탄하시고 근심하셨지만 그런 와중에도 노아는 의인으로 인정을 받았습니다. 당시의 모든 사람들은 악인이었는데 노아는 의인이라고 말하고 있습니다. 여기서 의인이란 하나님과 바른 관계를 맺고 있는 사람을 말합니다. 사람들 눈치 보고, 사람들한테 맞추는 것이 아니라 모든 것을 하나님께 맞춰가는 사람이 의인인 것입니다.

"너희는 먼저 그의 나라와 그의 의를 구하라.

그리하면 이 모든 것을 너희에게 더 하시리라" (마 6:33).

우리가 먼저 구해야 할 것은 하나님의 나라와 그의 의입니다. 하나님이 우리에게 주시는 이 모든 것은 덤으로 주시는 보너스에 불과합니다. 노아가 의인이었고 바른 사람이었다는 것은 바로 노아가 '이 모든 것'이 아니라 먼저 '하나님의 의'를 구했다는 것을 말합니다.

부산 시내에서 까다롭기로 유명한 시부모님을 모시고 사는 집사님한 분이 있습니다. 시댁이 사회적으로 성공한 집안이라 며느리가 웬만

해서는 견디기 힘든 집안인데, 이 집사님은 말씀 하나 붙들고 시집와서 그 가정을 완전히 변화시켰습니다. 그 말씀이 바로 로마서 12장 2절 말씀입니다.

"너희는 이 세대를 본받지 말고 오직 마음을 새롭게 함으로 변화를 받아 하나님의 선하시고 기뻐하시고 온전하신 뜻이 무엇인지 분별하도록 하라"(롬12:2).

이 세대가 어떤 시대입니까? 시부모 안 모시려고 하는 시대 아닙니까? 이 시대 사람들은 가능하면 독립하고 분가해서 시부모와 떨어져 살려고 하는데 이분은 이러한 시대를 본받은 것이 아니라 '시부모를 모시는 것이 하나님 뜻이다' 라고 생각했습니다. 여러분, 시집을 가든지 사업을 시작하든지 꼭 말씀을 붙드십시오. 내 기분, 내 감정대로 살면 후회합니다. 믿음의 사람은 말씀을 붙들고 말씀대로 삽니다. 아무튼 그 집사님이 이렇게 말씀 붙들고 순종하다가 죽을 뻔 했답니다. 말씀 하나만 붙들고 시부모님을 모시는데, 시집살이가 고되어 보통사람 같았으면 몇 번이고 뛰쳐나갔거나 정신병원에 갔을 거랍니다. 그러나 끝까지 말씀 놓지 않고 순종해서 까다롭기 그지없고 안티 크리스천이기까지 했던 시부모님은 이제 그리스도인이 되었습니다. 물론 현재가 있기까지는 많이 울어야 했고 비싼 대가를 치러야 했지만 말씀을 붙들고 갔기 때문에 이렇게 사람이 변화되고 가정이 변화된 것입니다.

이처럼 의인이란 이 세대를 본받지 않고 하나님의 뜻대로 살아가는 사람입니다. 이 시대를 의롭게 사는 사람은 하나님께 코드를 맞추고, 하나님 보시기에 괜찮은 사람, 기뻐하는 사람으로 사는 것, 바로 로마서 12장 2절 말씀대로 사는 사람입니다.

얼마나 아름다운 말씀입니까? 사람이 무엇을 하든지 돈을 따라 움직이고 인기를 따라 움직이면 오래 못 갑니다. 하나님의 사람은 먼저 말씀을 붙들고 기도해야 합니다. "하나님의 뜻을 알려 주십시오."라고 기도해야 합니다. 하나님은 복을 주시기 전에 그의 뜻을 알려 주십니다. 축복을 주시기 전에 말씀을, 치료하시기 전에 치료하는 광선을 주십니다. 말씀이 내게 부딪혀 은혜가 되면 그 말씀을 통해서 나를 인도하시고 축복하시는 것입니다. 전기가 전선을 타고 오듯이, 성령님은 말씀을 통해서 역사하십니다. 말씀 없는 인도, 말씀 없는 성령의 역사는 없습니다. 그렇기 때문에 우리는 말씀을 붙들어야 합니다. 말씀 속에 답이 있고, 길이 있습니다. 세상 친구들이 고약한 시댁 어른이 계신 집안으로는 시집가지 않으려고 할 때, 그 집사님은 말씀 붙들고 가서 결국 그 완고한 집안을 다 복음화시켰습니다. 이러한 사람이 바로 의롭게 사는 의인입니다.

하지만 세상을 추구했던 사람들은 종국에 어떻게 됩니까? 심판을 받습니다. 하나님의 뜻은 우리가 성공에 머무는 것이 아니고 거룩까지 나아가는 데 있습니다. 행복만을 추구하는 것이 아니라 거룩을 추구하는 것입니다. 남들이 하는 대로, 여론을 좇아 신앙생활 하지 마십시오. 노아가 의인이 된 것은 그 시대를 본받지 않고 남들하고 구별되어 살았기 때문입니다.

한동안 '파리의 연인'이라는 드라마가 선풍적인 인기를 모았습니다. 너도 나도 유행에 안 뒤지려고 '파리의 연인'을 봤습니다. 남들 보는 것은 나도 다 봐야 하는 게 우리 모습입니다. 왕따 당하지 않으려고 온갖 유행을 다 따라가는 모습이 우리의 모습입니다. 하지만 노아는 그 시대에 왕따를 자처한 사람이었습니다. 동네 사람 한 명도 전도 못한 사람이

바로 노아입니다. 그러나 노아는 온 집안을 구원한 사람입니다. 죄로 가
득한 이 시대에 세상사람 한 명도 전도 못해도 좋습니다. 내 부모, 내 자
식, 내 자신을 지켜 세속에 물들지 않게 하는 것, 그것
이 참된 경건입니다. 죄가 홍수 나듯 할 때에는 나 하
나 지키기도 어려운 법입니다. 그렇기 때문에 죄악이
관영한 시대일수록 내 가족을 구원으로 인도하고, 내
가정을 복음화시키는 것이 가장 중요한 사명이고 사
역입니다.

저희 가정도 불신 가정이었습니다. 불신 정도가 아
니라 때마다 제사를 지내고 스님들이 주무시고 갈 정
도의 집안이었습니다. 절간에 저희 이름이 올라가 있
을 정도였습니다. 어렸을 때 저희 어머니가 점을 치
러 가시면 저만 점괘가 안 나왔습니다. 형, 동생은 다
나오는데 저만 안 나오니까 그때는 그게 섭섭했습니다. 아마 그때부터
저는 좀 달랐나 봅니다. 아무튼 제사는 기본이고 시주 받치고 점치던 그
불신 가정에서 믿음 지키고 말씀대로 살려고 애를 쓴 보람이 있어, 지금
은 저희 어머니도 예수님을 믿고 세례 받으셔서 어엿한 서리 집사가 됐
습니다. 예수 믿는 사람은 번지르르한 말보다 행동으로 보여주는 것이
중요합니다. 시대와 환경에 물들지 않고 말씀대로 살아가면 하나님께서
책임져 주십니다. 집안을 통째로 구원해 주시고, 나를 복의 근원으로 만
들어 주시는 것입니다. 노아가 바로 그런 사람이었습니다. 번성, 건강,
안전을 추구하고 출세를 지향하던 세상에서 노아는 다른 기준을 가지고
살았기에 그 집안이 구원을 얻은 것입니다.

환경을 바라보지 마십시오. 탓하지 마십시오. 세상에서 가장 완벽한 곳이었던 에덴동산에서 아담과 하와는 행복했습니까? 하나님께서 살기 좋은 에덴동산을 만들어주셨지만 아담과 하와는 보암직하고 먹음직스러운 것을 탐하다가 추방되고 말았습니다. 환경이 완벽하다고 사람도 완벽하지는 않습니다. 환경이 좋다고 믿음도 좋은 것은 아닙니다. 믿음은 지켜야 하는 것입니다. 사단은 우리로 하여금 보암직하고 먹음직한 것으로 유혹합니다. 그러므로 눈에 좋아 보이는 것을 추구하다 보면 죄에 빠지기 쉽습니다. 노아 시대의 사람들이 바로 그 눈에 보이는 아름다움을 추구했던 것 같습니다.

"하나님의 아들들이 사람의 딸들의 아름다움을 보고 자기들의 좋아하는 모든 자로 아내를 삼는지라. 여호와께서 가라사대 나의 신이 영원히 사람과 함께 하지 아니하리니 이는 그들이 육체가 됨이라"(창 6:2-3).

이처럼 사람들이 보암직하고 먹음직하고 탐스러운 것에 자꾸 넘어가는 것은 하와 때부터 역사와 전통을 자랑하는 죄의 사이클입니다. 노아 시대에도 하나님의 아들들이 사람의 딸들의 아름다움을 보고 넘어갔습니다. 이렇게 넘어간 사람들을 육체가 되었다고 성경에서는 말합니다. 사람은 일반적으로 두 가지의 경향성을 갖고 있습니다. 첫째는 육체적인 경향성이고, 둘째는 영적이고 신령한 경향성입니다. 그런데 성경에서는 먹고 마시고 시집가고 장가가는 데만 관심이 있었던 것을 가리켜 육체가 됐다고 표현하고 있습니다. 이러한 사람들은 고깃덩어리, 비곗덩어리에 불과하다는 것입니다. 우리 안에서도 이 두 가지의 경향성이 늘 싸움을 합니다. 우리는 어느 쪽을 따라가느냐에 따라 죄인이 되기도

하고 의인이 되기도 합니다.

우리 몸은 편한 것을 좋아합니다. 그래서 육체를 우대하면 안 됩니다. 성경에도 경건에 이르기를 연습하고, 육체는 십자가에 못을 박으며, 자기를 치라고 말합니다. 육체를 우대해 보십시오. 그러면 우리 몸은 한도 끝도 없이 게을러집니다. 소파에 드러누워 예배드려 보십시오. 누워 있으면 편하겠지요? 그러다 보면 베개 좀 갖다 줬으면 좋겠고, 베게 주면 홑이불로 발이라도 덮어 줬으면 좋겠고, 이불 덮어 주면 에어콘 틀어 주고 주스 한 잔 갖다 줬으면 싶을 겁니다. 말 두면 마부도 두고 싶은 것이 사람의 마음입니다. 그러니 몸을 너무 우대하지 마십시오. 육체적인 경향을 따라가다 보면 멸망에 이릅니다. 그래서 우리는 늘 시험에 들지 않도록 깨어서 기도하고, 경건에 이르기를 연습해서 우리 몸을 훈련해야 합니다. 노아 시대의 모든 사람들이 육체적인 경향을 따라갔지만 노아는 영적인 신령한 경향성을 따라갔던 사람입니다. 노아 같은 경향을 따라야 하겠습니다.

노아는 하나님과 동행하셨습니다

"노아는 여호와께 은혜를 입었더라 노아의 사적은 이러하니라 노아는 의인이요 당세에 완전한 자라 그가 하나님과 동행하였으며"(창6:8-9).

대부분의 사람들이 육신 위주, 물질 위주, 쾌락 위주로 살아갈 때 노아는 은혜 위주로 살아갔습니다. 은혜라는 것은 내가 챙기고 생땀을 흘려 쟁취하는 것이 아니고 하나님이 주시는 것을 말합니다.

"온갖 좋은 은사와 온전한 선물이 다 위로부터 빛들의

아버지께로부터 내려오나니"(약 1:17 상).

이처럼 빛들의 아버지께로부터 내려오는 온갖 좋은 은사와 온전한 선물을 은혜라고 합니다. 내가 받을 능력은 안 되지만 하나님이 자꾸 부어 주시는 것을 은혜라고 하는데, 이러한 은혜를 사모하고 은혜 위주로 살아가십시오. 자기 위주로 살아가면 피곤하지만, 은혜 위주로 살아가면 '사나 죽으나 다 주님의 은혜고, 내가 여기까지 온 것도 하나님의 은혜며, 나 같은 것이 무엇이관대 건강을 주시고, 가족을 주시고, 아름다운 교회와 목자를 만나게 하시는지 만 가지가 은혜'라는 고백과 함께 마음에 기쁨이 흘러 나옵니다.

각 시대마다 위대했던 사람들은 다 은혜를 입었던 사람들입니다. 창세기의 요셉도 하나님의 은혜를 입은 자였으며, 사도행전에는 '다윗도 하나님 앞에서 은혜를 받은 자'(행7:46)라고 기록되어 있습니다. 누가복음에도 여호와께서 마리아에게 은혜를 베푸셨다고 나옵니다. 한 시대를 감당했던 믿음의 사람들은 다 자신의 능력으로 그 시대적 사명을 감당한 것이 아니었다는 것입니다.

제가 제 인생을 돌아보면 소유하려고 고집 부리고 집착했던 것은 아무것도 아니었다는 것을 알았습니다. 하지만 그때 제가 부끄럽게 생각하고 지겨워했던 것은 오히려 지금에 와서 '감사의 재물'이 되었습니다. 아마도 제 정욕이 일으킨 소유를 하나님께서 다 허락하시고 밀어주셨다면 저는 불행해 있을 것입니다. 하나님께서 주신 것이 최상이며 최

Blessing of the man serving the lord
쓰임 받는 사람의 축복

하나님은 그 시대마다 사람들을 들어 쓰시는데 한결같이 깨끗한 사람을 들어 쓰셨습니다. 하나님께서는 큰 그릇보다는 거룩하고 깨끗한 그릇을 좋아하십니다.

고입니다. 왜냐하면 하나님 뜻은 재앙에 있지 아니하고 평안에 있기 때문입니다. 이렇듯 죄악이 관영한 세상에서 은혜를 입은 자, 은혜 위주로 사는 자가 바로 완전한 자입니다.

시대마다 믿음의 사람들은 별명이 있었습니다. 노아는 완전한 자, 다윗은 정직한 자, 욥은 순전한 자, 디모데는 깨끗한 양심, 거짓이 없는 믿음을 가진 자, 갈렙은 믿음이 온전한 자였습니다. 이 말은 이 사람들이 아무 허물도 없이 100% 완전무결했다는 것이 아니라 하나님을 향한 내적 상태가 깨끗하고 정직하고 순진하여 하나님만 좋아했다는 의미입니다. 하나님은 그 시대마다 사람들을 들어 쓰시는데 한결같이 깨끗한 사람을 들어 쓰셨습니다. 하나님께서는 큰 그릇보다는 거룩하고 깨끗한 그릇을 좋아하십니다.

그런데 오늘날 많은 크리스천들이 '성공'을 오해해 생각하고 있는 것 같습니다. '성공'은 세상에서 출세하고 번성하고 건강하고 유명하게 되는 것이 아니라 하나님과 동행하는 것입니다. 세상에서는 왕따를 당할지라도 하나님의 은혜를 사모하며 하나님과 동행하는 것, 그것이 바로 성공입니다. 사람은 누구와 동행하느냐에 따라 인생이 달라집니다. 주님 손잡고 동행하는 사람과, 세상을 벗삼아 사람을 의지하는 사람의 인생은 전혀 다릅니다. 세상 자랑하고 의지하다가 얼마나 많은 사람들이 낭패를 봅니까? 하지만 하나님과 동행하면 다릅니다. 노아는 하나님과 동행하는 것을 최고의 복으로 알았습니다.

이스라엘 백성들이 당한 최고의 심판과 저주가 무엇인지 아십니까? 병이 걸리고, 전쟁이 터지고, 포로가 되고, 예루살렘 성전이 불타는 것만이 저주와 심판이 아니었습니다. 그들이 당한 최고의 심판은 하나님이 그들을 떠나셨다는 것이었습니다. 하나님께서 이스라엘 백성 가운데서 영광을 거두시고, 얼굴을 외면하신 것이야말로 최고의 심판이고 저주였습니다. 하나님이 이스라엘 백성을 떠나는 순간 그들은 하나님께 버림받은 자식이 됩니다. 이보다 더 무서운 형벌이 어디 있겠습니까? 반대로 하나님이 함께 하실 때는 큰 기적과 역사들이 일어났습니다. 그러니 세상과 손잡느라 하나님의 손을 놓치는 것보다 세상에서는 왕따를 당하고 아무도 알아주지 않을지라도 하나님의 손잡고 가는 것이 최고의 축복인 줄 아십시오. 임재의 축복, 임마누엘의 영광을 누리십시오.

이 시대는 고독한 시대입니다. 많은 사람들이 외로워합니다. 그러다 보니 자꾸 세상을 따라가게 되고, 자꾸 세상적인 것을 추구하게 됩니다. 하지만 세상이 주는 것들로 철갑을 두른들 행복해지지 않습니다. 하나님과 떨어지면 아무리 온갖 무장을 해도 소용이 없습니다. 그러나 노아는 사람들 보기에 외롭고 왕따를 당하는 것 같았지만 하나님과 동행함으로 외롭지 않았습니다. 오히려 세상에서 버림받고 왕따당한 것을 축복으로 알았습니다. 그렇습니다. 하나님과 동행함은 축복이요, 특권이며 영광입니다. 하나님은 사랑하는 자들을 때로 고독하게 하시기도 합니다. 노아는 백 이십 년 동안 왕따를 당했습니다. 사람들은 그를 손가락질하며 비웃었습니다. 그러나 노아는 조금도 기가 죽지 않았습니다. 배 만드는 것을 사명으로 알고 순종했습니다. 하나님 한분만으로 만족했기 때문입니다. 그게 바로 믿음입니다. 당세에 믿음의 사람 노아는 백 이십 년 동안의 고독한 세월을 감당하고 나서 세상에서 가장 큰 부자가 됩니다. 지구의 모든 육지가 그의 소유가 됩니다. 얼마나 큰 축복입니까?
이처럼 노아는 세상의 것을 추구하지 않고, 육체가 되지 않고, 은혜를 추구하며 신령한 삶을 산 의인이었고, 완전한 자였고 하나님과 동행한 자였습니다. 이 시대를 살아가는 우리들도 다르게 살아야 합니다. 남들이 성공에 집착할 때 오히려 천천히 살아가는 길을 택하십시오. 때론 가만히 있는 것이 능력입니다. 홍해 앞에 도착한 이스라엘 백성들이 불만 불평할 때 모세가 뭐라고 합니까? 너희는 가만히 서서 여호와의 구원하심을 보라고 합니다. 실제로 홍해 앞에서 이스라엘 백성들이 한 일이 무엇입니까? 잠수정을 띄웠습니까? 보트를 띄웠습니까? 손가락 하나 까딱하지 않았습니다. 그저 가만히 있다가 하나님의 은혜로 홍해를 건넜습니다. 아마 조급증에 바다에 뛰어들었더라면 다 죽었을 것입니다. 이렇듯 믿는 자는 천천히, 가만히 살아가야 합니다.

노아는 여호와께서 명하신 대로 다 준행하였습니다

마지막으로 살펴볼 것은 노아의 순종입니다.

> "너는 잣나무로 너를 위하여 방주를 짓되 그 안에 간들을 막고 역청으로 그 안팎에 칠하라 그 방주의 제도는 이러하니"(창6:14).

하나님께서 노아에게 앞으로 무엇을 어떻게 해야 할지에 대해 말씀하고 계십니다. 믿음이 좋은 사람은 제도와 형식도 중요하게 여깁니다. 하나님께서는 노아에게 "노아야, 대충 만들어라. 네 마음대로 만들어라"

하시지 않았습니다. 일일이 그 양식을 가르쳐 주셨습니다. 노아가 대단한 것은 하나님이 명령하신 그대로를 준행했다는 데 있습니다.

"노아가 여호와께서 자기에게 명하신대로 다 준행하였더라" (창7:5).

오늘날 사람들은 순종을 해도 자기 마음대로 순종합니다. 쓰면 뱉고 달면 삼키는 순종을 합니다. 내 방식대로 믿고 순종하니까 오늘날 교회마다 문제가 생기는 것입니다. 하나님을 믿을 때, 성경대로 말씀대로 믿으십시오. 하나님의 뜻대로 믿으려고 힘쓰십시오. 노아가 완전한 자가 된 것은 백 이십 년 동안 왕따를 당하면서도 하나님이 자기에게 명하신 것을 다 준행했기 때문입니다. 그 시대에 전기톱이 있었습니까? 기중기가 있었습니까? 그렇다고 크레인이 있었습니까? 그러나 그는 그 시대에 길이가 150m, 넓이가 25m, 높이가 15m 나 되는 방주를 만들었습니다. 순종하기 어려운 하나님 명령에 노아는 120년이란 시간을 순종합니다. 저는 이 말씀을 보면서 하나님께서는 우리에게 형식, 제도까지도 요구하신다는 것을 깨달았습니다. 이스라엘 백성들은 성막을 지을 때도 그냥 짓지 않았습니다. 하나님의 양식이 있었습니다. 그리고 그 양식에 딱 맞게 지었습니다. 은혜 위주로 산다고 해서 아무렇게나 사는 것이 아닙니다. '율법대로 사는 것이 은혜대로 사는 것이다.'라는 말이 있듯이 우리가 지켜야 할 것은 지키며 살아야 합니다. 노아가 바로 그렇게 살았습니다. 하나님의 은혜를 입었지만 자기 마음대로 살지 않고 하나님께서

노아는 당대에 완전한 사람이었습니다. 노아는 시대를 본받지 않은 사람이었습니다. 세상 사람들이 추구했던 성공, 건강, 출세, 명성을 버리고 120년 동안 하나님과 동행하는 것을 축복으로 여기며 살았습니다. 그리하여 성경은 그를 의인이요 완전한 자라고 합니다.

명하신 대로, 규격대로 정확하게 살았습니다. 하나님께서 요구하시는 것이 감당키 어려워 보여도 순종하고 준행하면 그 준행에 합당한 건강, 능력, 물질도 허락하십니다. 하나님께서는 못 지킬 것을 명령하시는 법이 없습니다. 그래서 하나님의 명령에 믿음으로 다 준행하려고 하는 것이 온전한 믿음입니다.

더 이상 내 방식대로 믿으려고 하지 마십시오. 좋은 것은 믿고 싫은 것은 안 믿으려는 사람이 아니라, 하나님이 책망하시고 심판하실 때에도 기꺼이 받아들이십시오. 그것이 완전한 믿음입니다. '왜 내게 이런 환경을 허락하실까?' 때로는 황당하고 순종하기 어려울 것 같아도 그 환경에 순종하고 명령하신 것을 다 지킬 때 순종한 만큼 복이 됩니다.

노아는 당대에 완전한 사람이었습니다. 노아는 시대를 본받지 않은 사람이었습니다. 세상 사람들이 추구했던 성공, 건강, 출세, 명성을 버리고 백이십 년 동안 하나님과 동행하는 것을 축복으로 여기며 살았습니다. 그리하여 성경은 그를 의인이요, 완전한 자라고 합니다.

우리 시대를 두고 노아 시대처럼 죄악이 관영한 시대라고 합니다. 하지만 여러분은 노아처럼 이 시대를 본받지 말고, 오직 하나님과 동행함으로 그분의 은혜를 입어 이 시대의 완전한 자로서의 삶을 살아가기를 축원합니다.

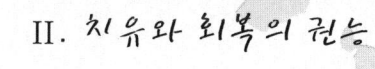

II. 치유와 회복의 권능

주의 구원의 즐거움을 내게 회복시키시고
자원하는 심령을 주사 나를 붙드소서

시 51편 12절

구원의 즐거움을 회복하라

사람이 살면서 몸이든 마음이든 사업이든 회복된다는 것은 참 중요합니다. 저는 집회와 강연 등으로 바쁜 하루를 보내고 집에 들어가면 나무토막 쓰러지듯 잠을 잡니다. 그런데 신기하게도 피곤에 지쳐 죽은 듯 자고 새벽이 돼 일어나면 정신이 맑아지고 새로운 원기가 생긴 것을 느낍니다.

다시 살아난다는 것, 회복된다는 것은 우리의 삶에 매우 중요한 일입니다. 몸이 아프기만 하면 죽습니다. 피로가 누적되면 큰 병이 됩니다. 우리 몸의 심장은 휴식도 없이, 방학도 없이, 잠도 자지 않고 뜁니다. 그런데 체중이 1kg씩 늘 때마다 실핏줄이 5m씩 늘어난다고 합니다. 살이 3kg 늘 경우 실핏줄은 15m가 늘어난다는 계산이 나옵니다. 그렇게 되면 심장에 무리가 가는 것은 당연할 것입니다. 그래서 살이 찌면 혈액순환이 잘 안되는 것이고 혈액 순환이 안되니까 혈관에 노폐물이 쌓이게 되는 겁니다.

저희 교회에는 프로 야구단의 선수들이 많은데, 그들이 하는 얘기에 따르면 부상을 당하는 경우 80%는 자기 책임이라고 합니다. 자신이 평소에 컨디션을 잘 조절하지 못했기 때문에 문제가 온다는 것입니다. 잠을 못 자고 컨디션이 안 좋은 날은 다른 날보다 사고나 부상이 많다고 합니다. 피곤하거나 컨디션이 좋지 않은 날이면 계단을 내려가다가도 걸음이 꼬이고, 문지방에 걸리고, 여기저기에 부딪히는 경우가 많아집니다. 과음, 과속, 과식 뭐든지 과(過)하면 안 좋은 것처럼 피로도 마찬가지입니다. 과로가 많은 문제들을 일으킵니다.

우리가 예수님을 믿고 감사한 것은 문제가 있고 어려움이 있을지라도 하나님께서 날마다 우리를 '회복' 시켜 주시고, 소생시켜 주시며, 새롭게 하시는 것입니다. 마치 어젯밤엔 피곤에 지쳤지만 오늘 새로워진 원기를 갖고 일어난 것처럼 말입니다.

시편 51편의 말씀은 회복을 위한 다윗의 기도입니다. 다윗이 이런 기도를 하게 된 배경은 이렇습니다.

> 다윗이 밧세바를 범하고 난 후 나단 선지자가 찾아와 말합니다.
> "참 못된 사람이 한 사람 있었습니다. 그는 많은 것을 가진 사람이었습니다.
> 그런데 어린 암양 한 마리를 애지중지 키우는 가난한 사람에게서 그것을
> 빼앗아 왔습니다. 그 양은 그 사람에게 가족과 같은 것이었는데 말입니다."
> 그러자 다윗이 몹시 분개해 소리치며 다그칩니다.
> "도대체 그런 나쁜 놈이 어디 있느냐? 내가 가만두지 않을 것이다.
> 그자가 누구냐?"

그때 나단 선지자가 한마디 합니다.

"임금님이 바로 그 사람입니다."

이 얘기를 들은 다윗은 자리에서 무릎 꿇고 자백합니다.

'내가 주님께 죄를 지었습니다!'

이렇듯 자신의 죄를 깨닫고 하나님 앞에 회개하는 기도가 바로 오늘 본문의 내용입니다. 사람이 죄를 지으면 하나님 앞에 나아갈 수 없습니다. 사람들이 죄가 많아서 지옥에 가고, 죄가 없어서 천국에 가는 것이 아닙니다. 주 예수를 믿어 그 은혜로, 보혈의 공로로 구원을 받아야 천국에 갈 수 있습니다. 그래서 다윗은 구원의 회복을 위해 기도하고 있는 것입니다. 당시 다윗이 잘한 것은 죄를 안 지은 것이 아니고 죄를 지었지만 하나님 앞에 정직히 고백하고 회개한 것입니다. 하나님은 회개하는 기도를 들으시고, 통회하는 자를 멸시하지 않으십니다. 상한 갈대를 꺾지 않으시며 꺼져 가는 등불을 끄지 않으십니다. 그러므로 우리가 죄를 지어도 통회하는 마음으로, 상한 마음으로 하나님께 나가기만 하면 하나님께서는 우리를 회복시키십니다.

나단 선지자의 지적을 받고 통회하는 가운데 다윗은 세 가지 기도를 했습니다. 그중 첫 번째 기도가 구원의 즐거움을 회복시켜 달라는 기도였습니다. 사람이 죄를 지으면 죄책감, 수치감, 열등감, 패배감이 생깁니다.

'내가 이것밖에 안되는 것인가!'

죄의 결과가 사람을 찍어 누르면 그 자체가 비참한 형벌이고 고통입니다. 이 죄를 처리해야 하는데 그것은 하나님만이 하실 수 있습니다. 이와 같은 상황에서 다윗은 다음과 같이 기도를 했습니다.

"하나님이여 주의 인자를 좇아 나를 긍휼히 여기시며 주의 많은 자비를 좇아 내 죄과를 도말하소서 나의 죄악을 말갛게 씻기시며 나의 죄를 깨끗이 제하소서 … 주께서 말씀하실 때에 의로우시다 하고 주께서 판단하실 때에 순전하시다 하리이다 … 우슬초로 나를 정결케 하소서 내가 정하리이다 나를 씻기소서 내가 눈보다 희리이다 … 하나님이여 내 속에 정한 마음을 창조하시고 내 안에 정직한 영을 새롭게 하소서 나를 주 앞에서 쫓아내지 마시며 주의 성신을 내게서 거두지 마소서 주의 구원의 즐거움을 내게 회복시키시고 자원하는 심령을 주사 나를 붙드소서"(시51:1-12).

긍휼이 무엇입니까? 용서받지 못할 죄의 대가를 감하는 것을 말합니다. 절대로 사랑할 수 없는 사람을 사랑해 주는 것을 말합니다. 지금 다윗은 자신의 죄를 도말해 달라고 기도하고 있습니다. 긍휼과 자비를 베풀어 달라고 기도합니다. 앞 장에서도 잠깐 언급했듯 이스라엘 백성들이 당하는 최고의 심판은 전쟁에 지고 포로로 잡혀가는 것이 아니라 하나님께서 영광을 거두시는 것, 자기 백성을 떠나시는 것입니다. "다시는 너희와 상종 못하겠다."시며 얼굴을 외면하시는 것입니다. 하지만 반대로 이스라엘 백성에게 최고의 영광은 하나님이 임재하시고 함께하시는 것입니다. "내가 너와 함께하리라."하시면 역사가 일어납니다. 다윗은 그것을 알았습니다. 그래서 "나를 주 앞에서 쫓아내지 마시며 주의 성신을 내게서 거두지 마소서."라고 기도하는 겁니다.

이렇게 범죄한 다윗이 하나님께 나와 "주의 구원의 즐거움을 회복시켜 주시고 자원하는 심령을 주사 나를 붙드소서."라고 기도를 하는데 이 장에서는 이 세 가지 기도에 대해서 살펴보려고 합니다.

주님의 즐거움을 회복시켜 주소서

예수 믿는 사람들의 특징은 '기쁨'에 있습니다. 우리가 기뻐하는 것은 하나님의 뜻입니다. 그래서 그리스도인은 반드시 행복하고 기뻐해야 됩니다. 성공한 사람들의 특징에도 이와 유사한 특징이 있습니다. 매사 당당하고 기뻐한다는 것입니다. 삶에 즐거움이 있으니까 일도 잘하게 되고, 인간관계도 원만하고, 모든 일이 순조롭습니다. 그렇다면 항상 기뻐하라는 것은 무엇일까요?

"내 형제들아 너희가 여러 가지 시험을 만나거든 온전히 기쁘게 여기라"

(약1:2).

기뻐서 기뻐하라는 것이 아닙니다. 기쁘지 않아도 기뻐하라는 겁니다. 여기서 기쁨은 믿음의 기쁨, 의지적인 기쁨을 말합니다. 감각적으로 느끼는 기쁨을 말하는 것이 아닙니다. 예수 믿는 사람들에게도 시험은 찾아옵니다. 하지만 시간이 지나고 하나님께서 합력해서 선을 이루시면 쓴물은 단물이 되고, 고통은 영광이 되며, 슬픈 노래는 찬양이 됩니다. 때문에 이후에 얻게 될 영광을 위해 기쁘게 여기라는 것입니다. 일을 잘하는 사람은 그 일을 즐깁니다. 요리를 잘하는 사람은 밤중에 손님이 와도 손대접할 줄 압니다. 요리를 해서 손님이 맛있게 드시는 걸 즐깁니다. 반면 요리를 못하는 사람은 계란 프라이 하나, 간단한 요리 하나 만드는 일에도 성실치 못합니다. 요리 못하는 사람은 손님 접대가 큰 스트레스입니다. 그 일을 즐길 줄 아는 사람이 일을 잘하는 사람입니다.

성공한 사람들이 항상 기쁘고 신바람이 나는 데는 세 가지 이유가 있습니다. 첫째는 믿는 구석이 다르다는 것입니다. 믿음은 바라는 것의 실상이고 인생은 믿음대로 되는데 믿음을 가진 사람들은 뭔가 달라도 다릅니다. 성공한 사람들이 늘 즐거운 두 번째 이유는 사랑받은 경험이 다르기 때문입니다. 어릴 때 부모로부터 인정받고 사랑받고 자란 아이들은 구김살이 없습니다. 뭔지 모르게 당당하고, 밝고, 자신감이 넘칩니다. 사랑과 인정(認定)과 축복은 귀로 먹는 보약입니다. 말로 인정하고 칭찬하는 것이야말로 성장하는 아이들에겐 엄청난 자신감을 심어 주는 비료로 작용합니다. 그러니 약속의 말씀을 가지고 축복하십시오. 말씀으로 마음껏 축복하면 그 아이는 말씀대로 됩니다. 성공한 사람들이 기뻐하는 세 번째 이유는 예수님을 찾고 만난 사람들이란 것입니다. 길이요 진리이신 예수님을 찾고 만난 사람은 늘 기뻐합니다. 그들에겐 세상과 다른 기쁨이 있고 밝음이 있고 긍정이 있고 낭만이 있습니다. 그리고 하나님께서도 누군가를 축복하실 때, 기도에 응답하실 때 먼저 기쁨을 주십니다.

"저희가 평온함을 인하여 기뻐하는 중에 여호와께서 저희를 소원의 항구로 인도하시는도다" (시107:30).

하나님께서 평온한 가운데, 기뻐하는 중에 소원의 항구로 인도하신다고 하셨습니다. 인도하시고 응답하시고 문제를 해결해 주실 때 그 사람에게 먼저 평온과 기쁨을 주신다는 말씀입니다. 영적인 사람은 먼저 기쁨이 회복되어야 합니다. 하나님께서는 항상 기뻐하는 사람을 쓰십니다. 짜증 내고 불평하며 원망하지 마십시오. 기쁨을 유지하십시오. 오늘 단 하루를 살아도 감사하며 행복하게 살아야 합니다. 아무리 애로 사항이 많아도 기뻐하며 오늘을 살면 내일엔 내일 감당할 힘을 주십니다. 날마다 때마다 새롭게 하시기 때문입니다.

기도가 막히고 구원의 즐거움이 사라지면 죄책감, 패배감, 열등감, 수치감으로 기가 죽게 됩니다. 저는 아내에게 "모든 것을 나에게 맞추라."고 자주 말합니다. 아이들도 있지만 일단 저에게 맞추라고 요구합니다. 저는 홀몸이 아니기 때문입니다. 제가 강대상에 올라갈 때 은혜가 충만하고 기쁨이 샘솟듯 해야 설교가 술술 나오고 설교 듣는 사람마다 은혜를 받을 수 있기 때문입니다. 그러나 구원의 즐거움을 잃어버리

사랑과 인정(認定)과 축복은 귀로 먹는 보약입니다. 말로 인정하고 칭찬하는 것이야말로 성장하는 아이들에겐 엄청난 자신감을 심어 주는 비료로 작용합니다.

면 무슨 소용이 있겠습니까? 솔로몬 왕이 인생 부귀영화(富貴榮華)를 다 누리고 난 뒤에 기록한 전도서의 주제가 무엇입니까? 헛되다는 것입니다. 그러나 전도서의 진짜 주제는 마냥 헛되다는 것이 아닙니다. 하나님을 떠난 것이 헛될 뿐, 하나님 안에 있으면 날마다 새롭다는 것이 전도서의 핵심입니다. 즉 세상에서 누릴 수 있는 모든 것을 가장 많이 누렸던 솔로몬 왕이 그의 인생을 회고하면서 먹고 마시고 수고하는 가운데 심령으로 낙을 누리게 하는 것보다 나은 것이 없다고 말하고 있습니다. 심령의 낙을 누리는 것이 최고라는 것입니다. 그러기에 우리도 구원의 즐거움을 회복해야 합니다. 돈 좀 더 있다고 행복한 것이 아니지 않습니까? 직책이 올라간다고 행복한 것이 아니지 않습니까? 우리가 무엇 때문에 즐거우냐에 따라 우리의 인격이 달라집니다. 세상에 즐거움이 없는 것은 아닙니다. 향락도 나름대로 즐겁습니다. 예수 안 믿는 사람들은 예수 믿는 사람들을 보고 "너희는 술도 안 마시고 무슨 재미로 살아가냐?"라고 말합니다. 오히려 하지 말라는 것이 더 재미있는 경우가 많습

니다. 그런데 무엇이 문제일까요? 죄는 지을 때는 즐겁지만 그에 따르는 대가가 반드시 있습니다. 그 대가는 사망입니다.

세상엔 세상대로의 재미가 있습니다. 재미가 없는 것이 아닙니다. 그러나 재미의 격이 다릅니다. 왜 다윗이 구원의 즐거움을 회복시켜 달라고 한 줄 아십니까? 세상의 즐거움은 시시하기 때문입니다. 육체적인 즐거움은 마시고 마셔도 목이 마르기 때문에 영혼을 마비시켜 버립니다. 정신을 중독시키고 인생을 황폐하게 만듭니다. 그러나 하나님께서 우리에게 주시고자 하는 영적인 즐거움은 격이 다릅니다. 아이스크림 하나 얻어먹는 것과 아이스크림 공장을 얻게 되는 것이 다르듯이 우리는 세상의 즐거움에 매이지 말고 구원의 즐거움을 얻는 데 힘써야 합니다.

사람의 마음 밑바닥에서 솟아나는 즐거움이 있을 때는 살아가는 것이 다릅니다. 소년이라도 장정이라도 쓰러지되 여호와를 바라보는 사람은 독수리 날개침같이 비상하는 은혜가 있다고 했습니다. 문제가 있다면 즐기면서 해결하십시오. 인생의 파도가 몰아치면 파도를 타고 즐기는 사람이 되십시오. 탁류와 급류 사이에서도 물고기는 물살을 타고 즐깁니다. 윈드 서핑을 하는 사람들은 파도를 보면 "파도를 보니 오늘 작품 나오겠다." 며 파도를 타러 갑니다. 우리도 큰 문제가 닥쳐왔을 때 피하는 것이 아니라 그것을 타면서 즐기는 사람이 되어야 하겠습니다.

Blessing of the man serving the lord
쓰임 받는 사람의 축복

솔로몬 왕이 인생 부귀영화(富貴榮華)를 다 누리고 난 뒤에 기록한 전도서의 주제가 무엇입니까?
진짜 주제는 마냥 헛되다는 것이 아닙니다. 하나님을 떠난 것이 헛될 뿐, 하나님 안에 있으면 날마다 새롭다는 것이 전도서의 핵심입니다.

제가 의과대학 간호대학 교목을 할 때였습니다. 제자 한 명이 영국으로 유학을 갔는데 그곳에서 '애기들을 돌보는 아르바이트'(베이비시터 baby-sitter)를 한다고 했습니다. 한번은 이 친구에게서 온 엽서를 보고 제가 충격을 받았습니다. 한국 사람은 어디를 가든지 일을 열심히 하는데 이 친구도 그런 모양이었습니다. 어린이 보호 단체에서 하루에 10명의 아기 기저귀를 갈아주는 것을 요구하면 그 친구는 50명을 갈아줬다고 합니다. 그런데 하루는 원장님이 부르더랍니다. 이 친구는 '원장님이 나를 인정해 주는구나.' 하고 은근히 기대하며 갔는데 원장님의 말은 그렇지 않았다고 합니다.

"미스 권, 우리는 당신이 여기에서 일을 많이 하는 것을 바라는 것이 아니고, 일을 통해 당신이 행복하기를 바랍니다."

그 무렵 저는 일곱 개 팀의 제자 훈련 사역을 하며 제 딴엔 많이 할수록 좋다고 자부하던 중이었습니다. 그런데 그 편지를 받고 상당한 충격을 받았습니다. 아기 10명의 기저귀를 갈아줘야 될 사람이 50명을 갈아주면 결국 일하는 당사자가 지치게 됩니다. 당연히 지친 베이비시터의 도움을 받는 아이들이 행복할 리도 없죠. 토닥거리고 예뻐해 주면서 기저귀를 갈아주고 파우더를 발라 주고 할 때 행복한 것이지 인원을 세며 일을 몰아치는 과정에서라면 그 일을 당하는 아이도 결국 행복하지 못하고, 일을 하는 사람도 행복하지 못합니다.

매사 즐거운 사람이 무슨 일이든 다 잘할 수 있습니다. 그래서 우리는 구원의 즐거움부터 회복해야 합니다. 최고의 즐거움은 구원의 즐거움입니다. "나 같은 죄인이 용서함 받아서 주님 앞에 옳다함을 받았다."라고 고백할 수 있는 사람, 구원의 즐거움이 회복되고 확신이 선 사람은 세상에서 웃고 살아갑니다. 주의 구원의 즐거움을 맛본 사람에게는 인생의 자생력과 어려운 시험도 넉넉히 즐길 줄 아는 탄력이 있습니다. 그런 사람은 기가 살아 있고, 생기가 돌고, 얼굴에 미소가 가득합니다.

자원하는 심령을 주옵소서

다윗의 세 가지 기도 중 두 번째 기도는 "자원하는 심령을 주옵소서." 였습니다. 죄를 짓고, 고통을 당하고, 실망 중에 있는 사람은 삶에 대한 의욕 또한 상실합니다. 일도 싫고 사람도 싫어집니다. 사람이 망하거나 어려운 일을 당했을 때 가장 큰 문제는 의욕을 잃는 데 있습니다.

저희 교회에 사업을 크게 하시다가 실패하신 분이 있습니다. 한번은 그분 집에 심방을 갔는데 완전히 산동네였습니다. 방은 또 얼마나 좁은지 네 가족이 살고 있었는데 식사를 하려고 밥상을 펴면 두 명은 서 있어야 할 것 같은 방이었습니다. 주인 되시는 그분이 제게 이런 말을 했습니다.

"목사님, 사업 망하고 어려워서 집에 누워만 있으니 일도 무섭고 세상도 무섭습니다."

사람은 힘들수록 스스로 힘을 북돋는 데 애써야 합니다. 아무것도 하지 않으면 영육간 모두 침체됩니다. 세상에서 제일 불쌍한 사람은 살 의욕이 없는 사람입니다. 어울려 해야 하는 일을 의욕 없는 사람과 함께하면 안 하니만 못합니다.

제가 만든 말 중에 '업중도(業中道)'라는 말이 있습니다. "일은 하다 보면 길이 보인다."는 뜻의 말입니다. 우리가 일명 도사, 박사라고 하는 사람들은 어떻게 만들어집니까? 하다보면 노하우가 생기고 그러다 보면 도사도 되고 박사도 됩니다. 실패를 해도 노력하고 기도하면 극복됩니다. 성공하는 사람은 실패하지 않아서 성공한 것이 아니라, 포기하지 않았기 때문에 성공한 것입니다. 여기서 하고자 하는 마음은 하나님께서 주셔야 나옵니다. 영적인 사람은 신앙이 회복될 때 하나님께서 일에 대한 의욕도 주십니다. 신령과 진정으로 하나님께 나아가 말씀을 듣다 보면 눈이 뜨이고 귀가 열리고 소원이 생깁니다. 불현듯 '내가 무엇을 해 봐야겠다'는 생각이 들면

성공하는 사람은 실패하지 않아서 성공한 것이 아니라, 포기하지 않았기 때문에 성공한 것입니다.

하나님이 심어 주신 소원과 소명은 돈이 안 되도 하게 되고, 몸이 아파도 하게 되며, 실력이 모자라도 하게 되는 형언 못할 '강요된 힘'이 있습니다.

그것은 하나님이 주신 소원입니다. 하나님이 주신 소원은 하나님이 끝까지 인도하시고 매듭지어 주십니다. 다윗이 골리앗 앞에 나갈 때 실력, 처지로 나가지 않고 자원하는 마음으로 나갔듯, 하나님이 심어 주신 소원과 소명은 돈이 안되도 하게 되고, 몸이 아파도 하게 되며, 실력이 모자라도 하게 되는 형언 못할 '강요된 힘'이 있습니다. 무엇이든 자원하는 마음이 아니고 억지로 하는 일은 어렵고 힘듭니다. 요나의 경우가 그렇습니다. 하나님께서도 요나를 억지로 니느웨에 보낼 수 없었습니다. 하나님께서 니느웨 백성들을 변화시키는 것 보다 요나 한 사람을 변화시키는 것이 훨씬 더 힘들었습니다.

역사상 앗수르 족속은 아주 잔인무도한 족속이었습니다. 사람을 말뚝에 박아 죽이고, 껍질을 벗기고, 임금의 목을 그 아들 왕자의 목에 걸게 했던 아주 잔혹한 사람들이 앗수르 족속이었습니다. 그런 사람들에게

복음을 전하라는 하나님의 지시에 요나는 쉽게 동의하지 않았습니다. 그런데 하나님께서 어떻게 역사를 이루어 가십니까? 악독한 도성의 12만여 명의 백성들을 변화시키는 것이 아니라 요나 한 사람을 변화시켜서 복음을 전하게 하십니다. 요나가 다시스로 도망가는 중에 배에서 어떤 일이 일어났습니까? 사명자가 자원하는 심령을 잃어버려 도망가고 뺀질거리고 엉뚱한 짓을 하면 옆에 있는 사람들이 피해를 봅니다. 아무 잘못 없이 요나 때문에 고통당한 선원들이 그랬습니다. 순종 않는 요나로 인해 바다가 노했고, 요나가 바다에 던져진 후에야 바다는 잔잔해졌습니다. 물고기 뱃속에 갇혀서야 회개한 요나, 결국은 니느웨 도성에 가서 복음을 전합니다.

억지로 하지 마십시오. 자원하는 마음으로 하십시오. 어차피 해야 할 일이라면 잘하십시오. 믿음의 사람은 의욕을 가진 사람입니다. 우리의 마음에 자원하는 마음이 날마다 샘솟아야 합니다. 샘솟듯 자원하는 마음에는 자생력이 있기 때문에 나 자신을 스스로 고쳐 나감으로써 나의 상태를 늘 맑고 깨끗한 상태로 유지할 수 있습니다.

Blessing of the man serving the lord
쓰임 받는 사람의 축복

무엇이든 자원하는 마음이 아니고 억지로 하는 일은 어렵고 힘듭니다. 요나의 경우가 그렇습니다. 하나님께서도 요나를 억지로 니느웨에 보낼 수 없었습니다. 하나님께서 니느웨 백성들을 변화시키는 것보다 요나 한 사람을 변화시키는 것이 훨씬 더 힘들었습니다.

나를 붙드소서

마지막으로 다윗은 "나를 붙드소서"라고 기도합니다. 뛰는 사람 위에 나는 사람이 있다고들 말합니다. 그런데 나는 사람보다 더 위에 있는 사람이 있는데, '붙은 사람'이 그렇습니다. 십이지(十二支) 중 가장 선두가 자(子:쥐)인 것은 다들 아는 사실입니다. 왜 쥐가 가장 빠른지 아십니까? 십이지를 만들 때 동물들이 들어온 순서대로 만들었다고 합니다. 그런데 가장 부지런한 소가 제일 먼저 출발했는데 그 소 위에 쥐가 붙어 갔다가 골인 지점에 도착했을 때 폴짝 뛰어 내려서 열두 띠 중 제일 앞에 오게 되었다는 얘깁니다. 그래서 붙어 있는 사람들이 무서운 겁니다. 요한복음 15장에 포도나무 비유도 '붙어 있음의 중요성'을 역설하는 내용입니다.

> '내 안에 거하라 나도 너희 안에 거하리라 가지가 포도나무에 붙어 있지 아니하면 절로 과실을 맺을 수 없음 같이 너희도 내 안에 있지 아니하면 그러하리라"(요15:4).

포도나무가 아무리 애를 쓰고, 고민을 해도 포도나무 가지가 할 수 있는 것은 아무것도 없습니다. 포도나무 가지는 그냥 줄기에 붙어만 있으면 됩니다. 그래서 붙어 있는 것이 중요합니다. 주 안에 붙들려 있는 것이 능력의 비결입니다. 사도 바울이 강했던 비결도 주 안에 있었기 때문이었습니다.

그렇다면 다윗은 왜 이 기도를 하고 있을까요? 살면서 죄를 짓고 그 죄책감으로 의기소침해지기 시작하면 하나님과의 거리도 멀어집니다. 다윗이 죄를 짓고 멀리 멀리 갔더니 자신의 신세가 처량해지고 곤해진 것입니다.

"주여 나를 붙들어 주시옵소서"

주님이 나를 붙들어 주시고, 전능하신 오른 팔로 나를 꽉 잡아 주시면 어떻게 됩니까? 하나님께 붙들린 바 된 사도 바울의 고백을 들어 보십시오. "이제 나는 심령의 매인 바 되어 예루살렘으로 간다. 환란과 핍박이 기다려도 나는 간다."고 하지 않습니까? 이렇게 하나님께 강하게 잡혀 있을 때가 가장 자유롭고 평화로울 때입니다. 하나님이 나를 사랑하시고 나를 감싸고 도시는데 누가 막으리요? 하나님께 붙잡히면 세상이 감당할 수 없는 사람이 되고, 세상에 굴하지 않으며 사람의 이목이나 눈치 같은 것은 보지 않습니다. 여호와를 가까이 할수록 나는 존귀해집니다.

돌이켜 보면 내가 하나님을 떠나는 일은 있어도 하나님이 나를 떠나는 일은 없었습니다. 버스를 타고 가다 보면 길가의 전봇대, 가로수가 휙휙 지나갑니다. 하지만 사실은 가로수가 지나가는 것이 아니라 버스에 몸 실은 내가 지나가는 것입니다. 신앙생활도 마찬가지입니다.

'하나님은 왜 나를 도와주시지도 않는가? 도대체 내게 해 주신 게 무엇인가?'

그러나 따지고 보면 자신이 하나님을 떠나고, 스스로 하나님으로부터 멀어진 것입니다. 하나님은 어제나 오늘이나 동일하시고 늘 거기 계시며, 내가 어디에 가더라도 함께 계신데 우리는 늘 하나님께 섭섭해합니다. 이제 우리는 이렇게 기도를 해야 합니다.

"주여 나를 하나님께 붙여 주시옵소서. 내 심령을 강하게 붙잡아 주시옵소서."

바나바가 안디옥에 가서 모든 사람에게 권하기를 "주께 붙어 있으라"(행11:23)고 합니다. 지남철에 자석이 들러붙듯이 하나님께 붙어 있으십시오. 다윗의 기도처럼 하나님께서 구원의 즐거움을 회복시켜 주시고,

자원하는 마음을 불 일듯 일으켜 주시며, 하나님께 멀어진 영혼을 붙들어 주시도록 기도하십시오. 우리에게 지금 절실히 필요한 것은 영과 육의 회복입니다.

하나님이 가라사대 우리의 형상을 따라 우리의 모양대로 우리가 사람을 만들고

그로 바다의 고기와 공중의 새와 육축과 온 땅과 땅에 기는 모든 것을

다스리게 하자 하시고 하나님이 자기 형상 곧 하나님의 형상대로 사람을

창조하시되 남자와 여자를 창조하시고

하나님이 그들에게 복을 주시며 하나님이 그들에게 이르시되

생육하고 번성하여 땅에 충만하라 땅을 정복하라

바다의 고기와 하늘의 새와 땅에 움직이는 모든 생물을 다스리라 하시니라

 창세기 1장 26~28절

하나님의 형상을 회복하라

창세기 1장은 모든 것의 시작입니다. 하나님이 우주와 천지와 사람을 어떻게 창조하셨고, 죄가 처음 어떻게 들어왔는지, 가장 원천적이고 근본적인 것들을 다루고 있는 것이 창세기 1장입니다. 우리가 어떤 존재이며 어떻게 살아가야 하는지에 대해서도 이미 창세기 1장에서 다 기록하고 있습니다.

하나님께서는 지으신 모든 것을 보시고 심히 좋아하셨습니다. 하나님께서는 인간과 세상을 거룩하고 아름답게 창조하셨습니다. 그런데 이 모든 만물이 아담의 범죄로 말미암아 훼손되기 시작했습니다. 사람이 범죄함으로 말미암아 하늘로부터 오는 온전한 은사와 선물이 차단되었습니다. 이후로 기독교 신앙 즉, 성경말씀을 듣고 배우고 공부하는 목적은 잃어버린 하나님의 형상을 회복하는 것으로 정의됐습니다. 그렇다면 어떻게 하나님의 형상을 회복할 수 있을까요? 먼저 세 가지에 대해서 알아야 합니다.

첫 번째 '나는 누구인가?'를 알아야 합니다. 자기가 누구인지는 자신이 가장 잘 알 것 같지만 사실은 자신이 누구인지 모르고 살아가는 사람들이 더 많습니다. 그래서 인생을 자신, 즉 참된 자아를 찾아가는 여행이라고도 표현합니다. 자신을 안다는 건 생각보다 참 어려운 일입니다. '천 가지의 형태와 만 가지의 생각'(천태만상, 千態萬象)을 가지고 있는 것이 사람이기 때문입니다.

두 번째로 '너는 누구인가?'를 알아야 합니다. 내가 나를 모르는데 내가 '너'를 어떻게 알겠습니까? 하나님께서 남자와 여자를 만드셨다는 것은 너와 나를 다르게 만드셨다는 것입니다. 그래서 우리는 나 자신에 대해서뿐만 아니라, 네가 누구인지도 알아야 합니다. 그래야 서로 조화를 이루며 살아갈 수 있습니다.

세 번째로 알아야 할 것은 '일이 무엇인가?'를 알아야 합니다. 나에게 일이란 것이 무엇이며, 내가 해야 할 일에 대해 아는 것은 매우 중요합니다. 여기서 '일'이란 사명(使命)을 말합니다. 이상에 열거한, 하나님의 형상을 회복하기 위해 알아야 할 세 가지를 창세기 1장을 통해 살펴보기로 하겠습니다.

🌸 Blessing of the man serving the lord
쓰임 받는 사람의 축복

열등감이 많은 사람은 자신에 대해서 부정적이기 때문에 타인과의 관계에서 원만하지 못합니다.

나는 누구인가를 알아야 합니다.

살면서 내가 나를 안다는 것은 매우 중요한 일입니다. 소크라테스의 "너 자신을 알라."는 말도 그래서 유명해지지 않았나 싶습니다. 일반적으로 자신의 참 모습을 발견한 사람은 제대로 살아갑니다. 하지만 안타깝게도 현실은 그렇지가 못합니다. 하나님께서는 우리를 이 세상에 둘도 없는 존재로 보내 주셨지만 많은 사람들은 자신이 누구인지 모르고 살아갑니다. 그렇다면 왜 자신에 대해서 아는 것이 이렇게 어려울까요? 자신을 알 수 없는 데는 세 가지 이유가 있습니다.

첫째 내가 나를 좋아하지 않기 때문입니다. 성공한 사람들은 자아상이 밝습니다. 자신에 대해서 긍정적으로 생각합니다. 자존감이 높습니다. 그와 반대로 실패한 사람은 자존감이 형편없이 낮습니다. 자신에 대해서 늘 불만스럽고, 자신을 멸시하고 자학합니다. 이렇게 자아상이 안 좋고 자존감이 낮은 것은 우리 안에 열등감, 죄책감, 패배감 같은 부정적인 감정이 많아섭니다. 많은 한국 사람들한테 열등감이 있다는 보고도 있습니다. 열등감이 많은 사람은 자신에 대해서 부정적이기 때문에 타인과의 관계에서 원만하지 못합니다. 그렇다면 이 열등감은 어디에서 생기는 것일까요? 첫째 '다른 사람이 나를 어떻게 보느냐?'를 중요하게 생각하는 데서 옵니다. 한국 사람은 남이 나를 어떻게 보고, 어떻게 생각하는지를 중요하게 생각합니다. 이런 예화가 있습니다. 나라마다 여자가 물에 빠졌을 때 구하는 방식이 다른데 신사의 나라 영국에서는 여자가 물에 빠지면 남자가 신사적으로 가서 건져 줍니다. 람보의 나라 미국에서는 람보처럼 건져 줍니다. 그런데 한국에서는 여자가 물에 빠졌을 때 "아저씨! 다른 아저씨들도 들어갔어요"라고 말해야 구해 온답니다. 이처럼 한국 사람들은 남들이 장에 가야 나도 장에 가는, 좋지 못한 습성이 있습니다. 그만큼 타인의 이목을 중요시하고, 남의 눈치를 많이 본다는 얘깁니다. 남의 눈치를 본다는 것이 무엇입니까? 비교

의식이 있다는 얘깁니다. 다시 말해 열등감은 비교 의식에서 비롯됩니다. 비교하면 반드시 열등감이 생깁니다. 서울에서 1등 한다고 하버드 대학에 가서 1등 할까요? 터무니없이 비교하기 시작하면 세상에 잘난 사람 아무도 없습니다.

어느 동물 학교에서 있었던 일입니다. 학교에서 전인 교육을 하겠다고 하니까 산토끼, 물고기, 다람쥐가 자기 자식들을 다 학교에 보냈습니다. 그런데 모두 다 낙방을 했습니다. 수영대회를 하면 물고기는 1등 하는데 산토끼와 다람쥐가 못 따라가고, 나무 타기를 하면 다람쥐는 잘 하는데 산토끼와 물고기가 못 따라갔습니다. 또 달리기 시합을 하면 물고기가 불합격을 했습니다.

되지도 않을 것을 비교하면 이렇게 됩니다. 그런데 우리는 모든 걸 비교 선상에 두고 '네 떡'이 큰지 '내 떡'이 큰지를 비교합니다. 그러나 예화에서 보듯 비교하기 시작하면 온전한 사람은 아무도 없습니다. 그래서 사람은 비교 의식을 가지고 살면 안되고, 창조 의식을 가지고 살아야 합니다. 창조 의식을 가지고 산다는 것은 하나님께서 창조하시고 내게 주신 것 그대로 살아가는 것입니다.

저와 여러분은 하나님 형상대로 하나님의 모양대로 만들어진 존재입니다. 사람이 공부를 잘하든 못하든, 부자든 가난하든, 백인이든 흑인이든 다 존귀한 것은 우리가 하나님의 형상을 가지고 태어났기 때문입니다. 하나님의 형상대로 지음 받은 사람은 누구나 할 것 없이 다 존귀합니다. 시험에 들고 싶지 않습니까? 그렇다면 남의 말에 신경 쓰지 마십시오. 심한 말이라 해도 과민해 하지 마십시오. "하나님이 가라사대"가 중요하지 남들이 무슨 말을 하는가가 중요한 것이 아닙니다.

두 번째로 한국 사람이 열등감에 빠져 있고 자존감이 낮은 이유는 가까운 사람들 때문입니다. 대부분의 사람이 가족, 친척, 친구 등 가까운 사람들에게서 긍정적인 소리보다 부정적인 소리를 더 많이 듣고 자란 탓입니다. 우리에게 상처를 주는 사람들은 멀리 있지 않습니다. 나와 가장 가까운 사람들이 가장 많은 상처를 줍니다. 아이들에게 가장 많이 상처를 주는 사람이 부모라고 합니다. 열등감이 큰 아이들을 보면 대체로 부모들에게 문제가 있음을 발견하게 됩니다.

세 번째로 열등감이 생기는 것은 자신도 스스로를 탐탁해 하지 않게 생각하기 때문입니다. 인생 최고의 적은 바로 자기 자신입니다. 사람은 다 이기적인 반면 또 자신에 대해서 굉장히 부정적입니다. 부모들 중엔 아이들이 자신의 성격이나 모습을 닮는 것도 싫어하는 경우가 있습니다. 한국 사람의 열등감은 세 종류가 있는데 학벌에 대한 열등감과 외모에 대한 열등감, 그리고 집안에 대한 열등감이 그것입니다. 이 세 가지에 대해 자유로운 한국 사람은 아무도 없습니다. 왜냐하면 공평하신 하나님은 이 세 가지를 한 사람에게 다 안 주시기 때문입니다. 이것이 괜찮으면 저것이 부족하고, 저것이 괜찮으면 이것이 부족할 수밖에 없습니다. 그런데 이렇듯 다 가질 수 없는 환경에서 없는 것 가지고 비교를 하고 경쟁하는데 어떻게 열등감이 안 생기겠습니까?

그렇다면 어떻게 해야 진짜 나를 찾아갈 수 있을까요? 성경에서 나를 누구라 하는지, 하나님께서 나를 어떻게 보시는지를 알면 됩니다. 그런 의미에서 "하나님의 형상대로 만들었다"(창1:26)는 말은 매우 중요합니다. 남들이 뭐라 하든, 내가 공부를 잘하든 못하든 얼굴이 하얗든 시커멓든 하나님의 폼, 하나님의 이미지가 내 안에 있기 때문에 나는 대단한 사람이고 멋진 사람입니다. 사람들의 말에 너무 영향 받다 보면 문제 사고방식이 형성됩니다. 문제 사고방식이 형성되면 문제 행동이 나오고 문제 감정이 나옵니다. 문제 있는 사람들이 되는 건 이런 경로를 통해섭니다. 그럼 이것을 어떻게 해야 합니까? 성경적인 사고방식으로 바꾸어야 합니다. 하나님이 나를 어떻게 보시는지에 대해 이해하면 성경적인 행동이 나오고, 성경적인 감정이 나오게 되어 있습니다. 그리고 성경적 통로로 만들어진 나는 자연히 성경적인 사람이 됩니다. 성경적인 사고방식이란 하나님께서 왜 나를 만드셨는지에 대해 늘 생각하는 것입니다.

하나님이 나를 어떻게 보시는지에 대해 이해하면 성경적인 행동이 나오고, 성경적인 감정이 나오게 되어 있습니다. 그리고 성경적 통로로 만들어진 나는 자연히 성경적인 사람이 됩니다. 성경적인 사고방식이란 하나님께서 왜 나를 만드셨는지에 대해 늘 생각하는 것입니다.

내가 누구인가를 알아가는 과정에서 하나님이 나를 어떻게 만드셨는지에 대해 아는 것은 아주 중요한 단서가 됩니다. 저도 과거에 우울증이 있었습니다. 사람 눈동자를 똑바로 못 쳐다볼 정도로 소심한 사람이었습니다. 저는 늘 혼자 있기를 좋아했고 혼자 있을 때가 가장 편했습니다. 사람이 싫고 세상이 부담스럽기만 한 사회 부적응 환자처럼 살았습니다. 그러다가 대학교 3학년 때 뇌종양 판정을 받았습니다. 한 달밖에 살지 못한다는 시한부(時限附) 판정이었습니다. 죽음에 대한 두려움으로 불면증이 왔고,

그때부터 성경을 읽기 시작했는데 창세기 말씀을 보는 중에 음성이 들렸습니다.

"너는 부족한 자가 아니니라. 하나님의 형상대로 지음 받은 자니라.

두려워 말라, 놀라지 말라, 너는 복의 근원이 될 것이다.

나가서도 복을 받고 들어가서도 복을 받을 것이다.

Blessing of the man serving the lord
쓰임 받는 사람의 축복

사실 저는 그때까지 제 삶을 가까스로 지탱해 갔습니다. 자살은 용기가 없어서 못했을 뿐 아무 의지 없이 살았습니다. 명절에는 집에도 안 내려갔습니다. 가족들 보면 머리가 아프니까 차라리 안 보고 사는 게 편했습니다. 그런데 이렇게 사는 나에게 하나님께서 찾아오시고 위로를 주시고 또 약속하셨습니다.

세상의 물건들을 제품이라고 합니다. 하지만 우리는 한 사람 한 사람이 하나님께서 만드신 고귀한 '작품'입니다. 나 자신이 둘도 없는 존재입니다. 이것을 깨닫고 나면 내가 좋아지기 시작합니다.

사랑하는 아들아, 감당치 못할 시험은 주지 않으마. 피할 길을 열어 주마.

내가 너에게 복에 복을 더해 지경을 넓혀 주리라.

저는 기쁨을 이기지 못하고 신바람이 났습니다. 의지 박약하고 소심했던 제 안에 힘이 솟았습니다. 하나님의 형상대로 지어진 내가 대단하게 보이기 시작했습니다. 제 삶이 달라지기 시작했습니다.

세상의 물건들을 제품이라고 합니다. 하지만 우리는 대량생산된 제품이 아니라 한 사람 한 사람이 하나님께서 만드신 고귀한 '작품'입니다. 나 자신이 둘도 없는 존재입니다. 이것을 깨닫고 나면 내가 좋아지기 시작합니다. 자신과 화해하게 되고 그렇게 미웠던 자신이 고맙고 귀하고 예쁘고 사랑스러워집니다. 자기를 존귀하게 여기게 됩니다.

하나님께서 많은 율법을 주셨는데 그중에 최고가 무엇입니까? 하나님을 사랑하고 이웃을 사랑하는 것입니다. 그런데 이웃을 어떻게 사랑하라고 합니까? 내 몸과 같이 사랑하라고 합니다. 성경은 자신은 손해를 보더라도 다른 사람만 사랑하라고 말하지 않습니다. 이웃을 내 몸과 같이 사랑하려면 먼저 자신을 사랑해야 합니다. 나를 사랑하는 것이 이웃 사랑의 첫 단추입니다. 하나님께서 창조하신 나를 사랑한다는 것은 이기적인 것이 아니고 성경적인 것입니다. 우리 한 사람 한 사람은 국화빵 찍듯이 만들어진 것이 아니고 둘도 없는 존재로 독특하게 만들어진 하나님의 작품이라는 것을 믿으십시오. 내 속에는 축복받고 은혜받고 사랑받고 행복하게 살아가도록 하는 원판, 하나님의 이미지가 있습니다. 뇌성마비 장애우인 송명희 시인도 하나님은 공평하시다고 하는데 우리가 왜 세상을 바보같이 살아갑니까? 그것은 직무유기와 같습니다. 배반입니다. 하나님의 은사를 땅에 묻어 두는 것입니다. 이제 자신 안에 있는 위대한 것을 발견하도록 노력하고 하나님 앞에 나아가 열심히 사십시오. 주어진 자리에서 주어진 일에 최선을 다하면 하나님은 계속해서 나의 은사를 개발해 주십니다.

남들을 이해하려고 노력하십시오. 다른 사람을 인정하십시오. 차이가 있는 것이 나쁜 것이 아니고, 불편한 것이 불행한 것이 아닙니다. 다양하고 풍성함이 있는 곳이 가정이고 교회입니다.

너는 누구인가를 알아야 합니다.

"하나님이 자기 형상 곧 하나님의 형상대로 사람을 창조하시되 남자와 여자를 창조하시고" (창1:26-27).

하나님께서 하나님의 형상대로 남자와 여자를 만들었다고 나옵니다. 남자와 여자를 만들었다는 것은 '나' 와 '너' 를 서로 다르게 만들었다는 말입니다. 이 세상에 성격과 지문이 똑같은 사람은 한 사람도 없습니다. 전 세계 인구가 60억이 넘지만 나와 같은 지문은 단 하나밖에 존재하지 않습니다. 하나님은 이렇게 우리를 다 다르게 만드셨는데 우리는 나와 다른 사람을 별로 안 좋아합니다. 심지어는 설교를 들으면서도 설교자와 내가 맞는지 안 맞는지 판단합니다. 설교자와 맞으면 뭘 합니까? 하나님과 맞아야지요. 그리고 우리가 흔히들 '궁합'이 맞다 안 맞다 하는데 사실 '궁합'은 중요한 게 아닙니다. 뭐든지 맞추면 맞춰집니다. 안 맞추니까 안 맞는 것이지요.

저는 저의 아내하고 완전히 상극이었습니다. 그런데 결혼 생활 십수 년이 지나고 보니까 이제야 맞습니다. 원래 성격이 비슷한 사람끼리 만나면 권태기가 빨리 옵니다. 성격이 달라도 오래 살다 보면 내가 안되는 건 네가 하고, 네가 안되는 건 내가 하면서 살게 됩니다. 그게 더 버라이어티하고 풍성하지 않겠습니까? 제가 아내와 10년 동안 싸우면서 깨달은 것이 있습니다.

'하나님께서 이 사람은 여자로 만드셨고, 나는 남자로 만드셨구나.'

이렇듯 하나님께서 우리를 다양하게 만드셨다는 것을 인정하고 우리도 남들을 이해해야 합니다. 하나님의 작품들을 인정해야 합니다. 남들과의 차이를 인정해야 하는 겁니다. 차이만 인정하면 부부 싸움과 같은 분쟁도 절반은 줄어듭니다. 그런데 문제는 이해는 안 하고 나와 다른 상대의 취향을 고치려고만 하니 갈등이 번복되는 겁니다. 그러니 뜯어 고치려고 하지 마십시오. 남들을 이해하려고 노력하십시오. 다른 사람을 인정하십시오. 차이가 있는 것이 나쁜 것이 아니고, 불편한 것이 불행한 것이 아닙니다. 다양하고 풍성함이 있는 곳이 가정이고 교회입니다.

자신을 세상적인 잣대로 보지 말고 성경을 통해 하나님께서 나를 누구라 하시는지 알아 가고, 네가 누구이든지 간에 하나님께서 각자 다르게 만드셨다는 것을 이해하고 상대방을 인정하고 나면 '너'와 '나'의 관계는 좋아집니다. 하나님의 형상을 회복하면 모든 관계가 복된 관계로 회복됩니다. 그러나 회복되었다고 거기에 안주해서는 안 됩니다. 우리가 이 땅에서 무엇을 하며 어떻게 살아가야 하는지를 알아야 합니다.

> "하나님이 그들에게 이르시되 생육하고 번성하여 땅에 충만하라 땅을 정복하라
> 바다의 고기와 하늘의 새와 땅에 움직이는 모든 생물을 다스리라 하시니라"
>
> (창1:28).

이것이 바로 우리가 해야 할 일들입니다. 우리는 이 땅에 살면서 생육하고 번성하고 충만해야 하며, 땅을 정복하고 모든 생물을 다스려야 합니다. 이것이 우리에게 주어진 사명입니다. 그런데 하나님께서 우리에게 왜 일을 주셨을까요?

하나님은 우리의 영혼이 잘되고 범사가 잘되고 강건하기를 바라시는 분입니다. 우리가 일에 시달리고, 아프고, 모자라게 사는 것을 원치 않으십니다. 어렸을 때 우리가 밥을 안 먹으면 어머니는 숟가락 들고 쫓아다니시지만 아버지는 늘 단호하셨습니다. 그런데 밥 먹기 싫으면 나가라고 하시는 그때 우리 아버지 본심은 무엇입니까? 정말 제가 영원히 가출해 버리는 것을 원하시는 것일까요? 아닙니다. 제가 밥을 먹기를 원하시는 것입니다. 그런데 들을 귀가 없는 사람은 그런 상황에서 진짜 가출

할 수도 있습니다. 아버지의 본심을 이해하지 못했기 때문입니다.

영적인 삶도 마찬가지입니다. 예수님을 믿는다고 매사 일이 잘되는 것은 아닙니다. 예수님을 믿어도 시험이 오고 환난이 옵니다. 사업이 망할 수도 있고 몸이 아플 수도 있습니다. 하지만 우리가 그런 삶을 사는 것이 하나님의 진심이겠습니까? 하나님께서는 우리에게 복을 주시고 생육하고 번성하고 다스리라고 하셨습니다. 여기서 다스리라는 것은 문제도 다스리고, 병도 다스리고, 고통도 다스리라는 것입니다. 최초에 하나님께서 주신 문화 명령은 사명입니다. 일을 주시고 사명을 주실 때 우리는 복을 받은 줄 알고 하나님께서 맡기시는 일에 최선을 다해야 합니다. 하나님의 본심을 알게 되면 하나님의 사랑이 느껴지고 일이 즐겁습니다.

소량의 시험 병균이라도 일단 경험한 몸은 이후에 강한 병균이 침입해도 처음의 전투 경험을 살려 저항합니다. 면역성이 생겼기 때문입니다.
우리의 삶도 마찬가지입니다.

예방주사는 병을 예방하기 위해 맞습니다. 소량의 시험 병균을 넣는 작업입니다. 저항력 강한 항체를 형성하기 위해서입니다. 소량의 시험 병균이라도 일단 경험한 몸은 이후에 강한 병균이 침입해도 처음의 전투 경험을 살려 저항합니다. 면역성이 생겼기 때문입니다. 이것이 예방주사의 효과입니다. 우리의 삶도 마찬가지입니다. 우리 삶에 시험이 있고 환난이 와도 그것은 예방주사일 뿐입니다. 나중에 더 큰 일을 당했을 때 지금의 시험과 환난으로 인해 내 안에 항체가 생기고, 면역력이 생기면 쉽게 이겨낼 수 있습니다.

이처럼 하나님께서는 우리가 생육하고 번성하고 충만하고 정복하고 다스리는 것을 원하시지 남 눈치나 보면서 바보같이 살아가는 것을 원치 않으십니다. 우리 믿음의 선배들이, 어르신들이 고생을 하고 재산을 잃고 병에 걸려도 인내하며 기도했던 것은 하나님의 본심을 알았기 때문이었습니다. '우리 집에 복을 주시려고 그러는구나. 내게 사명을 주시고, 하나님의 일을 주시고, 복을 주시려고 그러시는구나.'라고 생각했습니다. 어떤 일을 당해도 하나님의 본심은 복을 주시고, 생육하고 번성하고 충만하고 정복하고 다스리는 것임을 기억하십시오. 그리고 그것이 우리에게 주신 사명입니다.

정리하겠습니다. 남들이 나를 누구라 하는지에 신경 쓰지 말고, 성경이 가라사대 나를 누구라 하는지, 성경의 잣대를 통해 내 속에 있는 하나님의 형상을 회복하십시오. 그리고 너는 나와 다르다는 것을 이해하고 인정함으로 부부가 하나 되고, 교회가 연합해서 동거하는 관계를 회복하십시오. 마지막으로는 일에 대한 자신감을 가지십시오. 일에 눌려 살지 말고, 끌려 다니지 말고 정복하고 다스리며 살아가십시오. 그것이 병이든, 가난이든 다스리십시오. 이것이 바로 하나님의 형상을 회복한 자의 모습입니다.

여호와 하나님이 가라사대

사람의 독처하는 것이 좋지 못하니

내가 그를 위해여 돕는 배필을 지으리라 하시니라

여호와 하나님이 흙으로 각종 들짐승과 공중의 각종 새를 지으시고

아담이 어떻게 이름을 짓나 보시려고 그것을 그에게로 이끌어 가시니

아담이 각 생물을 일컫는 바가 곧 그 이름이라

아담이 모든 육축과 공중의 새와 들의 모든 짐승에게 이름을 주니라

아담이 돕는 배필이 없으므로 여호와 하나님이 아담을 깊이 잠들게 하시니 잠들매

그가 그 갈빗대 하나를 취하고 살로 대신 채우시고

여호와 하나님이 아담에게서 취하신 그 갈빗대로 여자를 만드시고

그를 아담에게로 이끌어 오시니 아담이 이르되

이는 내 뼈 중의 뼈요 살 중의 살이라

이것을 남자에게서 취하였은 즉 여자라 칭하리라하니라

이러므로 남자가 부모를 떠나 그의 아내와 연합하여 둘이 한 몸을 이룰 지로다

아담과 그의 아내 두 사람이 벌거벗었으나 부끄러워 아니 하니라

 창세기 2장 18~25절

행복한 가정을 회복하라

이 세상에는 행복한 가정이 생각만큼 많지 않습니다. 특별히 우리 시대에 행복한 가정은 참으로 드문 것 같습니다. 예전에 할머니 할아버지를 대상으로 하는 퀴즈 프로그램이 있었는데 할아버지가 할머니에게 "당신과 나 사이를 뭐라고 하지?"라고 물었더니 할머니가 "평생 웬수!"라고 대답해서 한바탕 웃은 적이 있습니다. 정답은 천생연분이었던 것입니다.

아무리 사랑해서 결혼한 부부라고 해도 행복한 가정을 이룬다는 것은 참으로 어려운 일인 것 같습니다. 가지 많은 나무에 바람 잘날 없다고 어느 집안이든 그 안을 들여다보면 말도 많고 탈도 많습니다. 남편이 애를 먹이든지, 부인이 애를 먹이든지, 아이가 문제를 일으키든지 합니다. 기도 제목이 없는 집이 없습니다. 왜 이렇게 행복한 가정이 드문 걸까요? 사람이란 존재가 원래 이기적이고 자기중심적이라서 그렇습니다.

심지어 결혼은 판단력이 모자라는 사람이 한다는 말이 있습니다. 팔자를 고치려고 결혼한다는 것입니다. 그리고 이혼은 인내심이 모자라는 사람이 하고, 재혼은 기억력이 모자라는 사람이 한다고도 합니다. 사람만 바꾸면 괜찮을 줄 알고 잊고 또 재혼한다는 것입니다. 어느 여전도회 집회 때의 일입니다. 다시 태어나도 남편과 결혼하고 싶은 사람 있으면 손들어 보라고 했더니 아무도 손을 들지 않다가 조금 후에 어떤 집사님 한 분이 손을 들어서 제가 이유를 물었습니다. 그러자 그 여 집사님 대답이 일품이었습니다.

Blessing of the man serving the lord
쓰임 받는 사람의 축복

창세기 2장에는 인류 최초의 결혼식 장면이 나옵니다. 하나님께서 가정을 어떻게 세우셨는지에 대해서 나옵니다.
하나님께서는 가정과 교회도 다른 피조물처럼 직접 창조하셨습니다.

"목사님, 조선 명태 별 것 있습니까? 그 사람이 그 사람이지요……."

이것이 오늘날 가정의, 부부의 현실입니다.

물론 행복한 가정이 아주 없지는 않습니다. 방송을 하고 상담을 하다 보면 행복한 가정도 분명 있습니다. 하지만 행복한 가정보다 그렇지 못한 가정이 더 많다는 것이 문제입니다. 만일 우리 집에 애로 사항이 있고, 기도해야 할 제목이 있고, 부부지간에 안 맞는 것이 있다 싶으면 평균 이상으로 생각하시면 될 겁니다. 그런데 이렇게 행복하지 못한 가정, 행복하지 못한 사람이 많은데 성경에서는 항상 기뻐하고 행복하라고 말합니다. 그렇다면 어떻게 해야 우리가 행복할 수 있을까요? 그 원리를 살펴보기 위해서는 성경으로 돌아가야 합니다. 말씀으로 돌아가야 합니다. 그곳에 답이 있고 길이 있기 때문입니다.

창세기 2장에는 인류 최초의 결혼식 장면이 나옵니다. 그리고 하나님께서 가정을 어떻게 세우셨는지에 대해서 나옵니다. 하나님께서는 가정과 교회도 다른 피조물처럼 직접 창조하셨습니다. 그것도 그냥 만드신 것이 아니고 하나님의 창조 원리를 따라서 만드셨습니다. 지금부터 본문 말씀을 따라가며 가정이 어떻게 이뤄지고 어떻게 세워져야 하는지에 대한 성경적인 원리들을 살펴보도록 하겠습니다.

행복한 가정은 독처하지 않습니다

어떤 사람도 혼자 살아갈 수 없습니다. 사람 인(人)자를 보십시오. 두 개의 획이 서로 기대어 사람이라는 글자를 이루고 있습니다. 사람이 혼자서는 설 수 없는 존재이기 때문에 그렇습니다. 혼자 살지 말라, 독처하지 말라는 것은 혼자 잘난 척 하면서 이기적이고 독선적으로 살지 말라는 것입니다. 독처하는 것은 하나님 보시기에도 좋지 않으셨다고 했습니다.

Blessing of the man serving the lord
쓰임 받는 사람의 축복

관계에서 대화는 매우 중요합니다.
대화가 가능한 사람은 어디를 가도 잘 어울리는 사람입니다. 조화를 이룰 줄 아는 사람입니다.

저희 교회 성경 공부팀 중에 35년간 유치원 원장님을 하고 있는 분이 계신데 35년 동안 얼마나 많은 학부모와 자녀들을 만났겠습니까? 그래서 한 번은 제가 물어봤습니다.

"원장님, 부부가 싸우고 갈라서는 가장 큰 이유가 무엇이라고 생각하십니까?"

그랬더니 그 원장님께서 기다렸다는 듯이 대답하셨습니다.

"이기적이어서 그렇습니다."

이기적인 사람은 자신만 보고, 자기 입장만 내세우기 때문에 싸우고 이혼할 가능성이 훨씬 많다고 합니다.

제가 방송을 하면서 느낀 것 중 하나는 아빠가 자상한 집안이 대체적으로 행복하다는 것이었습니다. 엄마가 자상한 건 당연한데 아빠가 자상하기는 힘듭니다. 자상한 아빠란 아이들과 장난도 치고, 대화가 가능한 아빠를 말합니다. 이런 아빠가 있는 집안은 가족간의 관계가 원만합니다.

아빠가 딱 네 마디만 한다는 가정도 있습니다.

"아는? 먹자! 자자! 좋나?"

제가 아는 어떤 가정은 제발 부부 싸움 좀 해봤으면 좋겠다고 했습니다. 왜 그러냐고 물어봤더니 남편이 통 말을 안 한다는 겁니다. 집에서 하는 말이라곤 퇴근할 때 물어보는 말에 '어!' 라고 대답하는 게 전부랍니다. 집에 오면 TV만 보고, 신문만 볼 뿐 아무 말도 하지 않아서 대화 한번 해 봤으면 좋겠다고 했습니다.

관계에서 대화는 매우 중요합니다. 독처하지 말라는 것은 마음의 문을 걸어 잠그고 다른 사람을 무시하면서 이기적으로 살지 말고, 대화를 통해 인격적인 관계를 맺으라는 것입니다. 천지를 창조하시고 일곱 번이나 좋았더라고 말씀하셨던 하나님께서 처음으로 좋지 않다고 말씀하신 것이 사람이 혼자 사는 것이었습니다.

부부간에 대화가 되어야 원만한 가정이 만들어지는데 대화 좀 하려고 하면 대놓고 화부터 내는 사람들 있습니다. 대화가 가능한 사람은 어디를 가도 잘 어울리는 사람입니다. 조화를 이룰 줄 아는 사람입니다. 좋은 사람과 나쁜 사람의 차이가 무엇인 줄 아십니까? 나쁜 사람은 어딜 가도

'나쁜인 사람'이고, 좋은 사람은 '조화를 아는 사람'입니다.

대화가 없거든 싸움이라도 하십시오. 싸움도 적극적인 대화라는 말이 있습니다. 때로는 싸움을 통해서 상대를 알기 때문입니다. 컵에 담긴 구정물을 가만히 두면 불순물들은 가라앉고 물은 깨끗해집니다. 그런데 물을 다시 저으면 불순물들이 올라와서 물이 흐려집니다. 싸우는 것도 이와 같은 원리입니다. 평소 내숭 떨고 있을 땐 점잖고 멋있어 보일지 모르지만 싸울 때 보면 그 사람의 인격이 드러납니다. 그래서 싸워 봐야 합니다. 10년을 연애해도 내숭 떨면 알 수 없는 것이 사람입니다. 그런데 결혼해서 같이 생활을 하다 보면 그동안 몰랐던 것들을 알게 되고, 때로 서로 싸우다 보면 저 사람이 어떨 때 화를 내는지, 어떤 것을 싫어하는지 알 수 있습니다. 그러면 이후부터는 서로의 차이를 인정하게 되고 서로 조심하게 되고 이해하게 됩니다. 그리고 싸우다 보면 정도 듭니다. 어쩌면 싸운다는 것은 서로에게 기대하는 것이 있고, 소망하는 것이 있다는 말일지 모릅니다. 하지만 진짜 심각한 가정은 싸움도 하지 않습니다. 서로가 배우자로서 인정하지 않고 무시하기 때문에 종내에 가서 포기한 나머지 싸움조차도 무의미한 가정이 있습니다. '황혼 이혼'의 대부분의 경우가 이런 가정에서 나옵니다.

대화가 단절되거든 싸움을 걸어서라도 대화를 하십시오. 간지러움을 태워서라도 대화를 해야 합니다. 조금만 유치해지면 행복해집니다. 대체로 거룩한 집안은 행복하지 않습니다. 여기서 '거룩하다'는 것은 점잖 피우면서 말도 안 하고 헛기침만 하는 것을 말합니다. 저와 제 아내와의 관계를 봐도 사이가 좋을 때는 한없이 유치해지고, 사이가 안 좋을 때는 한없이 점잖아집니다. 유치하게 사십시오. 혼자 독선적이고 이기적으로 살지 말고 서로 어울리고 조화로운 사람이 되십시오. 어딜 가도 '나쁜

인' 사람이 되지 마십시오.

돕는 배필이 되어야 합니다

　행복한 가정의 두 번째 원리는 돕는 배필이 되는 것입니다. 여기서 돕는다는 말은 보조 기능을 하라는 말이 아닙니다. 완성하다, 구원하다의 적극적인 개념입니다. 그런데 많은 사람들이 돕는 배필보다 바라는 배필이 되려고 합니다. 사람이 왜 섭섭합니까? 바라는 것이 있을 때 섭섭합니다. 부부가 서로에게 바라는 것이 많아지면 섭섭한 일이 늘고, 종종 싸우게 됩니다. 하지만 무엇인가를 바라기 전에 내가 먼저 주려고 하고 도우려고 하면 섭섭하거나 실망하는 마음도 없고, 싸울 일도 없습니다. 모든 일에 욕심이 과하면 문제가 되는 법입니다. 원래 욕망은 실망을 낳고, 실망은 낙망을 낳고, 낙망은 절망을 낳고, 절망은 사망을 낳습니다. 요즘 '신돈키호테' 가 1등 신랑감으로 등장했습니다. 신앙 좋고, 돈 많고, 키 크고, 호남형인데다 테크닉 좋은 사람을 가리켜 신돈키호테라고 하는데 세상에 이런 사람은 없습니다. 그런 사람이 있다고 하더라도 그 사람이 당신을 좋아한다고 누가 보장합니까?

대화가 없거든 싸움이라도 하십시오. 싸움도 적극적인 대화라는 말이 있습니다. 때로는 싸움을 통해서 상대를 알기 때문입니다. 진짜 심각한 가정은 싸움도 하지 않습니다.

　'돕는 배필이 되라' 는 말은 자식 걱정하지 말라는 의미도 됩니다. 자녀 교육, 마음처럼 쉽지 않습니다. 문제 부모는 있어도 문제 자녀는 없다고 합니다. 자녀는 부모의 거울입니다. 본 대로 되기 때문입니다. 자녀는 본 대로 들은 대로 되기 때문에 아이들에게 문제가 있다면 그것은 반드시 그 부모에게 문제가 있다고 봐도 무방합니다. 어떤 목사님이 심방을 갔는데 그 집 아이가 "엄마, 저거 온다!"라고 하더랍니다. 평소에 집에서 목사님 얘기할 때 이거, 저거 했었나 봅니다. 아이를 보면 그 집안의 가정 교육을, 평소 그 가정의 대화 수준을 알 수 있습니다. 자식 걱정하기 전에 돕는 배필이 되어서 아이에게 본이 되십시오. 자식은 부모의 그림자입니다. 부모가 하는 것을 그대로 보고 배웁니다. 그러므로 부부부터 행복해지도록 노력하십시오.

부부가 행복하면 그 슬하에 자란 아이들은 자연스럽게 원만해집니다. 문제는 부부가 행복하게 지낸다는 게 참 어렵다는 것입니다. 그렇다면 어떻게 해야 행복한 관계를 만들 수 있을까요? 내가 먼저 행복해지고, 내가 먼저 건강해지고, 내가 먼저 은혜가 충만하고, 내가 먼저 도우면 행복해집니다. 그런데 이런 얘기가 나오면 속으로 이렇게들 생각합니다.

'맞아! 내 남편, 내 부인이 와서 들어야 하는데…….'

자식 걱정하기 전에 돕는 배필이 되어서 아이에게 본이 되십시오. 자식은 부모의 그림자입니다. 부모가 하는 것을 그대로 보고 배웁니다.
도저히 사랑이 안 되거든 그때는 '포기의 축복'이란 방법을 쓰십시오.

부디 상대에게 먼저 바라지 말고 자신이 먼저 돕는 배필이 되십시오. 그래야 행복해집니다.

만일 도저히 사랑이 안 되거든 그때는 '포기의 축복'이란 방법을 쓰십시오. 어떤 부부의 얘깁니다.

교회 집사이지만 술 마시고 바람피우는 남편이 있었습니다. 하루는 술집 여자를 집으로 데리고 왔더랍니다. 부인은 기가 막혔습니다. 자수성가한 남편은 성장하면서 사랑을 제대로 받아본 적이 없었던 사람이었습니다. 그래서 돈을 벌고 성공을 했지만, 무엇이든 성취를 하고 난 뒤엔 허한 마음을 추스르지 못해 했습니다. 기어이 술집 여자한테 가서라도 폼을 잡고 허기진 가슴을 채우려고

술을 마시고 바람을 피웠습니다. 이렇게 남편 때문에 속을 끓이던 중 부인이 은
혜를 받게 됐는데 그것이 바로 '포기의 축복' 입니다. 자신이 포기키로 한
것입니다. 포기하고 보니 남편이 불쌍해졌습니다.
어릴 때 사랑을 못 받아서 그렇다고 생각하니 측은하게
느껴지는 것이었습니다. 그때부터 "양다리 걸치느라
얼마나 피곤하겠냐" 며 해장국을 끓여 줬답니다.
그랬는데, 그 모습을 지켜보던 남편,
드디어 회개하고 변화되었습니다.

Blessing of the man serving the lord

쓰임 받는 사람의 축복

**돕는 배필이 된다는 것은
내가 먼저 실력을 갖추고,
내가 먼저 은혜로 충만해
지고, 성령으로 충만해지
는 것을 말합니다.**

남편을 변화시키려면 절대 바가지 긁지 마십시오. 남자들은 하지 말라
고 하면 더 합니다. 남편 변화시키는 비결은 칭찬입니다. 남편이 TV만
보고 있으면 큰 TV를 사 주십시오. TV 보다 보면 허리 아플 테니 쿠션
챙겨주고, 심심하니 드시라고 땅콩까지 준비해 줘 보십시오. 바가지만
긁지 마시고 남편 기를 좀 살려주세요. '남자 기 죽으면 회사 가서 구조
조정 되어서 돌아온다' 는 말이 있습니다. 일단 집에서는 칭찬하고 기를
살려줘야 합니다.

돕는 배필이 된다는 것은 사랑할 수 없거든 포기라도 하라는 것입니
다. 그래야 부부 관계가 회복됩니다. 포기하면 싸우지 않고, 싸우지 않으
면 원만해지고, 잘해주며, 미안해서 회개하고, 변화가 일어나는 것입니
다. 돕는 배필이 된다는 것은 내가 먼저 실력을 갖추고, 내가 먼저 은혜
로 충만해지고, 성령으로 충만해지는 것을 말합니다. 은혜 충만, 성령 충
만하면 싸우지 않습니다. 내가 은혜가 없으니까 강퍅해지고 썰렁해지는
것입니다. 실력 있는 사람이란 신력, 지력, 체력, 자기통제력, 인간관계
능력 등 다섯 가지 힘을 갖춘 사람이라고 합니다. 돕는 배필이 바로 이런

사람이어야 합니다. 바라기만 하다가 섭섭해 하지 말고 먼저 행복의 통로가 되고, 복음의 징검다리가 되어 도우십시오. 내가 실력이 있고, 내가 은혜로 충만하면 상대방도 잘 따라오게 되어 있습니다.

차이를 인정해야 합니다

세 번째 원리는 다양성의 이치를 이해하고 차이를 인정하는 것입니다.

> "여호와 하나님이 흙으로 각종 들짐승과 공중의 각종 새를 지으시고"
>
> (창2:19).

이 말씀은 하나님께서는 우리를 다 다르게 만드셨다는 뜻입니다. 부부가 왜 싸웁니까? 다르니까 싸우는 겁니다. 입맛이 다르고, 취미가 다르고, 성격이 다르니까 싸웁니다. 사람이 살아 보면 누구나 차이가 있게 마련입니다. 그런데 행복한 가정은 서로의 차이를 이해하고 인정하는 가정입니다. 하나님께서 각종 짐승과 각종 새를 지었다는 것은 우리를 국화빵 만들 듯이 똑같이 만들지 않으셨다는 말입니다. 사람은 천차만별입니다. '오만상(五萬相)을 찡그린다.'고 하지요? 무슨 말입니까? 내 속에 오만 개의 인상이 있다는 말입니다. 이렇게 내 속에 너무 많은 내가 있고, 거기에다 서로가 다 다르니 싸울 수밖에 없는 것입니다. 하지만 나와 다르다는 것은 나쁜 것이 아닙니다. 차이일 뿐입니다. 그런데 다

Blessing of the man serving the lord
쓰임 받는 사람의 축복

나와 다르다는 것은 나쁜 것이 아닙니다. 차이일 뿐입니다.
"저 사람은 나와 왜 이렇게 안 맞을까?"
하지만 저 사람도 하나님과는 맞습니다.

르다고 해서 마음을 걸어 잠그고 상종하지 않으려고 하니 문제입니다. 아무리 안 맞는다는 사람도 마음을 열고 만나서 대화를 하다 보면 말이 통하고 뜻이 통합니다. 남자와 여자의 차이가 큰데 그 차이를 이해하기만 해도 부부 싸움의 절반은 줄어듭니다.

"저 사람은 나와 왜 이렇게 안 맞을까?"

하지만 저 사람도 하나님과는 맞습니다. 하나님 보시기엔 아름다운 사람이고 하나님께서 다 이유가 있으셔서 만든 사람입니다. 2 더하기 2는 4입니다. 이해에 이해를 더하면 사랑이 된다는 말입니다. 그렇기 때문에 나와 다른 사람을 이해하고 또 이해해야 합니다.

삶은 감자를 먹다가 이혼한 부부가 있다고 합니다. 부인이 삶은 감자와 고추장을 가져오니까 남편이 누가 무식하게 감자를 고추장에 찍어 먹느냐며, 감자는 원래 소금을 찍어 먹는 거라고 하더랍니다. 부인이 화가 나서 우리 집에서는 고추장 찍어 먹는다고 했더니 상대방 가정사에 대해 운운하게 되고 그러다가 큰 싸움으로 번진 것입니다. 세계평화, 남북통일 문제로 싸우는 부부는 없습니다. 어느 집 부부나 밥 먹다, 감자 먹다 싸워서 '2차 대전', '3차 대전' 넘어갑니다. 이들 부부가 결국은 가정법원까지 가게 됐는데 마지막으로 판사에게 "판사님! 감자를 고추장에 찍어먹는 게 좋습니까, 소금에 찍어먹는 게 좋습니까?"라고 물어봤답니다. 그랬더니 판사님은 설탕을 찍어먹는다고 했습니다. 사실 감자를 무엇에 찍어먹는 것이 뭐가 그렇게 중요합니까? 그런데 우리는 다들 이런 사소한 차이로 싸웁니다.

살다 보면 나와 안 맞는 사람과 지내야 할 때가 있습니다. 사람은 감정적인 존재라 마음이 통하는 사람이 있는가 하면, 번번이 갈등하게 되고 빗나가는 사람이 있습니다. 받는 것 없이 미운 사람이 있는가 하면 첫인

상부터 끌리는 사람이 있습니다. 제가 직장 생활을 할 때의 일입니다. 하루는 집에 가서 직장 문제로 너무 불평을 하니까 아내가 제게 제안을 했습니다.

"그렇게 불평하려면 사표 내요, 착한 당신 성질 다 버리겠어요."

그래서 다음 날 사표를 써서 갔습니다. 그런데 사표를 내러 가기 바로 전에 제가 평소에 존경하는 집사님과 상담을 하게 됐습니다. 그런데 저의 사연을 들으신 집사님께서 제게 이런 충고를 했습니다.

"목사님, 좀 무뎌지는 은사를 받으세요."

성질을 죽이라는 얘기였습니다. 사람이 조직 생활을 하고, 사회생활을 하려면 무뎌질 필요가 있습니다. 그렇지 않으면 본인이 못 견딥니다. 그날 목사인 제가 집사님한테 설교를 40분 듣고 은혜 받아서 사표 내는 걸 포기했습니다. 그러고도 7년을 더 그 직장에서 근무했습니다.

철이 철을 날카롭게 하는 것처럼 성격이 독하고 모진 사람은 자신과 같은 사람을 만납니다. 결혼 생활을 하든지 직장 생활을 하든지 어렵고 힘든 사람을 만나거든 이렇게 생각하십시오.

'저렇게 독한 사람을 붙여 주신 건 내 성격이 어지간해서인가 보다.'

하나님께서는 우리를 연단하시기 위해 나와 같은 사람을 만나게 하십니다. 그러니 내게 모진 사람을 만나도 피하지 말고 정면 돌파하십시오. 그 사람을 피하면 다른 데 가서 더 모진 사람을 만납니다. 하나님께서는 감당치 못할 시험은 주시지 않는다는 믿음을 갖고 어떤 국면, 어떤 사람, 어떤 관계에 부딪히더라도 기꺼이 지나가십시오. 그때 내 안에 하나님의 형상이 회복되고, 하나님의 영광이 회복되고, 내가 비로소 철이 듭니다. 저도 지금 생각하면 참 서럽고 힘든 시간이었지만 그래도 그 시절이 있었기 때문에 직장 생활에 대해 배우고, 일에 대한 감각을 익힐 수 있었다는 생각이 듭니다. 자기밖에 모르는 사람은 세상에 나가서 못 견딥니다. 가는 데마다 사표 냅니다. 사표를 낸다고 해결되지 않습니다. 다른 데 가서 더 모진 경험을 할 수도 있습니다. 그러다 보면 사회 부적응 환자처럼 되고 낙오자가 되는 겁니다.

불편한 사람, 나와 다른 사람을 이해하십시오. 하나님께서 남자와 여자를 다르게 만드셨고, 각종 짐승과 새들을 만드셨듯이 모든 사람이 같을 수 없습니다. 남자는 하루에 25,000마디를 말하면 더 이상 말할 의욕을 잃는다고 합니다. 반면에 여자는 하루에 30,000마디를 해야 한다고 합니다. 여자는 말하는 재미로 삽니다.

예수님이 부활하셨을 때 왜 남자 제자에게 나타나지 않고 여자 제자에게 나타났는지 생각해 보신 적 있습니까? '여자들이 말을 빨리 전하기 때문입니다.'

> Blessing of the man serving the lord
> 쓰임 받는 사람의 축복
>
> 하나님께서는 우리를 연단하시기 위해 나와 같은 사람을 만나게 하십니다.
> 내게 모진 사람을 피하면 다른 데 가서 더 모진 사람 만납니다. 하나님께서는 감당치 못할 시험은 주시지 않는다는 믿음을 갖고 어떤 국면, 어떤 사람, 어떤 관계에 부딪히더라도 기꺼이 지나가십시오. 그때 내 안에 하나님의 형상이 회복되고, 하나님의 영광이 회복되고, 내가 비로소 철이 듭니다.

이름이 중요합니다

행복한 가정의 네 번째 원리는 이름을 잘 지어야 한다는 것입니다.

> "아담이 어떻게 이름을 짓나 보시려고 그것을 그에게로 이끌어 가시니 아담이 각 생물을 일컫는 바가 곧 그 이름이라 아담이 모든 육축과 공중의 새와 들의 모든 짐승에게 이름을 주니라"(창2:19-20).

아담이 각 생물을 부르는 것이 곧 그 이름이 되었다고 했습니다. 아담이 코끼리를 보고 "너는 코가 기니까 코끼리라고 해야겠다." 토끼를 보고 "너는 잘 토끼는구나 너를 이제 토끼라고 부르겠다."하면서 이름을 참 잘 지었습니다.

이처럼 이름, 호칭을 잘 짓는 것이 중요합니다. '초원의 집'이라는 TV 드라마를 보면 사랑하는 사람에게 부르는 호칭들이 나옵니다. 여보, honey, darling, 귀염둥이, 예쁜 아기 등 호칭들도 참 사랑스럽습니다. 그런가 하면 옛날 할머니들 중에는 손자를 부를 때 "쎄가 만발이나 빠질 놈"이라고 하기도 했습니다. 말에는 예언 효과가 있고, 권세가 있고 열매가 있어서 매사 주의해야 합니다.

행복한 가정은 호칭부터 다릅니다. 가정에서 한마디를 해도 축복하는 말, 칭찬하는 말, 격려하는 말을 하십시오. 남편이나 아이들이 아침에 못 일어나면 "일어나! 지금이 몇 신데 아직까지 자!"라고 하지 말고 대신에 "일어나~ 걸어라!"와 같은 찬송을 불러 주십시오. 말씀을 가지고 축복하고 칭찬하고 격려해 주십시오. 칭찬은 귀로 먹는 보약이라고 했습니다. 입술의 30초가 가슴에 30년 간다는 말이 있습니다. 그만큼 말이 중요합니다.

칭찬은 귀로 먹는 보약이라고 했습니다. 입술의 30초가 가슴에 30년 간다는 말이 있습니다. 그만큼 말이 중요합니다.

하루는 가족들과 TV를 보다가 아내가 일어나면서 소파를 보지 못해 발을 부딪쳤습니다. 핀잔을 줄 수도 있었는데 그날은 "아니, 이 놈의 소파가 우리 자기를 차네!"하면서 제가 소파 때리는 시늉을 했습니다. 물론 가족 모두 박장대소하며 넘어갔지요.

같은 말을 해도 사람을 위하는 말을 하면 가정이 화목하고 평안합니다. 사랑하는 남편, 사랑하는 아내, 사랑하는 자녀에게 축복권을 마음껏 행사하십시오. 좋은 이름들로 불러 주십시오. 돈 안 들고 행복해집니다.

하나님께서 이끌어 주십니다

하나님께서는 아담의 갈비뼈를 취해 하와를 만드시고 그를 아담에게로 이끌어 오십니다. 행복한 가정의 다섯 번째 원리는 바로 하나님께서 이끌어 주신다는 것입니다. 본문에 보면 아담이 하와를 골라서 선택한 결혼이 아니고 하나님께서 이끌어 주셔서 만남이 성사되고 있음을 볼 수 있습니다. 아담과 하와의 만남이 그랬듯이 가정의 주권 또한 하나님께 있어야 합니다. 그래서 하나님께서 짝 지어 주신 것을 사람이 나눌 수 없는 것입니다. 하나님이 짝 지어 주신 것을 사람이 나눌 수 없다는 이 말씀은 우리 시대에 이혼을 예방하는 최고의 예방 주사가 아닌가 싶습니다. 배우자를 백화점 물건 바꾸듯이 갈아치운다고 해 보십시오. 하루에 12번도 더 갈아치울 것입니다. 하지만 가정엔 리필도 교환도 없습니다. 5년, 10년 싸우다 20년쯤 되면 '저 사람은 나 아니면 안 되겠다' 라는 것을 알게 됩니다. 하나님의 인도하심을, 하나님의 주권을 인정하십시오.

결혼 생활에 있어서도 하나님의 마음을 기억한다면 싸우지 않습니다. 결혼은 스포츠 경기처럼 선수 바꾼다고 해결되는 것이 아닙니다. 내가 바뀌고 내가 변화되면 가정도 변화됩니다.

한 청년이 기도원에 작정기도를 하러 갔습니다. 첫날 그는 "주여, 세계를 변화시켜 주옵소서!"라고 기도했습니다. 하루 종일 기도해도 응답이 없자 다음 날엔 "주여, 이 땅을 변화시켜 주옵소서!"라고 기도했습니다. 역시 응답이 없자 셋째 날엔 "주여, 우리 집안을 고쳐 주옵서소!" 했답니다. 집안이 변화가 없자 나흘째 되는 날에는 "주여, 저 사람을 고쳐 주옵소서!"라고 기도했습니다. 그래도 변화가 없으니 마지막 날 내려가기 전에 "주여, 저를 고쳐 주옵소서!"라고 기도했답니다.

이것이 진짜 기도입니다. 내가 먼저 변화되어야 합니다. 요나를 보세요. 요나 한 사람이 먼저 변했기 때문에 니느웨도 변할 수 있었습니다. 남을, 환경을 핑계 삼고 원망하지 말고 나를 변화시켜 주시도록 기도하십시오. 하나님이 짝 지어 주시고, 하나님이 이끌어 주시고, 하나님이 붙여 주신 사람이 최상이며 최고입니다. 이보다 더 좋을 수는 없는 겁니다.

나는 우리 아내를 존경합니다. 10여 년을 싸우며 지냈지만 지금 저는 제 아내를 존경합니다. 제가 잘되기를 바라고, 우리 가정이 화목하기를 바라는 하나님의 마음을 이해하고 난 후부터 존경하게 됐습니다. 하나님께서는 우리 가정이 화목케 되기를 바라시는데 나는 미워하고 원망하고 싸우기나 해서 되겠습니까? 가정에 더 이상 쓴뿌리를 키우지 말아야겠습니다.

🌳 Blessing of the man serving the lord
쓰임 받는 사람의 축복

인생은 떠남의 과정입니다. 때가 되면 떠나보내십시오. 그것이 행복한 가정을 만드는 성경적인 원리입니다.

부모를 떠나야 합니다

여섯 번째 원리는 부모를 떠나는 것입니다. 여기에서 부모를 떠나라는 말은 불효를 하라는 것이 아니라 '홀로서기'를 하라는 말입니다. 경제적으로, 신앙적으로, 정서적으로, 인격적으로 어른이 되라는 말입니다. 인생은 떠남의 과정입니다. 엄마 뱃속이 편하다고 15달, 20달 그 안에 있을 수는 없습니다. 사람은 때가 되면 떠나야 합니다. 딸은 도둑이라고들 합니다. 딸들이 친정에 한 번씩 다녀갈 때마다 냉장고가 거덜나기 때문에 생긴 말입니다. 친정에 너무 의지하지 마십시오. 결혼을 했다면 부모 의지하지 말고 어른이 되어야 합니다. 부모를 떠나라는 말은 내가 아비 역할을 하고 내가 어미 역할을 하면서 내 가정을 스스로 책임지라는 말입니다. 마마보이들은 엄마하고만 지내려고 합니다. 그렇다면 장가는 뭣 하러 갑니까? 엄마랑 살지, 왜 결혼은 해서 부인 속을 태웁니까? 결혼을 하면 남녀 모두 부모를 떠나는 것이 정석입니다. 그리고 부모는 떠나보내는 것이 당연한 것입니다. 떠나보내십시오. 아들이 아무리 귀하다고 군대를 대신 가 줄 수 없고, 딸이 아무리 귀하다고 시집을 대신 가 줄 수 없습니다. 그냥 때가 되면 떠나보내십시오. 그것이 행복한 가정을 만드는 성경적인 원리입니다.

연합하여 한 몸을 이뤄야 합니다

"이러므로 남자가 부모를 떠나 그의 아내와 연합하여
둘이 한 몸을 이룰 지로다"(창 2:24).

행복한 가정의 일곱 번째 원리는 연합하여 한 몸을 이루는 것입니다. 부부는 공통분모가 많을수록 행복합니다. 부부가 왜 닮아 갑니까? 같이 애기하고, 같은 음식을 먹고, 같은 가치관을 가지고 살아가서입니다. 부부는 같이 기도하는 틈을 얻기 위한 일이 아니고서는 떨어지면 안 됩니다. 될 수 있는 대로 많은 공통분모를 가지고 있어야 부부 관계가 행복합니다. 취미도 배우자가 싫어하면 포기할 줄 알아야 합니다. 둘이 하나가 된다는 것은 같은 취미를 만들고, 같은 식성을 갖는 것입니다. 저는 좋아하는 친구라도 아내가 그 친구를 싫어하면 안 만나려고 합니다. 아내가 싫어하는 일은 안 하는 게 지혜롭습니다. 우리 집에선 선식을 합니다. 하지만 저는 선식을 별로 좋아하지 않습니다. 미숫가루는 가난할 때 먹던 것이라는 기억이 있어서 별로 좋아하지 않습니다. 하지만 아내가 원하기 때문에 저도 선식을 합니다. 부부는 연합체이기 때문에 한 사람이 싫어하면 하지 말아야 하고 한 사람이 원하면 하려고 애써야 합니다. 둘이 연합하여 한 몸을 이룬다는 것은 바로 이런 것을 말합니다. 같이 기도하고 같이 성경 읽고 같이 다니십시오. 그러는 가운데 닮아 가는 것이고 서로를 이해하게 됩니다.

허물을 덮어 주어야 합니다

마지막으로 행복한 가정의 원리는 허물을 덮어 주고 흉을 덮어 주는 것입니다. 벌거벗었으나 부끄럽지 않은 곳이 가정입니다. 집에서는 속옷만 입고 다녀도 됩니다. 집에서 넥타이 매고 자는 사람은 없을 것입니다. 이처럼 가정과 교회는 사람들의 허물을 덮어 주는 곳이 되어야 합니다. 결혼하기 전에는 두 눈 크게 뜨고 배우자를 찾고, 결혼한 후에는 한쪽 눈을 감고 살라는 말이 있습니다. 허물을 찾으려고 하면 한도 끝도 없기 때문에 한쪽 눈을 감으라는 것입니다. 털어서 먼지 안 나는 옷이 어디 있습니까? 사람마다 다 약점이 있습니다. 부부는 그 약점을 보완해 주는 사람이 되어야 합니다.

부부가 재떨이 같은 사람이 되십시오. 재떨이에 재를 떨어 놓으면 나중에 휴지통에 재를 비우면 끝납니다. 누가 나한테 말을 하면 거기서 끝나는 사람이 되어야지 '외신기자', '사진기자', '편집기자'가 되어서는 안됩니다. 누군가 나에게 무슨 말을 해도 내 선에서 끝내고 덮어 버리는 사람이 되어야 한다는 말입니다. 외신기자가 무엇입니까? 다른 곳, 다른 교회의

행복한 가정의 원리는 허물을 덮어 주고 흉을 덮어 주는 것입니다.
결혼하기 전에는 두 눈 크게 뜨고 배우자를 찾고, 결혼한 후에는 한쪽 눈을 감고 살라는 말이 있습니다.

안 좋은 소식을 듣고 와서 얘기해 주는 사람을 말합니다. 그렇다면 편집 기자는 어떤 사람입니까? 들은 얘기들을 짜깁기 하는 사람을 말합니다. 마지막으로 사진기자는 보지도 않은 것을 본 것처럼 얘기하는 사람입니다. 여러분은 가정 생활을 하든, 교회 일을 하든, 재떨이처럼 그 자리에서 듣고 털어 버리는 사람이 되십시오. 남의 허물을 듣고 동네방네 소문 내고 거듭해서 말하고 다니는 것은 지혜가 아닙니다. 사실일지라도 두 번 이야기 하는 것은 지혜가 아닙니다.

제가 어떤 목사님과 교제 중에 좀 얄미운 질문을 하나 했습니다. 그랬는데 그분이 대답을 안 하셨습니다. 저는 노코멘트가 그렇게 좋은 줄 그 때 처음 알았습니다. 이웃 교회의 스캔들을 이야기하면 홍보는 것이 되고, 이야기를 안 하면 거짓말을 하는 것이 되니까 노코멘트하신 겁니다. 가정 생활도 마찬가지입니다. 아내가 남편을, 자식이 부모를 서로 덮어 주는 가정이 되어야 합니다. 어디 가서 가족들 홍보지 마십시오. 설교를 위해 종종 아내 흉을 보기도 하지만 사실 저는 아내를 존경합니다.

지금까지 행복한 가정의 여덟 가지 원리를 말씀드렸습니다. 여러분도 이와 같이 말씀대로 살면 가정이 행복하게 되고 교회가 건강하게 됩니다. 행복한 가정, 행복한 여러분이 되시기를 주의 이름으로 축원합니다.

Blessing of the man serving the lord
쓰임 받는 사람의 축복

남의 허물을 듣고 동네방네 소문내고 거듭해서 말하고 다니는 것은 지혜가 아닙니다. 사실일지라도 두 번 이야기 하는 것은 지혜가 아닙니다.

이는 네 속에 거짓이 없는 믿음이 있음을 생각함이라.

이 믿음은 먼저 네 외조모 로이스와 네 어머니 유니게 속에 있더니

네 속에도 있는 줄을 확신하노라

그러므로 내가 나의 안수함으로

네 속에 있는 하나님의 은사를 불일 듯 하게 하기 위하여 너로 생각하게 하노니

하나님이 우리에게 주신 것은 두려워하는 마음이 아니요

오직 능력과 사랑과 근신하는 마음이니

그러므로 네가 우리 주를 증거와

또는 주를 위하여 갇힌 자 된 나를 부끄러워 말고

오직 하나님의 능력을 좇아 복음과 함께 고난을 받으라

 디모데후서 1장 5~8절

은사를 회복하라

성경에서 하나님이 들어 쓰셨던 사람들의 특징을 보면 자질이나 은사가 탁월했던 사람보다 어딘가 부족하고 부적격한 사람들이 많습니다. 대 사도 바울의 후계자요 초대 교회의 지도자였던 디모데도 그런 사람 중 하나였습니다. 디모데가 과연 사도 바울의 후계자가 될 만한 자격이 있었는지 따져 보면 아주 회의적입니다.

> "이제부터는 물만 마시지 말고 네 비위과 자주 나는 병을 인하여
> 포도주를 조금씩 쓰라"(딤후5:23).

디모데는 몸이 약했던 사람입니다. 비위가 약하고 병이 자주 났던 사람입니다. 그리고 디모데가 사역하던 지역에는 거짓 선생들이 많아서 어려움이 많았습니다. 육체적으로나 환경적으로나 열악한 상태였습니

다. 그런데 어떻게 초대 교회의 강력한 지도자가 되고 바울의 후계자가
될 수 있었을까요?

영적인 부모가 있었습니다

성경에서 하나님이 들어
쓰셨던 사람들의 특징을
보면 자질이나 은사가 탁
월했던 사람보다 어딘가
부족하고 부적격한 사람들
이 많습니다.

> "이는 네 속에 거짓이 없는 믿음이 있음을 생각함이라 이
> 믿음은 먼저 네 외조모 로이스와 네 어머니 유니게 속에 있
> 더니 네 속에도 있는 줄을 확신하노라" (딤후1:15).

첫째로 디모데에겐 영적인 모친, 믿음의 어머니가 있었습니다. 비록
비위는 약하고 병치레가 심해 시원찮은 사람이었지만 디모데의 뒤에는
믿음 좋은 외할머니와 어머니가 계셨습니다. 모태신앙이 그래서 중요합
니다. 아무것도 못하는 것을 농담 삼아 '모태신앙' (못 해 신앙)이라고도
합니다만, 어떠하든 저는 아내를 보면서 모태신앙이 참 좋다는 것을 알
았습니다. 아내를 보면 딱히 은혜 받은 것도, 깨달은 것도 없는데 결정적
으로 아내에게는 신앙의 기복이 없습니다. 모태신앙은 시험이 들고 어
려움이 있어도 믿음의 뿌리가 깊어 흔들림이 심하지 않습니다. 제 아내
의 집안은 교단 총회장이 나오고, 교역자들이 많은 집안입니다. 그러다
보니 그 가계의 기도를 무시할 수가 없습니다. 저도 저희 장모님 기도 덕
을 본 사람입니다.

이처럼 디모데도 자신은 시원찮았지만 믿음 좋은 외할머니와 어머니
를 만난 것이 축복이었습니다. 그런데 왜 하필이면 외할머니와 어머니
일까요? 아버지나 할아버지 얘기는 없고, 왜 집안의 여자들 이야기만 나

오고 있을까요? 아무리 가부장적이고 남성중심적인 사회일지라도 한 집 안에서 여자들이 차지하는 비중을 무시할 수 없습니다. 남자가 강한 것 같지만 알고 보면 여자가 더 강합니다. 재료부터 다르지 않습니까? 남자는 푸석한 흙으로 만들었지만 여자는 남자의 갈비뼈로 만들었습니다. '약한 자여 그대 이름은 남자'라는 말도 있습니다. 의외로 남자들이 단순하고 겁이 많습니다. 하지만 여자는, 어머니는 강합니다.

머리가 나쁜 사람을 닭머리, 새머리라고 합니다. 마당에서 곡식을 쪼고 있는 닭을 쫓으면 멀리 못 갑니다. 도망가다가 자기가 왜 도망가는지 잊어버리고 되돌아와서 다시 곡식을 먹습니다. 그만큼 빨리 잊어버리고 그래서 우리가 머리 나쁜 사람을 닭대가리라고 하는 것입니다. 그런데 새끼가 있는 암탉은 다릅니다. 암탉은, 자기 새끼들에게 자기보다 강한 강아지만 다가가도 독수리처럼 사납게 달려들어 병아리들을 지킵니다. 자식에 대한 엄마의 존재감은 이렇듯 위대합니다. 집안에 여자, 어머니가 중요하고, 그의 믿음과 기도가 중요한 것은 모두 이 때문입니다. 자식한테 많은 유산은 못 물려줘도 기도하는 할머니, 기도하는 어머니면 충분합니다. 디모데가 목회자로 성공할 수 있었던 요인도 믿음의 유산을 받았기 때문이었습니다. 그만큼 큰 축복이 또 어디 있겠습니까?

성경에 어머니를 잘 만난 사람들은 디모데 외에도 많습니다. 사무엘의 어머니가 누굽니까? 한나입니다. 다윗의 증조모가 누구입니까? 룻입니다. 모세의 배후에도 다섯 명의 훌륭한 여인들이 있었습니다. 모세는 태어나자마자 죽을 뻔했던 사람입니다. 그런데 십보라라는 산파가 모세를 죽이지 않고 살려 둡니다. 그리고 누나 미리암이 모세를 끝까지 따라

Blessing of the man serving the lord
쓰임 받는 사람의 축복

자식한테 많은 유산은 못 물려줘도 기도하는 할머니, 기도하는 어머니면 충분합니다. 디모데가 목회자로 성공할 수 있었던 요인도 믿음의 유산을 받았기 때문이었습니다.

가 공주와 자기의 친모를 연결시킵니다. 그리고 강가에서 누가 모세를 건집니까? 시녀였습니다. 그리고 모세를 본 공주가 측은한 마음이 들어 데려다 키우기로 작정합니다. 마지막으로 모세의 엄마 요게벳이 유모로 들어가 모세를 믿음으로 키워 민족의 지도자로 만듭니다. 이처럼 하나님이 쓰신 사람들을 보면 모태가 강하다는 사실을 알 수 있습니다. 그러니까 내가 아이들한테 물려줄 것이 없다고 낙심하지 마시고 '하늘의 유산', 신앙의 유산을 물려주십시오. 그것만큼 소중한 것이 없습니다.

디모데는 자랑할 것이 없는 사람이었습니다. 비위도 약했고, 병도 잦았고, 자질상, 은사상 내세울 게 없는 사람이었지만 외할머니의 기도와 어머니의 기도가 그를 위대하게 만들었습니다.

영적인 지도자를 만나야 합니다

디모데가 받은 두 번째 축복은 영적인 지도자를 잘 만났다는 것입니다. 2절에 보니까 바울이 '사랑하는 아들 디모데에게' 라고 말하고 있습니다. 바울은 디모데의 영적인 아버지였습니다. 바울은 결혼을 안 했기 때문에 자녀가 없었습니다. 그래서 디모데를 자신의 영적인 아들로 삼았는데 이것이 디모데에게는 큰 축복이 되었습니다.

사람은 누구를 만나느냐가 참 중요합니다. 사람은 만남을 통해서 복을 받기도 하고 저주를 받기도 합니다. 하나님께서는 징계하실 때도 사람을 통해, 만남을 통해 하십니다. 사람 막대기, 인생 채찍을 통해서 징계하십니다. 그래서 하나님께서 우리에게 복을 주실 때는 좋은 부모님, 좋은 친구, 좋은 만남을 주십니다.

콩 심은 데 콩 나고 팥 심은 데 팥 납니다. 사람은 환경의 영향을 받기 때문에 누구의 그늘에서 자라느냐가 매우 중요합니다. 세계에서 석유 매장량이 두 번째로 많고, 문명이 발달하고 살기 좋은 나라가 이라크입니다. 그런데 최근 조사한 바에 따르면 세계에서 가장 위험한 도시가 바그다드라고 합니다. 왜 그렇게 됐습니까? 지도자를 잘못 만나서 그런 겁니다. 이라크 지도자였던 후세인 전대통령 때문에 백성들이 고통을 당하는 겁니다. 지도자가 누구냐에 따라서 나라의 흥망(興亡)과, 백성의 행복이 달라집니다. 지도자를 위해 기도하는 것은 이 때문입니다. 우리 자녀들이 살아가면서 좋은 벗을 만나고, 좋은 선생님을 만나고, 좋은 목자를 만나는 게 얼마나 축복인지 모릅니다.

디모데가 잘한 것이 있다면 영적인 지도자를 잘 만난 것입니다. 인구에 회자되는 우스개 이야기로 나폴레옹과 관련된 예화가 하나 있습니다. 나폴레옹이 군사를 이끌고 알프스를 넘어가는데 정상까지 힘들게 올라가고 보니까 잘못 올라간 것이었습니다. 다시 내려와 또 다른 산을 열심히 올라갔지만 정상에 도착해서 둘러보니 역시 아니었습니다. 지도자가 두 번 오판하는 사이에 군사들, 백성들은 다 죽습니다. 지도자 한 사람이 오판(誤判)하면 백성들이 고통당할 수 있기 때문에 지도자의 위치는 그만큼 중요합니다.

우리 모두는 지도자입니다. 가정에서 교회에서 나름의 지도자 위치에 있습니다. 그래서 사람들은 누구든지 리더십을 갖춰야 합니다. 좋은 엄마, 좋은 선생님이 되어야 하기 때문입니다. 그러할 때 그 슬하에 있는 사람이 복을 받습니다.

아브라함도 복을 참 많이 받은 사람입니다. 특별히 며느리를 잘 들였습니다. 아들 이삭을 보면 거기서 복이 끝났어야 합니다. 이스마엘에게 희롱당하고 우물 뺏기는 '은사'나 받은 사람이 이삭 아닙니까? 그렇게 시원찮고 약했던 이삭이 아내를 잘 만나서 그 가계는 일어납니다. 아브라함의 종 엘리에셀이 리브가를 우물가에서 처음 만나 물을 달라고 했을 때 리브가는 엘리에셀에게뿐만 아니라 낙타에게까지 물을 줍니다. 나그네를 손대접할 줄 아는, 마음이 따뜻하고 부드러운 여자였습니다. 뿐만 아닙니다. 낙타 10마리에게 줄 많은 물도 다 길어다가 줍니다. 30m나 되는 우물에서 물을 기르려면, 그것도 가축을 먹일 수 있는 많은 양의 물을 기르려면 좀처럼 힘이 세지 않고서는 불가능합니다. 그러나 웬만한 아가씨들의 기력으로는 힘든 그 일을 리브가는 합니다. 일종의 신체검사 통과가 아니었나 싶습니다. 리브가는 오늘날의 건강 미인이지 않았겠나 생각합니다.

Blessing of the man serving the lord
쓰임 받는 사람의 축복

우리 모두는 지도자입니다. 가정에서 교회에서 나름의 지도자 위치에 있습니다. 그래서 사람들은 누구든지 리더십을 갖춰야 합니다. 좋은 엄마, 좋은 선생님이 되어야 하기 때문입니다. 그러할 때 그 슬하에 있는 사람이 복을 받습니다.

리브가의 영적 분별력도 신랑 이삭보다 나았던 것 같습니다. 하나님께서 분명 "큰 자가 작은 자를 섬기리라."고 말씀하셨는데도 이삭은 장자인 에서를 사랑합니다. 그런데 그것을 바로 잡은 사람이 리브가입니다. 이삭이 에서에게 복을 주려 하자 리브가가 나서며 성급히 야곱을 부릅니다.

"야곱아 네가 들어가서 복을 받도록 해라."

하지만 야곱은 그 당시 조용한 아이였습니다. 계집애처럼 늘 집에서 엄마 꽁무니만 쫓아 다녔던 사람이었습니다.

"축복은 고사하고 저주받으면 어쩌려고……."

소심했던 야곱은 들어가려고 하지 않습니다. 그러나 리브가는 야곱을 설득해서 이삭에게 들여보냅니다.

"저주는 내가 다 받을테니까 축복은 네가 다 받아라."

리브가는 또한 전문 요리사였습니다. 순식간에 이삭을 위한 별미를 만들어 냅니다. 그리고 탁월한 분장가이기도 했습니다. 에서가 원래 털이 많은데 비해 야곱의 피부는 매끈했습니다. 그래서 리브가는 양을 잡아 가지고 분장을 하고 코디를 해서 이삭에게 들여보내는 데 성공합니다. 얼마나 탁월한 여자입니까? 아브라함의 며느리가 영적인 분별력을 가지고 있었기 때문에 그 집안이 천대까지 복을 받을 수 있지 않았을까요?

가정이든 교회든 지도자들을 잘 만나야 합니다. 좋은 모태, 훌륭한 인격의 지도자를 만나는 것이 중요합니다. 훌륭한 지도자는 태어나는 게 아니고 만들어집니다. 좋은 지도자는 역사적 사명을 띠고 처음부터 태어나는 게 아니라 기도를 통해 만들어집니다. 세월 속에서 다듬어지고, 때를 따라 만들어지므로 교회는 사역자를 위해 기도하고, 인재를 발굴하고, 키워야 하며, 또 그리스도인들 스스로 인재가 되도록 힘써야 합니다.

훌륭한 지도자는 태어나는 게 아니고 만들어집니다. 좋은 지도자는 역사적 사명을 띠고 처음부터 태어나는 게 아니라 기도를 통해 만들어집니다.

청결한 양심, 거짓 없는 믿음이 있어야 합니다

세 번째, 디모데에게는 청결한 양심, 거짓 없는 믿음이 있었습니다. 마음의 바탕, 즉 마음밭이 좋았습니다.

"나의 밤낮 간구하는 가운데 쉬지 않고 너를 생각하여 청결한 양심으로 조상
적부터 섬겨 오는 하나님께 감사하고"(딤후1:3).

바울이 디모데의 청결한 양심에 대해서 이야기하고
있습니다. 그리고 계속해서 네 속에 거짓이 없는 믿음
이 있음을 생각한다고 말합니다.

Blessing of the man serving the lord
쓰임 받는 사람의 축복

하나님이 쓰시는 사람은
깨끗한 사람입니다.
노아는 순전(純全)한 자
였고, 갈렙은 온전(穩全)한
자였습니다. 그리고 다윗
은 정직한 자였습니다.

"이는 네 속에 거짓이 없는 믿음을 생각함이라 이 믿음은
먼저 네 외조모 로이스와 네 어머니 유니게 속에 있더니 네
속에도 있는 줄을 확신하노라"(딤후1:5).

하나님께서 디모데를 쓰신 이유는 마음 바탕이 좋았기 때문입니다. 하
나님이 쓰시는 사람은 깨끗한 사람입니다. 하나님께서는 우리가 '깨끗한
그릇'이길 원하십니다. 한 시대를 이끌었던 노아, 갈렙, 다윗이 그랬습
니다. 노아는 순전(純全)한 자였고, 갈렙은 온전(穩全)한 자였습니다. 그
리고 다윗은 정직한 자였습니다. 그래서 하나님께서 들어 사용하신 것
입니다. 성경은 우리 마음이 어린아이 같아야, 옥토(沃土) 같아야 한다고
말합니다. 어린아이처럼 순전하고, 옥토처럼 부드러워야 하는 것입니
다. 구약 성경의 바로가 망한 것은 강퍅했기 때문입니다. 속이 더러운 사
람은 주님이 재림할 때까지 갑니다. 그런 사람이 집사가 되고 권사가 되
고, 지도자가 되면 골치만 아픕니다. 자기도 안 되고 남도 못되게 하기
때문입니다.
디모데전서 3장에 감독과 집사의 자격이 나옵니다. 칭찬받고, 단정하
고, 남을 잘 섬기는 것이 감독과 집사로서의 자격입니다. 한마디로 '인

간이 되라'는 것입니다. 먼저 인간이 되어야 그 사람이 목사가 되어도 좋은 목사가 되고, 권사가 되어도 좋은 권사가 됩니다. 하나님께서는 순전하고 온전하며 정직한 사람을 들어 쓰시는데 디모데가 그런 사람이었습니다. 병약해도 디모데에게는 청결한 양심, 거짓 없는 믿음이 있었습니다. 머리 좋고, 재주 좋다고 쓰임받는 것이 아니고 순전하고, 정직하고, 온전한 사람, 어린아이 같은 사람이 쓰임을 받습니다. 여기서 어린아이 같다는 것은 의존적이라는 말을 달리 표현한 것입니다. 다시 말해 어린아이 같은 사람이 쓰임을 받을 수 있다는 것은 어린아이처럼 하나님께 의존적인 사람을 하나님께서 좋아하신다는 얘깁니다.

두 번째 어린아이 같다는 말은 순전하다는 말입니다. 저는 요셉이 위대했던 것도 총리가 되어서가 아니고 보디발의 집에 있었을 때 머슴살이를 잘하고, 감옥에 잡혀 갔을 때 죄수 역할을 잘했기 때문이라고 생각합니다. 그는 주어진 환경에서 신세 한탄하지 않고 어떤 곳에서도 잘 견뎠고 그래서 위대해질 수 있었습니다. 어딜 가도 체면, 자존심 안 따지고 원망, 짜증 없이 살았던 사람이 요셉이었습니다. 또한 요셉은 친화력도 대단했습니다. 그리고 마음이 어린아이처럼 순전하고 유연했습니다. 이처럼 어린아이와 같아야 한다는 것은 부드럽고 유연하고 수용적인 사람이 되라는 것입니다.

Blessing of the man serving the lord
쓰임 받는 사람의 축복

어린아이 같은 사람이 쓰임을 받을 수 있다는 것은 어린아이처럼 하나님께 의존적인 사람을 하나님께서 좋아하신다는 얘깁니다.

하나님은 또한 정직한 사람을 쓰십니다. 정직하다는 것이 무엇입니까? 컵을 깨놓고 "이 컵 내가 깼다."고 시인하는 것이 정직입니다. 죄가 없는 사람이 정직한 사람이 아니고 죄를 지어도 하나님 앞에 솔직하게 시인하고, 자복하는 사람이 정직한 사람입니다. 다윗이 바로 그런 사람이었습니다.

하나님이 주신 은사가 있었습니다

"그러므로 내가 나의 안수함으로 네 속에 있는 하나님의 은사를 다시 불일 듯 하게 하기 위하여 너로 생각하게 하노니"(딤후1:6).

디모데가 쓰임 받은 네 번째 비결은 하나님이 주신 은사가 있었기 때문입니다. 은사가 무엇입니까? 하나님이 주신 선물입니다. 하나님이 주신 바로 그 재주와 능력이 디모데에게 있었습니다. 하나님께서 이 세상에 사람을 보내실 때는 다 사랑받고, 축복받고, 어디를 가든 사람 구실하면서 밥 먹고살 수 있는 탤런트(Talent), 재주, 밑천, 은사를 주셨습니다. 만일 은사가 없다면 은사가 없는 것이 은사일 것입니다. 사람마다 자기 속에 하나님의 선물 보따리, 은사가 들어 있는데 그 '보물'을 발견하고 회복하는 사람이 성공한 사람입니다.

> 만일 은사가 없다면 은사가 없는 것이 은사일 것입니다. 사람마다 자기 속에 하나님의 선물 보따리, 은사가 들어 있는데 그 '보물'을 발견하고 회복하는 사람이 성공한 사람입니다.

"무릇 있는 자는 받아 풍족하게 되고 없는 자는 그 있는 것까지 빼앗기리라"
(마 26:29).

영적으로도 〈빈익빈 부익부〉원리가 있습니다. 즉 우리가 성실히 믿음 생활 잘하고 열심히 기도하면 우리 안에 있는 은사가 불일 듯 일어납니다. 작은 것이 큰 것이 되고, 가속도가 붙고, 탄력이 생깁니다. 그런데 이 과정에서 가장 중요한 것은 내 안에 은사가 있다는 것을 인정하는 일입니다. 저는 상대방의 얼굴을 똑바로 못 쳐다볼 만큼 열등감이 심했던 사람입니다. 그런데 성경을 통해 제가 바보가 아니고 제 안에도 재능과 은사가 있다는 사실을 알게 됐습니다. 여러분도 여러분 안에 은사가 있다는 것을 믿으시기 바랍니다. 교육 심리학자 길포드의 말에 따르면 사람 속에는 은사가 기본적으로 133가지가 있다고 합니다.

하나님은 공평하신 분입니다. 송명희 시인이 하나님을 공평하시다고 하면 우리들은 복이 터진 사람들입니다. 어떤 집회에서 송명희 시인이 찬양을 하는 것을 봤는데, 그녀의 열창에 은혜를 받았습니다. 뇌성마비 지체 장애우가 그렇게 뜨겁게 찬양을 하는데 사지백체(四肢百體) 멀쩡한 우리가 시들하게 찬양하면 그것은 직무유기에 다름 아닙니다. 은사를 땅에 묻어 두지 마십시오. 하나냐, 둘이냐, 다수냐의 문제가 중요하지 않습니다. 은사에 크고 작은 것은 없습니다. 좋고 나쁜 것도 없습니다. 하나님이 주신 것은 다 좋은 것입니다. 또 하나님은 공평하시기 때문에 세상에 인물도 좋고, 머리도 좋고, 집안도 좋고, 건강도 좋은 사람은 없습니다. 인물이 좋으면 머리가 좀 부족하거나, 집안이 좋으면 약하다거나 합니다. 좋은 것이 있으면 안 좋은 것도 있다는 겁니다. 그러니까 하나님이 주신 은사대로 감사하며 사십시오. 좋은 것은 감사하고, 안 좋은 것은 안 하면 됩니다.

"하나님께서 지으신 모든 것이 선하매
감사함으로 받으면 버릴 것이 없나니" (딤전 4:4).

"하나님의 은사와 부르심에는 후회하심이 없느니라" (롬 11:29).

하나님이 주신 것은 버릴 것이 없습니다. 또한 하나님의 은사와 부르심엔 후회가 없습니다. 여러분 속에 있는 것을 사랑하십시오. 성격도 마찬가지입니다. 좋은 성격, 나쁜 성격이 따로 있지 않습니다. 사람의 성격에는 크게 내성적인 성격과 외향적인 성격, 두 가지가 있습니다. 내성적인 사람은 모임을 참석하거나 쇼핑을 하고 나면 피곤합니다. 그만큼 신경이 예민하기 때문입니다. 사기당하지 않으려고, 바보 소리 안 들으려고 신경을 쓰기 때문에 에너지가 많이 소모되는 체질의 사람들을 내성적이라고 합니다. 소심하고 내성적인 사람은 쇼핑을 할 때도 우유부단합니다. 물건 하나 사려고 해도 1층부터 4층까지 이 잡듯이 뒤지고 기껏 골라도 결국 잘못 사와서 바꾸러 갑니다. 외출하고 돌아와서 급격하게 피곤을 느끼는 사람은 보나마나 내성적인 사람입니다.

반면에 외향적인 사람은 돌아다니면 돌아다닐수록, 말을 하면 할수록 힘이 나는 사람입니다. 이런 사람은 집에만 있으면 아픕니다. 심방 다니고 전도 다녀야 힘이 납니다. 내성적인 사람이 내는 화는 무섭지만 외향적인 사람은 화를 내도 오래가지 않습니다. 물론 두 가지 성격 중 더 좋은 것이 있는 것은 아닙니다.

영화 〈대부:代父, The Godfather〉(미국에 살고 있는 이태리-시실리섬 출신의 이민자들이 미국 사회의 저변에서 살아 남기 위해 조직한 범죄 단체 '마피아'의 피비린내 나는 싸움을 그린 대서사시.-편집자 주)에서 대부의 많은 아들 중, 대부 권한을 승계하는 아들은 그 집의 막내아들입니다. 막내 마이클은 형들과는 달리 음악회, 연주회 같은 것을 좋아하던 조용한 아이였습니다. 그런데 이 아들이 결정적인 순간에 아버지를 구합니다. 형들이 급한 성격 때문에 다 죽고 피살되지만 조용해 남자답지 못했던 막내는 특유의 차분함을 무기로 해서 아버지에 이은 제2의 대부가 됩니다. 이 이야기를 통해 제가 깨달은 것이 있습니다. 아무리 모자라고 부족해도 그 사람이 가진 특징이 있고, 그것이 약점이라도 주님께서 그 약점을 쓰시면 그것이 곧 강점이고 은사가 된다는 것입니다. 똑똑하고, 명문가(名文家) 자녀라고 해서 성공하는 것이 아니더란 것입니다. 자신의 성격 때문에 고민하지 마십시오. 하나님께서는 기질대로, 성격대로, 은사대로 쓰십니다. 대범한 사람은 대범하게, 소심한 사람은 소심하게 쓰십니다. 우리는 그냥 주신 대로, 받은 대로 감사하면 됩니다.

저는 '쩨쩨한' 사람입니다. 남자들은 이 말 듣는 것을 아주 싫어하지만 그것이 사실이고 현실이면 인정하고 받아들이는 것이 유익합니다. 저도 예전에는 이 말이 듣기 싫고 불편하기만 했는데 신학하고, 목회하면서 사실을 부정할 필요가 없다는 것을 알았습니다. 성경을 읽을 때도 쩨쩨하고, 꼼꼼하고, 세밀하게 보기 때문에 설교할 내용 찾기도 수월합니다. 그래서 농담 삼아 "쪼잔하니까 단어에 은혜 받고, 문맥에 은혜 받는다."고 합니다. 저는 제가 가진 목사로서의 자질 중에 '쪼잔' 하고 치사한 것에 대해 감사합니다. 쩨쩨하니까 눈치로도 교인들 얼굴만 봐도 기도 제목을 알 수 있습니다.

Blessing of the man serving the lord
쓰임 받는 사람의 축복

아무리 모자라고 부족해도 그 사람이 가진 특징이 있고, 그것이 약점이라도 주님께서 그 약점을 쓰시면 그것이 곧 강점이고 은사가 된다는 것입니다.

저는 목회하면서 제일 어려웠던 것이 사투리였습니다. 언젠가는 선배 목사님께서 제 경상도 사투리가 심하다며 서울에서의 목회는 어렵겠다고 하신 적이 있습니다. 그래서 제가 그랬습니다.

"서울 갈 생각 없는데요."

제가 하는 설교는 서울말이 아니라 시골 분위기 나는 사투리에서 힘이 나오는 것을 알기 때문입니다. 설교자의 어투가 다양하듯 사투리도 개성이라고 생각합니다. 개성은 '나'를 차별화, 특성화시켜 줍니다. 처음엔 시골 출신인 것이, 사투리를 쓰는 것이 너무 창피했는데 그래서 서울말을 써 보려고도 했는데 더 '이상합니다'. 그때부터 생긴 대로, 주신 대로 살기로 했습니다. 제가 창피하게 생각하면 자신감도 없어지고 점점 주눅 들지만 감사함으로 받으면 부끄러운 것도 없고, 창피한 것도 없습니다. 하나님이 주신 것은 다 좋은 것이기 때문입니다.

은사가 불 일듯 해야 합니다

"네 속에 있는 하나님의 은사를 불일 듯 하게 하기 위하여 너로 생각하게 하노니"(딤후1:6).

'은사를 불 일듯 하게 하기 위하여'라고 했습니다. 이것이 하나님께서 디모데를 쓰신 다섯 번째 비결입니다. 은사를 불 일듯 한다는 말은 은사가 불붙은 것 같다는 뜻입니다. 성령의 역사를 불의 역사라고 합니다. 성령이 임할 때 불같이 임했다고 하는 것도 이 때문입니다. 불같이 역사하시는 성령님께서 우리 안에 임하시면 더러운 것을 다 태워 버리십니다. 성령이 임하시면 영안이 열리고 지혜가 오고 가슴에 불이 붙습니다. 여기서 불은 에너지이고 열정입니다. 세계적으로 성공한 사람들에게서 발견되는 공통점을 보면 그들에게는 한결같이 '열정'이 있었습니다. 열정, 에너지가 그 사람을 밀어붙이는 힘입니다. 열정은 하나님의 은사도 불붙게 합니다. 하나님은 사랑하는 자에게 불을 주시고, 열정을 주십니다. 그리고 열정이 있는 사람은 무엇이든지 잘합니다. 하지만 열정이 없으면 은사도 성령도 사라지고 사람도 '시들해져' 버립니다.

하나님의 능력, 사랑, 근신하는 마음이 있었습니다

하나님께서는 우리에게 세 가지 마음, 즉 능력, 사랑, 근신하는 마음을 주셨습니다. 우리의 마음에는 하나님이 주신 능력이 잠재되어 있는데 기도할 때 그 능력이 불 일듯 일어납니다. 여러분 안에 능력이 있다는 것을 믿으십시오.

하나님께서는 능력과 함께 근신하는 마음도 주셨습니다. 하나님이 주신 능력을 절제하라는 것입니다. 능력이 아무리 많아도, 은사가 아무리 많아도 절제하지 못하면 아무 소용이 없습니다. 절제되지 못한 능력은 악하게 쓰일 위험이 있습니다. 솔로몬은 '사랑받는 자', 여디디아라는 이름을 가지고 있었지만 그 사랑을 절제하지 못해서 문제가 됐습니다. 구약의 역사를 보면 그 부흥의 가도가 다윗의 때 최고였다가 솔로몬 때부터 내려가기 시작합니다. 솔로몬의 아내가 1,000명이었습니다. 절제를 못한 솔로몬 때에 이방에서 시집온 아내들로 인해 산당이 세워지고 나라는 사양길을 걷게 됩니다. 다시 말해 솔로몬이 사랑을 제대로 건사하지 못했기 때문입니다. 사랑을 받아도 능력을 받아도 근신하는 마음, 절제를 잃어버리면 위험합니다. 은혜를 받고 성령 충만을 받은 사람은 규모가 있고 절제가 되는 사람입니다.

복음과 함께 고난을 받아야 합니다

마지막으로 사도 바울이 디모데에게 하는 말을 살펴봅시다.

> "그러므로 네가 우리 주의 증거와 또는 주를 위하여 갇힌 자 된 나를 부끄러워 말고 오직 하나님의 능력을 따라 복음과 함께 고난을 받으라"(딤후1:8).

사도 바울이 디모데에게 마무리하기를 '잘 먹고 잘 살라' 고 하지 않습니다. 하나님의 능력을 따라 복음과 함께 고난을 받으라고 말합니다. 세상에 고난을 좋아하는 사람은 없습니다. 그런데 지금 성령의 감동으로 사랑하는 영적인 아들 디모데에게 편지를 쓰고 있는 바울이 고난을 받으라고 합니다.

오늘날 한국 교회의 권능이 약해진 데에는 고난을 기피하고 싫어한 데 그 이유가 있습니다. 그러나 고난 받고 어렵고 불편한 것을 저주받은 것처럼 생각하면 즉 고난이 없으면, 축복도 권능도 없다는 것을 명심하십시오. 복음으로 인해 고난을 즐기고 가난을 최고의 스승으로 여기고 기도해야 권능을 받습니다.

고난을 즐거워하십시오. 고난받는 삶을 감사히 여기십시오. 우리가 고난을 이겨낼 때 우리 인생은 더욱 담대해지고 아름다워집니다.

사람은 경험상 힘들고 병들고 가난한 시기를 지날 때 기도를 많이 합니다. 그러면서 험난한 시기가 오히려 축복인 것을 알게 됩니다. 그런데 편안하고 부요해져서 신앙생활이 좀 수월하다 싶으면 고난이 안방까지 들어옵니다. 그게 영적인 원리인 것 같습니다. 여러분도 큰 축복을 원하신다면, 쓰임받기를 원하신다면 복음과 함께 고난을 받는 데 주

저하지 마시기 바랍니다. 복음과 함께 고난을 받으려고 기도하고 다짐하는 사람은 하나님께서 순전하게 인도해 주십니다. 그러나 안일하고 편해지려 하면 그 이기심으로 인해 고난이 찾아옵니다. 자기 목숨을 버리는 자가 복을 받는다고 했습니다. 우리의 자식들이 잘되기를 바란다면 우리는 하나님 앞에서 고난을 감당할 수 있게 해달라고 기도해야 합니다. 오늘날 한국 교회의 권능이 약해진 데에는 고난을 기피하고 싫어한 데 그 이유가 있습니다. 그러나 고난받고 어렵고 불편한 것을 저주받은 것처럼 생각하면 즉 고난이 없으면, 축복도 권능도 없다는 것을 명심하십시오. 복음으로 인해 고난을 즐기고 가난을 최고의 스승으로 여기고 기도해야 권능을 받습니다. 능력을 받고 축복을 받고 싶으시면 주님 앞에 무릎을 꿇으십시오. 복음과 함께 고난을 자처해야 합니다.

유태인들은 지금도 초막절을 지킨다고 합니다. 아무리 잘사는 사람들도 초막절에는 초막에 들어가서 박한 음식을 먹고 금식을 하면서 조상들이 겪었던 고난을 경험한다고 합니다. 신앙생활이 약해지는 것은 고난을 저주로 생각하고 편하게만 살려고 하니까 그렇습니다. 이젠 고난을 즐거워하십시오. 고난받는 삶을 감사히 여기십시오. 우리가 고난을 이겨낼 때 우리 인생은 더욱 담대해지고 아름다워집니다.

하나님께서는 병약한 디모데에게 은사를 주시고 그것을 불 일듯 하게 하셨던 것처럼 우리에게도 각양 다양한 은사들을 주셨습니다. 그리고 그것을 통해 일하고 계십니다. 그것을 믿으십시오. 내 안에 주신 탤런트를 발견하고 회복하십시오. 그리고 주의 영광을 위해 사용하십시오. 그러면 하나님께서 은사 위에 은사를 더하실 것입니다.

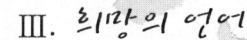

III. 희망의 언어

서로 이르되 꿈꾸는 자가 오는 도다

 창 37장 19절

꿈꾸는 자의 영성

구약 성경의 요셉은 꿈꾸는 사람으로 유명합니
다. 하나님께서는 축복을 주시기 전에 먼저 꿈을 주
십니다. 쓰임받는 사람, 될 사람, 복을 받을 사람은
꿈이 다르고, 그가 가진 욕심이 다릅니다. 결정적으
로 안될 사람은 '꿈'이 없습니다.

물론 꿈을 이루어 가는 과정에서 환난이 없을 수
는 없습니다. 요셉도 그랬습니다. 창세기 37장 20절
에 보면 형들이 요셉을 두고 모의를 하는 장면이 나
옵니다.

🌱 Blessing of the man serving the lord
쓰임 받는 사람의 축복

> 우리가 하나님께서 주신
> 감동을 따라 소원을 가지
> 고 하나님 앞에 나아가 기
> 도할 때 그것이 곧 꿈이
> 됩니다. 꿈은 내가 붙잡고
> 살아가는 것 같지만 사실
> 은 꿈이 나를 붙잡고 살아
> 가는 것입니다.

"자, 그를 죽여 한 구덩이에 던지고 우리가 말하기를 악한 짐승이 그를 잡아먹
었다 하자 그 꿈이 어떻게 되는 것을 우리가 볼 것이니라 하는지라" (창 37:20).

꿈 얘기만 하는 요셉을 두고 형들이 그의 꿈이 실현되는지 보자고 합니다. 그러나 핍박받던 요셉, 그의 꿈이 이루어져 가는 과정이 바로 요셉의 생애가 됩니다.

꿈을 주시는 하나님

우리가 하나님께서 주신 감동을 따라 소원을 가지고 하나님 앞에 나아가 기도할 때 그것이 곧 꿈이 됩니다. 꿈은 내가 붙잡고 살아가는 것 같지만 사실은 꿈이 나를 붙잡고 살아가는 것입니다. 그래서 꿈이 중요합니다. '꿈'에는 두 종류가 있습니다. 'Dream'과 'Vision'인데, Dream은 잠을 자다 꾸는 꿈이고, Vision은 하나님께서 나에게 심어준 꿈입니다. Dream은 아침에 일어나면 사라지지만 Vision은 포기할 수 없는 것, 몸이 아파도, 하기 싫어도 해야 하는 것입니다. 그런데 하나님이 주신 꿈, Vision은 세상에서 통상적으로 쓰는 야망과는 구별됩니다. 그렇기 때문에, 하나님께서 주신 것이기 때문에 포기할 수 없는 것입니다. 그 꿈 때문에 고난을 받기도 하지만 결국엔 그 꿈이 내 인생을 업그레이드시킵니다.

사람은 무엇을 생각하고 무슨 꿈을 꾸며 사느냐에 따라 그 사람에 대한 가치 평가가 달라집니다. 머릿속에 꿈이 있고, 비전이 있고, 기도 제목이 있는 사람은 지금 당장 서글픈 삶을 살아도 갱생하는 힘을 과시합니다. 하지만 아무리 등 따시고 배부르게 살아도 머릿속에 아무것도 없는 사람은 그 삶도 아무것도 아닙니다. 꿈이 없는 사람은 아무리 인물이 훤하고 똑똑해도 허사입니다. 그래서 사람은 어떤 꿈을 꾸고 살아가느냐가 매우 중요합니다. 하나님의 말씀을 들을 때 가슴속에 '나도 그렇게 살아가야겠다' 는 꿈을 품어야 합니다. 세상의 야망은 상처를 주고, 사람을 우울하게 만들지만 거룩한 야망은 우리를 담대케 합니다.

　세속적인 야망이 강했던 요셉의 형들은 요셉의 꿈을 우습게 여기고 그를 우물에 빠뜨리고 팔아먹지만, 세월이 흐르고 거룩한 야망의 소유자였던 요셉이 애굽의 총리가 되었을 때 목숨을 구걸하는 신세가 됩니다. 정말 꿈대로 되는지 보자고 했다가 꿈대로 되는 일이 일어난 것입니다. 꿈을 무시하지 마십시오.

　예전에 우리는 기도할 때 "주여! 꿈을 주시옵소서. 비전을 주시옵소서."라고 기도했지만 이제는 한 단계 업그레이드가 됐습니다. "비션(Vission)' 을 주시옵소서."라고 기도해야 합니다. 비션(Vission)이란 하나님이 주신 꿈, 비전(Vision,비전·꿈)과 미션(Mission,사명)이 합쳐진 말입니다.

　꿈이 있고, 사명이 있는 사람은 죽지 않습니다. 죽고 싶어도 하나님이 그 꿈을 다 이루시기 전까지는 안 데려가십니다. 꿈을 주시는 하나님, 내 속에 소원을 두고 행하시는 하나님께서는 그 꿈을 능히 이루시고 성취하시고 내 인생의 마지막 마침표를 찍을 때까지 책임지십니다. 하나님은 내 소원을 이루시고 영광 받으시는 분이기 때문입니다.

　그렇다면, 하나님께서 꿈을 통해 내 인생을 연출해 가시는데 그 인생 무대에서 나는 어떻게 살아야 할까요?

　　한 청년이 있었습니다. 이 청년은 한국의 꿈꾸는 요셉과 같은 사람인데 그분의 아버지는 머슴이셨습니다. 머슴 출신의 아버지는 자식들에게도 공부해서 뭐하겠느냐며 어릴 적부터 일을 시키고 교육하지 않아 이 청년의 형제들 중에는 고등학교를 졸업한 사람이 없답니다. 청년은 일찍이 서울에 올라와서 구두닦이를 했는데 그때 새벽 기도를 열심히 나간 것 같습니다. 새벽 기도를 하던 어느 날 이 청년의 가슴에 꿈이 생겼습니다. '유학을 갔으면 좋겠다' 라는 꿈이었습니다. 고등학교도 못 나왔고 영어도 못하지만, 또 가난한 구두닦이지만 꿈은 누구나 꿀 수 있지 않습니까? 꿈을 꾸며 기도를 하는 중에 하나님께서 지혜를 하나 주셨습니다. "편지를 써 봐라" 그때가 60년대였는데 우리나라가 무척 가난했던 시대였습니다. 그래서 청년이 생각하기를 당시 농업선진국인 덴마크 국왕한테 편지를 쓰면 되겠다 싶어서 국왕 앞으로 편지를 보냈답니다. "국왕폐하! 나는 대한민국의 소년인데 나에게 선행을 베풀어서 나를 귀국의 국비 유학생으로 뽑아 주셨으면 좋겠습니다." 그런데 막상 편지를 쓰긴 했지만 국왕 이름도 모르고 주소도 몰라 막연해 할 때 또 기도를 하다가 하나님께서도 주신 지혜를 얻었습니다. 청년은 백과사전에서 국왕의 이름만 찾아 편지를 보냈습니다. 우리나라에서도 '청와대 노무현 각하' 라고 쓰면 주소를 쓰지 않아도 편지가 청와대로 들어가듯 덴마크 국왕 이름만 써서 보낸 겁니다. 그런데 정말 이 편지가 덴마크 국왕에게 도착되었고 덴마크 국왕 비서실에서 이 편지를 보고 감동을 받아 이 가난한 청년에게 왕복 비행기 티켓을 보내왔습니다. 결국 청년은 국비장학생으로 유학을 가게 됐습니다.

Blessing of the man serving the lord

쓰임 받는 사람의 축복

세상의 야망은 상처를 주고, 사람을 우울하게 만들지만 거룩한 야망은 우리를 담대케 합니다.
꿈이 있고, 사명이 있는 사람은 죽지 않습니다.
꿈을 주시는 하나님, 내 속에 소원을 두고 행하시는 하나님께서는 그 꿈을 능히 이루시고 성취하시고 내 인생의 마지막 마침표를 찍을 때까지 책임지십니다. 하나님은 내 소원을 이루시고 영광을 받으시는 분이기 때문입니다.

소년 시절 농업 선진국인 덴마크에 가서 농업 기술을 배워 우리나라 농업을 발전시킨 바로 이분이 유태영 박사입니다. 유태영 박사는 박정희 대통령 시절 새마을 운동을 기획한 분이기도 합니다. 그분의 자서전과도 같은 『나는 꿈꾸는 청년이고 싶다』라는 책이 있습니다. 유태영 박사는 지금도 여전히 '꿈꾸는 자'이기를 소망하는 사람입니다.

하나님께서는 당신의 종을 바로 삶의 현장에서 부르신 것입니다. 다윗이 국가의 위기 앞에서 담대하게 나아가 골리앗을 쓰러뜨릴 수 있었던 것도 삶의 현장에서 다져진 실력 때문이었습니다.

꿈은 일상에서 주는 것입니다

그렇다면 꿈꾸는 자 요셉은 언제 꿈을 꾸었을까요?

"요셉이 십칠 세의 소년으로 그의 형들과 함께 양을 칠 때에"(창37:2).

요셉은 형들과 양을 칠 때에 꿈을 꾸었습니다. 다시 말해 우리의 꿈도 일상에서, 현장에서 꾸는 것일 때 그 힘과 가치가 생깁니다. 저는 '현장'이라는 말을 좋아합니다. 제가 캠퍼스 사역할 때는 여름마다 의료선교를 다녔는데 선교 현장에 가면 정신이 번쩍 드는 일들이 많았습니다. 의료선교를 하는 그 현장에서 하는 기도는 응답도 빨리 나타났습니다. 아픈 사람 붙들고 기도하면 나았습니다.

그래서 현장에서 손때가 묻고 잔뼈가 굵은 사람은 달라도 다릅니다. 대학을 여러 개 나오고 이론으로 무장한 사람과는 차원이 다릅니다. 우리도 현장감 있는 신앙생활을 해야 합니다. 구약 성경에서 가장 위대한 인물 중 한 사람이 다윗 왕인데 다윗이 언제 부름을 받았는지 아십니까?

들판에서 양을 지키고 있을 때였습니다. 바로 그가 현장을 지키고 있을 때였습니다.

"그 종 다윗을 택하시되 양의 우리에서 취하시며"(시78:70).

다윗은 왕이 되기 위해 엘리트 코스를 밟은 사람이 아니었습니다. 소똥 냄새 나는 마구간에서 스카웃된 사람이었습니다. 하나님께서는 당신의 종을 바로 삶의 현장에서 부르신 것입니다. 다윗이 국가의 위기 앞에서 담대하게 나아가 골리앗을 쓰러뜨릴 수 있었던 것도 삶의 현장에서 다져진 실력 때문이었습니다.

"다윗이 사울에게 고하되 주의 종이 아비의 양을 지킬 때에 사자나 곰이 와서 양떼에서 새끼를 움키면 내가 따라가서 그것을 치고 그 입에서 새끼를 건져내었고 그것이 일어나 나를 해하고자 하면 내가 그 수염을 잡고 그것을 쳐 죽였었나이다"(삼상 17:34~36).

다윗이 사자와 곰과 싸운 경력이 있었기 때문에 골리앗 앞에서도 당당할 수 있었던 것입니다. 사람은 누구든지 현장에서, 일상에서 꿈을 꾸어야하고, 실력을 키워야 하고 프로가 되어야 합니다.

그런데 성경에는 요셉이 형들의 과실을 아버지에게 일렀다는 말이 나옵니다.

"야곱의 약전이 이러하니라 요셉이 십 칠세의 소년으로서 그 형제와 함께

양을 칠 때에 그 아비의 첩 빌하와 실바의 아들들로 더불어 함께하였더니
그가 그들의 과실을 아비에게 고하더라"(창37:2).

저는 처음에 이 부분을 보고 요셉의 인격을 오해했었습니다. 같이 놀
고는 돌아서서 아버지께 고자질하는 게 요셉의 문제라고 생각했습니다.
그런데 지금은 생각을 바꿨습니다. 요셉이 왜 형님들의 과실을 아버지
께 고자질해야 했을까요? 그것은 요셉이 잘못된 일에는 같이 하지 않았
다는 것을 말합니다. 요셉이 성격이 못돼서 그런 것이 아니고 죄짓고 나
쁜 짓하는 데는 안 가고 형들이 잘못하니까 아버지께 이른 것입니다. 하
나님이 주신 꿈을 가지고 살아가는 사람은 거절할 줄도 알아야 합니다.
우리가 왜 복을 받지 못합니까? 잡탕이 되어서 그렇습니다. 하지만 요셉
은 거룩하게 살고자 했기 때문에 나쁜 일에 대해서는 형들과 함께 하지
않았고, 거절할 줄도 알았습니다. 이것이 꿈꾸는 자의 모습입니다.

꿈에는 대가가 있습니다

하지만 요셉이 꿈을 꾸고 어떻게 됩니까? 일이 잘 풀립니까? 아닙니
다. 이제 그의 고난의 삶이 본격적으로 시작되고 있습니다. 그의 꿈에 대
한 대가를 치루는 것입니다. 우리가 꿈을 꾸면 하나님께서는 고난을 먼
저 주십니다. 꿈꾸는 자를 고독하게 하십니다. 아무 대가 없이 복을 받으
면 그게 복인 줄 모르기 때문입니다. 그래서 꿈을 꾸었던 요셉도 그 이후
로 인생이 꼬이기 시작합니다. 형들에게 인신매매를 당하는가 하면 누
명을 쓰고 옥에 갇히기도 합니다.

하지만 성경은 요셉이 '형통했다' 라고 전합니다. 사실 요셉이 형통했습니까? 요셉처럼 되고 싶으십니까? 엄마는 동생 낳다가 돌아가시고, 형님들로부터 버림 받고, 남의 집에서 머슴이나 살고, 그것도 부족해서 스캔들에 휘말려서 감옥에 가는데 그렇게 살고 싶습니까? 아무리 봐도 요셉이 형통하다는 것을 이해할 수 없는데 그럼에도 불구하고 왜 형통이라고 하냐면 그때는 안 좋았어도 시간이 지나면 좋아지기 때문입니다. '형통(亨通)' 이란 사람 보기에 순조롭지 않아 보여도 하나님 보시기에 되는 것을 말합니다.

요셉은 그냥 감옥에 갇히지 않고 왕의 죄수를 가두어 두는 왕실의 감옥에 갇혔었습니다. 2년을 그곳에서 지냈는데 그때 그는 고난도의 훈련을 받게 됩니다. 요셉은 그곳에서 애굽의 고급정보를 가지고 있는 사람들을 만났고, 그 사람들로부터 애굽에 대한 '특수 과외' 를 받았습니다. 요셉은 2년 동안 감옥에서 애굽의 정치, 경제, 사회, 문화에 대해 전문가로 만들어집니다. 이렇게 '인생종합대학 고생학과' 를 졸업한 요셉은 결국 총리가 됩니다. 하나님께서는 요셉을 정확히 서른 살 되는 해에 총리를 만드셨습니다. 끌려가고 팔려가고 감옥까지 갇힌 요셉의 고난은 그에게 있어 망조가 아니고, 하나님께서 형통하게 하시려고 계획하신 축복의 통로였던 것입니다.

우리가 인생을 살아가면서 당장은 감사할 수 없는 일이 많습니다. 어떨 때는 20, 30년이 지나야 감사가 되는 일들이 있습니다. 갈수록 인생이 꼬이고, 이해가 안 되도 하나님께서는 꿈을 반드시 이루십니다. 내가 꿈을 꾸고, 하나님을 의지하고 살아가면 하나님은 반드시 형통하게 하십니다.

이제 꿈을 위해 기도하십시오. 그리고 주시는 꿈을 붙들고 요셉과 같은 형통한 삶을 살아가십시오. 하나님께서는 사랑하는 자에게 꿈을 주시고 그 사람의 쓰임을 통해, 당신이 친히 그 꿈을 이루십니다.

항상 기뻐하라

쉬지 말고 기도하라

범사에 감사하라

이는 그리스도 예수 안에서 너희를 향하신 하나님의 뜻이니라

데살로니가전서 5장 16~18절

꿈, 꾀, 끼, 깡, 끈, 꼴

건강한 사람, 행복한 가정, 부흥되는 교회에
는 특징이 있는데 대체로 항상 기뻐하고, 쉬지 않고 기도하며, 범사에 감
사한다는 것입니다. 우리가 많이 들었던 예화 중 이런 얘기가 있습니다.

어떤 목사님이 산을 넘어가다가 새까맣게 썩은 고목나무를 보고 마치 자신의
속마음을 보는 것 같아서 고목나무에게 이렇게 말했답니다.
"고목나무야, 고목나무야, 너도 목회하냐?
교인들이 속을 썩여서 '빵구' 가 났구나!"

처음에 저는 이 얘기를 듣고 반쯤 수긍을 했습니다. 그런데 나중에 이
'논리' 에 의심이 생겼습니다. 예수님을 믿는 사람이 속이 새까맣게 탄다
는 건 뭔가 이상하지 않습니까? 그리스도인은 속이 새까맣게 탈 수 없습

니다. 성경은 분명 "너희는 세상의 빛이다, 너희는 그리스도의 향기다." 라고 말씀합니다. 그러니 속이 새까맣게 타는 건 모순입니다. 뭔가 틀렸단 말입니다. 우리는 본질적으로 향기이고, 빛입니다. 정상적인 그리스도인이라면 항상 기쁨과 감사가 넘쳐야 옳습니다. 눈은 반짝반짝 빛나고, 몸에는 생기가 돌고, 마음에는 향기가 있어야 합니다.

성공한 사람, 행복한 사람에게서는 늘 자신감이 넘칩니다. 장사 잘되는 음식점에 가면 그 집은 파는 음식에 대해 당당합니다. 2002년, 한국이 월드컵 4강에 진출했을 때, 온 국민의 자긍심은 대단했습니다. 아버지가 자신을 낳아 주신 것이 고맙고, 대한민국에 태어난 것이 감사하다는 고백들이 충만했었습니다. 자신감이 생기니까 평소에 않던 표현들을 마구 했습니다.

이처럼 행복한 사람도 늘 당당하고 자신감이 넘칩니다. 사람이 살아갈 때 자신감, 자생력은 참으로 중요합니다. 하나님께서도 성경을 통해 "스스로 굳세게 할 지어다 마음을 강하고 담대하게 할 지어다."라고 말씀하셨습니다.

그렇다면 어떻게 해야 우리도 건강한 사람, 행복한 가정의 주인이 될 수 있을까요? 성경 속에 답이 있고 길이 있습니다. 집을 짓기 위해서는 설계도면이 필요하고, 수학 문제를 풀 때는 공식이 필요하고, 전자 제품을 사용할 때에는 제품 설명서가 필요하듯이 인생에도 인생 설계도가 필요합니다. 그것이 바로 성경입니다. 성경 속에 우리가 건강하고 행복하게 살 수 있는 모든 원리가 다 있는데 이 장에서는 그 원리들을 여섯 가지로 요약해서 말씀드리려고 합니다.

실패하는 사람의 특징

성공하는 사람에게 특징이 있듯이 실패하는 사람에게도 특징이 있습니다. 실패하는 사람의 특징 중 하나는 매사 부정적이라는 것입니다. 부정적인 사람은 삐딱하며 방정맞은 말을 잘합니다. "안 된다, 죽겠다."라는 말을 습관처럼 합니다. 말에는 권세가 있고, 모든 말은 씨가 되기 때문에 부정적인 말은 부정적인 결과를 낳습니다. 성경적인 사고방식은 부정적이지 않습니다. 따라서 성경 말씀을 묵상하다 보면 사람이 긍정적으로 될 수밖에 없습니다. 예수님을 믿는 사람이 부정적이고 우울하다는 것은 말이 안 됩니다. 예수님을 믿은 후 아무 일도 없었다는 것 또한 말이 안 됩니다. 예수를 믿으면 기적이 일상이 됩니다. 예수를 믿으면 개 같은 성격도 개성이 됩니다. 약점이 강점이 됩니다. 그런데 어떻게 부정적으로 살겠습니까?

실패하는 사람의 두 번째 특징은 옷을 못 입는다는 것입니다. 하나를 보면 열을 안다는 말이 있습니다. 의식주 중의 중요한 요소인 옷도 제대로 못 입는 사람이 다른 것을 제대로 챙길 리는 만무합니다. 옷을 잘 입는다는 것은 부지런하다는 것입니다. 옷을 잘 입는다는 것은 예의가 있고, 센스가 있다는 것입니다. 사람들의 정신 상태는 옷에서부터 표가 납니다. 머리는 산발이고, 여름에 겨울 옷을 걸치고 다니는 사람을 보고 판단하지 않을 사람은 없습니다. 그만큼 옷을 어떻게 입느냐가 중요합니다. 같은 남자도 양복을 입었을 때와 예비군복을 입었을 때가 다릅니다. 옷은 그 사람의 품위, 품격을 나타내 주기 때문에 옷을 잘 입는 것은 매

> Blessing of the man serving the lord
> 쓰임 받는 사람의 축복
>
> 예수님을 믿는 사람이 부정적이고 우울하다는 것은 말이 안 됩니다. 예수님을 믿은 후 아무 일도 없었다는 것 또한 말이 안 됩니다. 예수를 믿으면 기적이 일상이 됩니다. 예수를 믿으면 개 같은 성격도 개성이 됩니다. 약점이 강점이 됩니다.

우 중요합니다. 옷을 입을 줄 아는 사람은 감각이 있고, 부지런하고 상대방을 배려할 줄 압니다. 그래서 옷을 입을 줄 아는 사람이 대체로 자식농사도 잘하고, 재테크도 잘합니다.

실패하는 사람의 세 번째 특징은 관계에 소홀하다는 것입니다. 우리 인생은 누구를 만나느냐에 따라 달라집니다. 그래서 만남, 관계가 참 중요한데 관계에 소홀한 사람들은 대체적으로 이기적인 경우가 많습니다. 시야가 좁은 것도 이유가 되겠지만 당장의 유익만 따르는 사람들은 대체로 관계를 중요하게 생각지 않아 결국에 실패하는 것입니다.

실력 있는 사람의 특징

그렇다면 지금부터는 실력 있는 사람의 특징을 살펴보겠습니다. 실력이 있는 사람에겐 꿈, 꾀, 끼, 깡, 끈, 꼴이 있습니다. 이것을 '쌍기역 시리즈'라고 합니다. 이 여섯 가지 실력 있는 사람의 특징은 하나님께서 주시는 것입니다.

꿈

실력 있는 사람은 꿈을 가지고 살아갑니다. 사람을 평가할 때에는 그 사람에게 어떤 꿈이 있느냐를 봐야 합니다. 그만큼 사람의 실력을 평가하는 데 꿈이 중요하다는 것입니다. 하나님이 주신 꿈을 비전이라고 합니다. 하나님께서는 바로 그 비전을 사람에게 두시고 그것을 성취해 가십니다. 성공하는 사람, 축복받는 사람은 꿈이 남다릅니다. 남들이 보기엔 허풍 같은데 대성(大成)하는 사람은 그 허풍 같은 큰 꿈을 가지고 살아가며 결국엔 그 꿈을 실현시킵니다. 믿음은 바라는 것들의 실상입니다. 그러므로 우리가 꿈을 꾸는 대로 꿈은 현실이 됩니다. 남다른 꿈을 꾸십시오.

'신앙의 5기'라는 것이 있습니다. 그것은 '기억'하고 '기대'하고 '기도'하며 '기다'리면 '기적'이 나타난다는 것입니다. 하나님께서 우리에게 주신 말씀을 기억하고 기대하십시오. 소원을 가지고, 꿈을 꾸십시오. 하나님께서는 복을 주시기 전에 소원을 꿈을 주시는 분입니다.

꾀

두 번째, 실력 있는 사람들에겐 꾀가 있습니다. 여기서 꾀는 지혜와 분별력을 말합니다. 인생에서 중요한 것이 위치 선정인데 이것을 잘하려면 지혜가 필요합니다. 복 있는 사람은 악인의 꾀를 좇지 않고 죄인의 길에 서지 않고, 오만한 자리에 서지 않으며 여호와의 율법을 주야로 묵상하는 자라고 했습니다. 이 말씀은 말씀을 묵상할 때마다 지혜와 명철이 생긴다는 의미입니다. 그 지혜를 가지고 살아갈 때 성공할 수 있습니다. 잔머리를 굴리지 마십시오. 큰 머리를 굴려야 합니다. 꾀가 달라야 합니다. 복 있는 사람은 악인의 꾀를 넘어섭니다. 우리가 기도할 때 하나님께서는 하늘 문을 여시고 성도의 눈을 열어 주십니다. 그때 우리 안에 통찰력, 분별력이 생기는데 이것이 바로 꾀입니다.

세 번째 실력 있는 사람에겐 끼가 있습니다. 하나님께서 탤런트, 은사를 주신다는 말입니다. 은사란 하나님께서 우리에게 주신 선물 보따리를 말하는데, 성공하는 사람은 은사대로 살아갑니다. 공평하신 하나님은 모든 사람에게 은사를 주셨습니다. 제가 아는 고신 대학의 한 교수님은 운전을 못 하십니다. 저와 팔 년을 같이 지냈는데 운전면허가 박사학위보다 어렵다고 말씀하시곤 합니다. 운전이 사람에 따라서는 아주 쉽기도 합니다. 그런데 그분은 시험만 보면 떨어집니다. 그래서 저는 그때 하나님께서 주신 은사가 저마다 다르다는 것을 새삼 절감했습니다.

사람마다 잘하는 것이 다 다릅니다. 제게 두 시간 설교하는 것은 별로 어려운 일이 아닙니다. 제가 설교하면 횡설수설하는 것 같아도, 많은 청중들이 "횡설에 은혜 받고, 수설에 축복받는다"는 말들을 합니다. 말에는 능할지 모르지만 수리(數理)에 약한 사람이 또한 접니다. 이렇게 사람마다 잘하는 것이 있고, 못 하는 것이 있으니 못하는 것에 너무 연연해하지 마십시오. 못하는 것에만 신경 쓰면 사람은 기가 죽습니다. 열등의식만 생길 뿐입니다. 못하는 것이 오히려 전화위복처럼 작용할 수도 있으니 능하지 못한 일에 너무 집착하지 마시기 바랍니다.

믿음은 바라는 것들의 실상입니다. 그러므로 우리가 꿈을 꾸는 대로 꿈은 현실이 됩니다. 남다른 꿈을 꾸십시오.

사실 저는 집회를 가도 제가 직접 운전해서 가지만 운전을 못하신다는 교수님은 집에 가실 때 사모님이 운전을 해 주셔서 뒷자리에서 자면서 간다고 합니다. 우습게도 그 점에서는 그분의 그 허약점이 부러울 뿐입니다. 그러므로 우리는 하나님께서 주신 대로, 받은 대로 살아가면 됩니다.

실력 있는 사람들에게서 나타나는 네 번째 특징은 깡이 있다는 것입니다. 우리가 살다 보면 기가 죽어서 그만 살고 싶을 때가 많습니다. 전화 한 통 받고도 억장이 무너질 때가 있습니다. 마음이 무너지고 우울해지면 아무것도 하기 싫습니다. 사람이 싫고, 세상이 싫습니다. 그러면 아무 일도 할 수 없습니다. 그래서 깡이 필요합니다. 여기서 깡은 사회 심리학적으로 적극적으로 살아가라는 말이 아닙니다. 능치 못함이

하나님의 역사하심을 보면 반드시 배짱이 생기는데 그 배짱이 바로 깡입니다. 약속의 말씀에 의지하여 사는 사람은 아무리 약하고 미련할지라도 하나님께서 위대하게 쓰십니다.

없는 하나님께서 말씀을 주시고, 그 약속을 이뤄 가시는 것을 보십시오. 하나님의 역사하심을 보면 반드시 배짱이 생기는데 그 배짱이 바로 깡입니다. 약속의 말씀에 의지하여 사는 사람은 아무리 약하고 미련할지라도 하나님께서 위대하게 쓰십니다. 하나님이 일하심을 보고 하나님이 역사하심을 볼진대 왜 기가 죽고, 두려워하고, 포기하고, 졸도합니까? 깡은 시험이 와도 이 정도쯤이야 하면서 물리칠 수 있는 용기를 말합니다. 생육하고 번성하고 충만하고 다스리라고 하신 말씀을 붙들고 사는 것입니다. 하나님께서 명령하셨는데 감당할 힘까지 주시지 않겠습니까? 마음의 담력을 빼앗기지 마십시오. "너희는 마음을 강하고 담대히 하라. 두려와 말라. 놀라지 말라. 내가 너와 함께 함이라. 반드시 내가 너를 도우리라."고 말씀하십니다. 말씀을 붙들고 배짱 있게 나아가십시오.

끈

다섯 번째 실력 있는 사람의 특징은 끈이 있다는 것입니다. 여기서 끈이란 세상적인 끈이 아니라 기도의 끈을 말합니다. 가방 끈은 짧아도 되지만 기도의 끈은 길어야 합니다. 의인의 간구는 역사하는 힘이 있다고 했습니다. 기도하기를 게을리 하지 말고, 쉬지 말고 기도하며, 모든 것을 기도 제목 삼아 기도의 줄을 항상 팽팽하게 유지하십시오. 아침의 기도는 하루를 여는 열쇠요, 저녁의 기도는 하루를 채우는 자물통입니다. 매일 쉬지 말고 기도하십시오. 기도를 통해 우리는 권능을 얻을 수 있고, 그 힘으로 실력을 키워갈 수 있습니다.

Blessing of the man serving the lord
쓰임 받는 사람의 축복

사람의 얼굴은 그 마음에 품는 생각, 정신, 인격이 만들어 냅니다. 여기서 아름답고 잘생겼다는 말은 눈에는 총기가 있고, 마음에는 향기가 있는, 한마디로 경건의 미를 갖춘 사람입니다. 따라서 사람의 '꼴이 좋다'는 것은 영적인 매력을 갖춘 사람을 달리 이른 말입니다.

꼴

마지막으로 실력 있는 사람은 꼴이 좋습니다. 꼴은 얼굴을 말합니다. 성경 속 등장하는 인물들 중 하나님께서 한 시대에 들어 쓰신 사람을 보면 예쁜 사람들이 많습니다. 열국의 어머니였던 사라가 얼마나 예뻤으면 60살이 넘었는데도 이웃 나라 임금이 보고 반했겠습니까? 에스더는 또 어떻습니까? 비록 고아로 자랐지만 모든 사람에게 귀여움을 받으며 자랐습니다. 임금님의 눈에 들 정도로 아름다운 여인이었습니다. 요셉은 '용모가 단정하고 아담하고 준수' 했습니다.

이렇게 하나님께서 쓰신 사람들은 용모가 수려하고 아름답게 생겼습니다. 이것이 위미하는 것은 무엇일까요? 중심을 보시는 하나님께서 사람의 외모를 두고 하신 말씀일 리는 없는데 그렇다면 이것이 무슨 말일까요? 그것은 그들의 마음속에 독특한 향기가 있었다는 얘깁니다. 인격과 분위기가 좋았다는 말입니다. 사람의 얼굴은 그 마음에 품는 생각, 정신, 인격이 만들어 냅니다. 여기서 아름답고 잘생겼다는 말은 눈에는 총기가 있고 마음에는 향기가 있는, 한마디로 경건의 미를 갖춘 사람입니다. 따라서 사람의 '꼴이 좋다'는 것은 영적인 매력을 갖춘 사람을 달리 이른 말입니다.

이렇게 건강한 사람, 행복한 사람, 실력 있는 사람들에게는 여섯 가지의 특징 꿈, 꾀, 끼, 깡, 끈, 꼴이 있는데 이 여섯 가지의 특징을 가지고 살아가면 내 마음에 독특한 신앙의 캐릭터가 생깁니다. 영적인 자긍심, 자부심이 생깁니다. 세상이 막을 수 없는 세상이 빼앗아갈 수 없는 행복이 생깁니다. 이런 사람은 가정 생활을 해도 직장 생활을 해도 신바람이 나고 어디를 가더라도 당당하고, 의젓합니다. 항상 기뻐하고, 범사에 감사하며 기도의 끈을 놓지 않는 사람이 되십시오. 그래야 건강하고 행복한 삶을 살 수 있습니다.

무리가 옹위하여 하나님의 말씀을 들을 쌔

예수는 게네사렛 호숫가에 서서 호숫가에 두 배가 있는 것을 보시니

어부들은 배에서 나와서 그물을 씻는지라.

예수께서 한 배에 오르시니 그 배는 시몬의 배라

육지에서 조금 띄기를 청하시고 앉으사

배에서 무리를 가르치시더니 말씀을 마치시고

시몬에게 이르시되 깊은데로 가서 그물을 내려 고기를 잡으라

시몬이 대답하여 가로되 선생이여 우리들이 밤이 맞도록 수고를 하였으되

얻은 것이 없지마는 말씀에 의지하여 내가 그물을 내리리이다하고

그리한 즉 고기를 에운 것이 심히 많아 그물이 찢어지는지라

이에 다른 배에 있는 동무를 손짓하여 와서 도와달라 하니

저희가 와서 두 배에 채우매 잠기게 되었더라 시몬베드로가 이를 보고

예수의 무릎 아래 엎드려 가로되 주여 나를 떠나소서 나는 죄인이로소이다 하니

이는 자기와 및 함께 있는 모든 사람이 고기 잡힌 것을 인하여 놀라고

세베대의 아들로서 시몬의 동업자인 야고보와 요한도 놀랐음이라

예수께서 시몬에게 일러 가라사대 무서워 말라 이제 후로는 네가 사람을 취하리라

하시니 저희가 배들을 육지에 대고 모든 것을 버려두고 예수를 좇으니라

 누가복음 5장 1~11절

소명의 단계

소명이란 무엇일까요? 한문으로는 昭明이고, 영어로는 Calling, 우리말로는 '부르심'이라고 합니다. 하나님께서 우리를 불러서 맡기신 일을 '소명'이라고 합니다. 사람이 살아가는 데 있어서 소명이 얼마나 중요한지 모릅니다. 소명자가 사명자가 되고 사명자가 수명자가 된다고 말합니다. 사명자는 그 사명을 다 이루기까지 죽지도 못한다는 뜻에서 만들어진 말입니다. 사명이 있는 한 수명도 없어지지 않습니다.

누군가의 이름을 불러 준다는 것은 매우 중요한 일입니다. 김춘추 선생의 '꽃'이란 시를 보십시오.

내가 그의 이름을 불러주기 전에는 그는 다만 하나의 몸짓에 지나지 않았다.

내가 그의 이름을 불어주었을 때 그는 나에게로 와서 꽃이 되었다.

꽃처럼 사람도 그 이름을 불러줄 때 의미가 되고 뜻이 되고 영광이 될 수 있습니다. 성경에서도 위의 시에서처럼 이름을 불렀을 때 비로소 쓰임 받게 되는 사건들이 많이 나옵니다. 하나님께서 훼방자, 핍박자였던 사울을 다메섹으로 가는 길에서 부르신 것도 그렇습니다.

"사울아, 사울아 네가 왜 나를 핍박하느냐."

이렇게 하나님께 이름을 불림 받은 사울은 나중에 바울이 되고, 사도가 됩니다. 구약에서도 하나님께 그 이름을 부르시고 인생이 바뀐 사람들이 있습니다. 모세가 그렇습니다. 모세는 하나님께서 꺼지지 않는 불꽃 가운데 나타나셔서 부르셨습니다.

"모세야 모세야 네 발의 신을 벗어라."

하나님께서 모세의 이름을 부르신 후 모세는 불꽃같은 청년이 되어서 이스라엘 백성들을 출애굽 시키는 민족의 지도자가 되었습니다. 또 하나님의 말씀이 희귀하던 시대에 하나님께서 누구를 부르셨습니까?

"사무엘아, 사무엘아!"

이스라엘 백성의 죄로 말미암아 하나님의 영광이 떠나 하나님의 말씀이 희귀하던 때에 하나님께서는 어린 사무엘에게 나타나셨습니다. 그리고는 그의 이름을 부르셔서 혼란한 사사 시대에 마지막 사사로 세우시고, 사울 왕에게 기름 붓고, 다윗 왕에게 기름 부어 이스라엘 왕조를 열게 하십니다.

본문의 베드로도 마찬가지입니다. 예수님께서 베드로를 부르시고 계신데 부르시기 전까지 베드로는 아무것도 아니었습니다. 바닷가 무명의 한 어부에 불과했습니다. 하지만 예수님께서 베드로를 부르심으로 그는 주님의 제자가 되는 영광을 얻게 됩니다.

제가 신학교 다닐 때 '소명감에 대에 적으시오.'라는 시험을 본 적이 있습니다. 그때는 사실 그 의미를 잘 몰랐습니다. 시험이니까 답을 쓰긴 했지만 소명이 왜 중요하고, 왜 필요한지 잘 몰랐습니다. 그런데 신학을 하고, 목회를 하고, 설교를 해 보니까 소명이 없으면 아무것도 아니라는 것을 알게 됐습니다. 돈, 인기, 명예, 권력은 결코 오래 가지 못하는 것들이라서 이런 것들에 신경 쓰고 일하는 것은 아무 의미가 없습니다. 사람들은 누군가가 싫은 소리만 해도 자존심이 상하고, 감정이 상하고 수가 틀립니다. 그래서 언제라도 때려치울 용의를 가지고 일을 합니다. 그런데 하나님이 부르시고, 하나님이 맡기신 일을 하는 사람은 목에 칼이 들어와도 해야 하고, 오히려 그 일을 안 하면 큰 해를 봅니다. 현실적으로는 당장 나에게 손해일 수 있어도 반드시 해야 하고, 하게 되는 일이 하나님의 일입니다. 만일 내가 하지 않으면 하나님께서는 돌을

> **Blessing of the man serving the lord**
> 쓰임 받는 사람의 축복
>
> 하나님이 부르시고, 하나님이 맡기신 일을 하는 사람은 목에 칼이 들어와도 해야 하고, 오히려 그 일을 안 하면 큰 해를 봅니다. 현실적으로는 당장 나에게 손해일 수 있어도 반드시 해야 하고 하게 되는 일이, 하나님의 일입니다. 만일 내가 하지 않으면 하나님께서는 돌을 시켜서라도, 나귀를 시켜서라도 하실 것입니다.

시켜서라도, 나귀를 시켜서라도 하실 것입니다. 그렇기 때문에 소명자가 사명자가 되고, 사명자가 수명자가 됩니다. 하나님께서는 우리를 이 땅에, 이 가정에, 이 교회에 보내셨습니다. 하나님께서는 나를 일꾼 삼으시고, 제자 삼으시고, 구역 식구로 삼으셨습니다. 우리는 모두 소명자이고 사명자입니다.

그런데 하나님께서 우리를 부르실 때 어떻게 부르실까요? 예수님께서 베드로를 부르시는 과정을 통해 하나님께서 우리를 어떻게 부르시는지, 소명의 단계에는 어떤 것들이 있는지 살펴보도록 하겠습니다.

소명의 1 단계 ; 들음

소명의 첫 번째 단계는 '들음'(聞)입니다.

> "무리가 옹위하여 하나님의 말씀을 들을째 예수는 게네사렛 호숫가에 서서"
>
> (눅5:1).

믿음은 들음으로, 들음은 말씀으로, 말씀은 예배, 집회를 통해서 나옵니다. 우리를 들을 때 귀가 열리고, 들을 때 눈이 열리는데 이 들음의 단계가 소명의 첫 번째 단계입니다. 지금 게네사렛 호숫가에는 많은 사람들이 있습니다. 그 가운데 베드로도 있습니다. 그런데 이들이 지금 무엇을 하고 있습니까? 말씀을 듣고 있습니다. 말씀이 선포되어질 때 그 말씀을 베드로가 듣고 있었다는 사실이 매우 중요합니다. 우리도 예배 시간, 설교 시간, 신앙 서적을 읽을 때, 찬양을 부를 때, 큐티를 할 때, 말씀을 들으려고 애를 써야 합니다. 맑은 정신으로 말씀을 들어야 합니다. 제가 얼마 전에 무슨 중요한 일을 결정하려고 고민하고 있는데 마침 서울에 있는 제자에게 전화가 왔습니다. 사정을 이야기했더니 제자가 물었습니다.

"목사님, 큐티를 해 보시고 이야기 하시는 겁니까, 안 해 보고 이야기 하시는 겁니까?"

순간 뜨끔했습니다. 그날 제가 큐티(묵상)를 안 했거든요. 아무리 목사고 신학 박사라고 해도 하나님의 말씀을 받지 않으면 아무 소용 없습니다. 말씀 없는 인도, 말씀 없는 성령의 역사, 말씀 없는 부흥은 없습니다. 전기가 전선을 타고 오듯 성령의 역사도 메시지와 말씀을 따라 일어납니다. 그래서 우리는 들음의 단계를 소중히 여겨야 합니다. 우리가 귀를 쫑긋하고 말씀을 사모할 때 들음의 단계를 지나 축복을 받게 됩니다.

소명의 2 단계 ; 현장

두 번째 단계는 현장의 단계입니다. 베드로는 지금 배에서 그물을 씻고 있습니다. 예수님께서 베드로를 부르셨을 때 베드로는 작업 현장, 생활 현장에 있었습니다. 호숫가는 어부인 베드로에게 있어서 삶의 현장이었습니다. 이처럼 하나님께서는 우리를 부르실 때 삶의 현장 가운데서 부르십니다. 다윗을 부르셨을 때 다윗은 어디에 있었습니까? 베들레헴 들판에서 양을 지키고 있었습니다. 요셉은 또 어떻습니까? 요셉을 총리로 부르셨을 때 요셉은 보디발의 집에서 노예로 있었습니다. 그런가 하면 여호수아는 이스라엘 지도자가 되기 전엔 모세의 시종이었습니다. 그리스도인들은 생활 현장에서 두각이 나타나야 합니다. 현장에서 '명인'이 되고 '명품'이 되어야 합니다. 예수 믿는 사람은 교회에서만 잘하면 안 됩니다. 세상 가운데서, 현장에서 부름 받은 자로 살아야 합니다. 그리고 현장에서 최선을 다하는 사람이 하나님 앞에 쓰임을 받습니다. 하나님께서 우리를 찾으시는 곳은 바로 삶의 현장이며, 그 현장에서 최선을 다하는 사람을 들어 쓰십니다.

저는 우리 교회에 사찰 집사님을 너무 소중하게 생각합니다. 저뿐만 아니라 교인들도 그분을 다 좋아합니다. 그분은 우리 교회에서 제일 늦게 주무시고, 제일 일찍 일어나십니다. 성도들이 차를 부탁하면 정확하게 주차해 주십니다. 말씀이 없지만 매우 정확하시고 신실한 분이십니다. 그분은 사찰 집사의 역할을 천직으로 생각하고 살아가십니다. 역사적 사명을 띤 사람처럼 맡은 일에 충실하십니다. 교회의 모든 궂은일을 하면서도 즐겁게 하고, 성도들이 부르면 기쁜 얼굴로 뛰어가고, 싫다는 소리를 하지 않으십니다. 얼마나 신실하신지 제가 마치 백만 원군을 얻은 것 같습니다. 이처럼 우리는 현장에서 최선을 다해 살아가야 합니다. 바로 그 현장으로 주님이 찾아오시기 때문입니다.

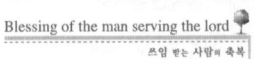
Blessing of the man serving the lord
쓰임 받는 사람의 축복

하나님께서는 우리를 부르실 때 삶의 현장 가운데서 부르십니다.

소명의 3 단계 ; 선택과 집중

소명의 세 번째 단계는 선택과 집중의 단계입니다. 예수님께서 호숫가에 두 개의 배가 있음을 보시고 그중 한 배에 오르십니다. 예수님께서는 만인(萬人)을 구원하기 위해 오시긴 했지만 공생애

기간, 송곳처럼 집중력 있게 사역을 하셨습니다. 예수님의 사역 현장을 보면 예수님께서는 많은 무리를 상대로 말씀을 증거 하셨습니다. 예수님은 차별 없이 모든 사람에게 말씀을 가르치시고, 치유하시는 분이었습니다. 하지만 그 많은 무리 중에서 예수님의 부활을 목도한 사람은 오백여 명이었습니다. 그런가 하면 부활 후 마가의 다락방에서 성령이 임하시기를 사모하면서 기도했던 사람은 백이십 명이었고, 백이십 보다 작은 숫자로 칠십 인의 전도단이 있었습니다. 그리고 그보다 더 작은 숫자가 열두 명의 예수님 제자들입니다. 그리고 예수님께서는 열두 명의 제자 중에서 특히 베드로, 야고보, 요한과 함께 다니셨습니다. 그런데 이 세 명의 제자 중에서도 예수님께서 특별히 신경 쓰신 사람이 베드로였습니다. 예수님께서는 처음부터 베드로 한 사람에게 집중하셨습니다. 두 배 중에서 한 배에 오르셨는데 그 배가 바로 시몬 베드로의 배였던 겁니다. 하지만 베드로에게 어떤 특별한 자질과 자격이 있어서, 그런 것을 기대하셔서는 아니었습니다. 베드로가 예수님의 수제자가 될 수 있었던 것은 베드로가 잘나서 된 것이 아니고 예수님께서 끝까지 포기하지 않으시고 붙드셔서 쓰셨기 때문입니다. 그래서 소명의 과정이 중요한 것입니다. 베드로가 예수님의 부르심을 받고도 도망갔다가 부인하고 실패해서 또 낙망하지만, 그럼에도 불구하고 예수님께서는 베드로에게서 눈을 떼시지 않고 끝까지 집중하십니다. 당신의 수제자를 만들 때까지 포기하지 않으시는 주님의 집중력, 주님의 선택하심, 주님의 부르심, 소명, 그것이 베드로를 베드로 되게 한 것입니다.

우리도 그렇습니다. 주님이 부르실 때 괜히 어깃장 놓지 말고 선뜻 대

Blessing of the man serving the lord
쓰임 받는 사람의 축복

예수님께서는 만인(萬人)을 구원하기 위해 오시긴 했지만 공생애 기간, 송곳처럼 집중력 있게 사역을 하셨습니다.

답하십시오.

"주여 내가 여기 있습니다. 나를 보내소서."

간첩이 체포되면 감옥에 가지만 자수하면 돈도 얻고, 집도 얻습니다. 자수와 체포는 하늘과 땅 차이입니다. 우리도 영적으로 자수하고 자원하는 마음으로 따라가야 합니다. 주님 부르실 때 뜸들이지 말고 얼른 대답하십시오. 베드로가 쓰임 받을 수 있었던 것은 주님께서 그를 부르셨을 때, 그가 '쟁기'를 생각지 않고 뒤도 돌아보지 않는 결단력이 있었기 때문이며, 동시에 예수님께서 친히 그의 배를 지명해서 오르시고 그에게 집중하셨기 때문입니다.

이렇게 주님께서는 부르신 자를 끝까지 포기하지 않으시고 집중해서 사람을 만들어 가시므로 우리가 소명을 받았다는 것은 인생의 절대적 행운을 맞은 것과도 같습니다. 성령님의 역사 중에 가장 아름다운 역사를 저는 '견인'이라고 생각합니다. 성령님께서는 우리가 마땅히 빌 바를 알지 못하고, 두서없이 헤맬 때에도 우리를 끝까지 끌고 가시며, 마치 차를 견인해 가듯이 우리를 천국까지 견인해 가십니다. 그래서 우리는 축복받은 사람들입니다.

예수님을 믿기만 하면 환난, 심판, 사망이 우리와 상관없는 것이 됩니다. 우리는 죽어도 부활의 존재이며, 사나 죽으나 새로운 피조물입니다. 나는 실패하고 헤매도 성령님은 나를 감동시키시고 수리하고 가르쳐서 끌고 가십니다. 성령님이 나를 밀어붙이시기 때문에 우리가 마땅히 빌 바를 알지 못해도 은혜의 보좌 앞에 담대히 나갈 수 있는 것입니다. 주님은 꺼져가는 등불을 끄지 아니하시고, 상한 갈대를 꺾지 않으시는 분입니다.

Blessing of the man serving the lord
쓰임 받는 사람의 축복

나 자신의 경험보다 중요한 것이 하나님의 경륜입니다. 하나님께서 나를 이끌어 가실 때에는 내 전문 분야도 내려놓을 수 있어야 합니다.

소명의 4 단계 ; 헌신

소명의 네 번째 단계는 헌신입니다. 예수님께서 말씀을 마치시고 베드로에게 이르시되 깊은 데로 가서 그물을 내려 고기를 잡으라고 하십니다. 그런데 사실 해질녘에는 깊은 바다에 고기가 없습니다. 그 시간이 되면 고기들이 물 위로 올라오기 때문입니다. 자기 분야에 대해서 무시하고, 무식하게 이야기하면 견딜 수 없는 것이 전문가입니다. 그래서 설교할 때도 얼마나 조심스러운지 모릅니다. 제가 강단에서 설교를 가당치 않게 하면 전문가가 앉아서 씩 웃습니다. 마찬가지로 고기 잡는 데는 베드로가 전문가인데 지금 목수인 예수님께서 베드로에게 깊은 데로 가서 그물을 던지라고 말씀하고 있습니다. 그런데 베드로가 어떻게 했습니까? 예수님의 말씀에 순종하여 깊은 데로 가서 그물을 내립니다. 하지만 우리는 때로 전문 분야에 갇혀 살아갑니다. 알량한 전문 지식에 그물을 치고 자신을 제한하는 수가 많습니다. 아무리 전문가라고 해도 전체적으로 보면 균형성, 객관성을 잃어버리기 때문에 그렇습니다. 그러나 전문가들은 자신의 전문 분야에 대해서는 고집이 있습니다. 지금 상황도 그럴 수 있습니다. 예수님께서 "깊은 곳으로 가라."할 때, 베드로가 씩 웃으며 "거기 가면 없다. 내가 더 잘 알지."할 수 있습니다. 그런데 베드로는 예수님 말씀에 순종하고 있습니다. 자신의 전문성을 포기하고 주님 말씀에 순종하는 것, 그것이 바로 결단이고 헌신입니다. 이것이 제자가 되는 과정입니다. 자신의 한계에 갇혀 있지 마십시오. 은사의 한계에서 망설이지 마십시오. 나 자신의 경험보다 중요한 것이 하나님의 경륜입니다. 하나님께서 나를 이끌어 가실 때에는 내 전문 분야도 내려놓을 수 있어야 합니다.

> "마음의 경영은 사람에게 있어도 말의 응답은 여호와께로서 나느니라"
>
> (잠16:1).

사람이 계획할지라도 응답하시고 인도하시는 분은 하나님이십니다. 계획도 내가 세우고, 구상도 경영도 내가 할지라도 일을 성사시키고 열매를 맺는 일은 하나님께서 하십니다. 경영은 해야 합니다. 우리도 애를 써야합니다. 하지만 응답, 해결은 하나님 손에 있습니다. 내 고집보다 중요한 것이 하나님의 뜻에 서는 것입니다. 베드로가 수제자로 쓰임 받을 수 있었던 것은 상식 밖의 명령이라고 할지라도 그대로 순종했던 헌신이 있었기 때문입니다. 우리도 소명을 받을 때 나의 전문 분야, 나의 한계를 뛰어넘어 깊은 데로 나아가는 헌신이 있어야 합니다. 전문 영역을 넘어서십시오. 자존심의 영역을 넘어서십시오. 그런데 많은 사람들이 자기 경험, 자기 계획, 자기 전문, 자기 욕심에 빠져 있습니다. 제가 목회를 하면서 보게 되는 아름다운 풍경이 있는데, 머리가 하얗게 센 장로님께서 자기 아들, 손주벌 되는 전도사 설교를 들으시면서 열심히 적는 모습입니다. 자기보다 어리더라도 주의 종이라 생각해서 깍듯하게 모시는 그 모습이 얼마나 아름다운지 모릅니다. 여러분, 자신의 고집보다 하나님의 경륜을, 하나님의 인도와 응답을 따라가십시오.

헌신은 또한 뛰어드는 것입니다. 베드로는 예수님이 다시 찾아오셨을 때 예수님이라는 말을 듣고 바다에 뛰어들었습니다. 이렇게 깊은 데로 나아가고 뛰어드는 사람을 하나님께서는 쓰십니다. "괜히 바다에 뛰어들어가 봤자 옷만 젖지."라고 계산하는 사람은 하나님께서도 쓰시지 않습니다. 베드로의 자질 중에서 중요한 것은 깊은 헌신이었습니다. 남들 하는 것만 해서는 남들 하는 것만큼의 복밖에 못 받습니다. 기이한 복을 받기 원한다면 기이한 기도를 하고, 기이한 헌신을 하십시오.

소명의 5 단계 ; 행함

> "선생님 우리들이 밤이 새도록 수고하였으되 잡은 것이 없지마는 말씀에 의지하여 내가 그물을 내리리이다" (눅5:5).

말씀에 의지하여 그물을 내리는 행함, 이것이 바로 소명의 다섯 번째 단계입니다. 우리가 무엇인가에 대해 안다고 하는 것은 어떤 것입니까? 담배는 몸에 해롭습니다. 하지만 이것은 아는 것이 아닙니다. 담배가 몸에 해롭다는 것을 알고 담배를 끊었을 때 그것을 안다고 하는 것입니다. 신앙생활도 그렇습니다. 행함이 없는 믿음은 죽은 믿음이라고 했습니다. 우리가 신앙생활을 할 때 들은 것이 많아서 아는 것은 많을지 모르겠으나 우리가 들었던 것들이 손과 발로 구체화되고, 행동화되고, 인격화, 체질화 되지 않으면 진정 안다고 할 수 없습니다. 요즘 그리스도인들이 무력한 것도 아는 데서 그치고 행하지 않기 때문입니다. 이제 말씀을 듣거든 귀에서 머무르게 하지 말고 귀에서 가슴으로, 가슴에서 손과 발로 내리고 행하십시오. 하나님 말씀을 들을 때 내 생활 속에서 행하는 단계까지 가는 것이 중요합니다. 입으로만이 아니라 지·정·의(知·情·意)를 통해서 행함의 단계로 가는 것이 중요합니다.

소명의 6 단계 ; 축복

여섯 번째 소명의 단계는 축복입니다. 베드로가 순종하여 그물을 내렸더니 어떻게 됐습니까?

"그렇게 하니 고기를 잡은 것이 심히 많아 그물이 찢어지는지라" (눅5:6).

우리가 신앙생활을 할 때 들은 것이 많아서 아는 것은 많을지 모르겠으나 우리가 들었던 것들이 손과 발로 구체화되고, 행동화되고, 인격화, 체질화 되지 않으면 진정 안다고 할 수 없습니다.

그물이 터질 정도로 축복을 받았습니다. 소명의 단계에서 부르심부터 행함, 순종까지 오면 반드시 축복의 단계가 있습니다. 주님께서 요구하시는 깊은 헌신과 순종이 있을 때 우리는 그물이 찢어지도록 축복을 받게 되는 것입니다.

하나님께서 부르실 때 응답하고 현장에서 최선을 다하고, 주님이 나에게 집중하실 때 나도 거기에 맞장구를 쳐서 헌신하고 순종하면 역사가 일어납니다. 부흥의 때가 오면 하나님께서 쏟아 부으십니다. 그때는 노력하지 않아도 굴러갑니다. 물론 부흥의 때까지 많이 울어야 할지도 모릅니다. 하지만 중요한 것은 "선한 일을 하다가 낙심하지 말지니, 때가 이루면 거두리라."고 하신 말씀을 붙들고 나아가면, 피눈물 나는 기도와 헌신의 세월이 지나고 순풍에 돛 단 듯, 독수리 날개 치며 올라가듯 하는 때가 옵니다. 그물이 터지는 축복의 단계, 그때가 신앙의 전성기입니다. 그때는 가만히 있어도 복에 복을 더하시고 지경을 넓혀 주십니다.

> 🌱 Blessing of the man serving the lord
> 쓰임 받는 사람의 축복
>
> **믿음의 사람은 나 홀로 살아가지 않습니다. 우리는 다 주 안에서 동역의 관계가 되어야 합니다. 하나님께서는 소명을 주실 때 동역자도 붙여 주십니다. 그래서 우리는 일에만 몰두하는 것이 아니라 내 옆에 나와 같이 부름 받은 동역자를 볼 수 있어야 합니다.**

소명의 7 단계 ; 동역

이렇게 축복의 단계를 지나고 나면 동역의 단계가 오는데 이것이 소명의 일곱 번째 단계입니다.

"이에 다른 배에 있는 동무를 손짓하여 와서 도와 달라 하니 저희가 와서 두 배에 채우매 잠기게 되었더라"(눅5:7).

신앙에는 독불장군이 없고, 혼자라는 것이 없습니다. 교회가 아름다운 것은 동역자들이 있기 때문입니다. 수많은 주의 종들이 함께 모여서 연합하고 동거하는 그것이 아름다운 것입니다. 베드로에게 집중하셨던 하나님은 이제 베드로에게 동역자를 붙여 주시고 있습니다.

"세베대의 아들로서 시몬의 동업자인 야고보와 요한도 놀랐음이라"(눅5:10).

베드로의 동업자인 야고보와 요한은 예수님의 제자의 핵심그룹이 되어 세계의 역사를 뒤집어 놓는 사람들이 됩니다. 믿음의 사람은 나 홀로 살아가지 않습니다. 우리는 다 주 안에서 동역의 관계가 되어야 합니다. 하나님께서는 소명을 주실 때 동역자도 붙여주십니다. 그래서 우리는 일에만 몰두하는 것이 아니라 내 옆에 나와 같이 부름 받은 동역자를 볼 수 있어야 합니다.

소명의 8 단계 ; 자유

> "주여 나를 떠나소서. 나는 죄인이로소이다" (눅5:8).

예수님 말씀에 순종하여 깊은 바다에 그물을 내렸던 시몬 베드로가 예수님의 무릎 아래 엎드리는 장면이 나오고 있습니다. 베드로가 이때서야 영적인 안목이 열려 자기 자신을 발견한 것입니다. 이것이 여덟 번째 단계입니다. "내가 무엇이관대"라고 고백하는 사람, 하나님 앞에 철저히 깨어진 사람을 하나님께서는 쓰십니다. "I'm nothing, 나는 아무것도 아닙니다"라는 고백이 있을 때 비로소 하나님께서는 그 사람을 쓰시기로 작정하십니다. 자기를 부인하지 않는 사람은 주님의 제자가 될 수 없습니다. 왜 그렇습니까? 자기를 부인하지 못하는 사람에게 일을 맡기면 강박관념에 시달립니다. '실패하면 어떻게 할까? 미움을 받으면 어떡하지?' 라는 생각 때문에 아무것도 못합니다. 하지만 깨어지고 넘어져서 자신이 죄인임을 철저히 깨달은 사람은 그러한 강박관념이 없습니다. 우리가 깨어지고 부서지지 않은 상태에서 소명을 받았을 때는 깨지면 어쩌나 하는 강박관념 속에서 살 수밖에 없지만 하나님 앞에서 '나는 아무것도 아닙니다. 나는 죄인입니다' 라는 고백을 한 사람은 더 이상 깨질 것에 대한 두려움이 없기 때문에 강박관념도 없는 것입니다. 나는 아무 것도 아니라는 것을 철저히 깨닫고 고백한 사람에게 주님은 모든 것이 되어 주십니다. 지금 베드로는 영적인 눈이 열리고 있습니다. 나의 일, 나의 관계만 보던 베드로가 이제는 예수님이 눈에 들어오기 시작한 것 입니다. 이렇게 예수님이 어떤 분인지 알게 될 때 우리는 자신이 어떤 존 재인지도 알게 됩니다. 주님의 위대하심을 깨닫고 나면 '내가 무엇이관 대, 나는 안됩니다' 라는 고백을 하게 되는데 이 단계가 되면 자유함이 옵니다. 꼭 성공해야 하고, 실수하면 안되고 하는 강박관념이 없어지기 때문입니다. 나는 이미 엎어졌고 이미 죄인이기 때문에 더 이상 나 혼자 애를 쓰는 것이 무색해집니다. 위대하신 그분 앞에서 나 자신이 아무것 도 아닌 것이 깨달아 지면, 그냥 그분 품에 안기고 그분 하자는 대로 할 수밖에 없는 단계가 오는데, 그것이 바로 자유의 단계입니다.

하나님께서는 우리를 쓰실 때, 먼저 열을 가해서 녹이시는 작업을 하 십니다. 녹을 때 불순물도 함께 사라지기 때문입니다. 이스라엘 백성들 이 광야에서 사십 년 동안 방황한 이유가 무엇입니까? 며칠만에 갈 수 있 는 거리를 사십 년에 걸쳐 가야했던 이유가 무엇입니까? 그것은 사십 년 동안 애굽의 종노릇하던 노예 근성을 벗기기 위한 하나님의 계획이셨습 니다. 틈만 나면 애굽으로 돌아가자는 그 근성, 하나님을 믿지 않고 오히 려 애굽을 더 의지했던 그 근성을 없애기 위해서였습니다. 늘 불만 불평 하던 입술의 때가 빠지고, 노예 근성이 빠지기까지 사십 년이 걸린 것입 니다. 광야의 사십 년은 묵은 때를 빼는 세탁 기간이었습니다. 하지만 내 고집, 내 자존심을 내려놓고 '나는 아무것도 아닙니다, 나는 죄인입니 다.' 라고 고백하는 순간이 오면 우리 인생에 한없는 자유가 찾아옵니다.

소명의 9 단계 ; 사명, 그리고 포기

> "예수께서 시몬에게 이르시되 무서워하지 말라 이제 후로는 네가 사람을 취
> 하리라"(눅5:10).

마지막으로 예수님께서 베드로에게 사람을 낚는 어부가 되리라는 사
명을 주고 계십니다. 자신이 아무것도 아니라는 것을 알고 예수님 앞에
무릎을 꿇었을 때 비로소 사명을 주시는 것입니다. 이것이 소명의 아홉
번째 단계입니다. 그리고 사명을 받은 베드로와 야고보, 요한이 모든 것
을 버려 두고 예수를 좇는 장면이 나오는데, 포기의 단계가 바로 소명의
마지막 단계입니다. 지금 그들은 자신들의 생계를 포기하고 예수님을
따라가고 있습니다. 아브라함도 본토 친척 아비 집을 포기하고 떠날 때
복의 근원이 되게 하셨습니다. 독자 이삭을 포기했을

Blessing of the man serving the lord
쓰임 받는 사람의 축복

하나님께서는 우리를 쓰
실 때, 먼저 열을 가해서
녹이시는 작업을 하십니다.
내 고집, 내 자존심을 내
려놓고 '나는 아무것도 아
닙니다, 나는 죄인입니다.'
라고 고백하는 순간이 오
면 우리 인생에 한없는 자
유가 찾아옵니다.

때 믿음의 조상이 되게 하셨습니다. 그런가 하면 모세
는 '공주의 아들' 이라는 신분, 안락한 황실의 삶을 포
기했을 때 민족의 지도자로 세워졌습니다.

이상으로 소명의 아홉 가지 단계를 살펴보았습니다.
지금 이 시간도 우리는 부르심의 단계에 있는데, 때로
는 이 단계를 반복해야 할 때가 있습니다. 하지만 소명
의 과정을 통해 세상이 감당할 수 없는 사람이 되고,
이 시대에 불꽃같이 쓰임 받아 주님의 마음을 시원케 하는, 영향력 있는
사람이 되시기를 축원합니다.

예수께서 대답하여 가라사대

네가 만일 하나님의 선물과 또 네게 물 좀 달라 하는 이가 누구인줄 알았더면

네가 그에게 구하였을 것이요 그가 생수를 네게 주었으리라

여자가 가로되 주여 물 길을 그릇도 없고

이 우물은 깊은데 어디서 이 생수를 얻겠삽나이까

우리 조상 야곱이 이 우물을 우리에게 주었고

또 여기서 자기와 자기 아들들과 짐승이 다 먹었으니

당신이 야곱보다 더 크니이까

예수께서 대답하여 가라사대 이 물을 먹는 자마다 다시 목마르려니와

내가 주는 물을 먹는 자는 영원히 목마르지 아니하리니

나의 주는 물은 그 속에서 영생하도록 솟아나는 샘물이 되리라

 요한복음 4장 10~14절

꿈과 사랑이 샘솟는 곳

'**꿈과** 사랑이 샘솟는 교회' 는 제가 섬기고 있는 포도원 교회의 표어입니다. 교회가 무엇입니까? 세상에서 상처받은 사람들, 삶의 방향을 잃어버린 사람들이 와서 하나님의 사랑을 듣고, 하나님의 말씀 속에서 길을 찾고, 답을 찾는 곳입니다. 주님의 사랑 안에서 영혼이 회복되는 곳이 교회입니다. 교회는 꿈의 현상소며 사랑의 발전소입니다.

교회는 사람들에게 꿈을 찾아 줍니다

요즘 세대가 어떤 세대입니까? 꿈을 잃어버린 세대입니다. 정치적으로 경제적으로 너무 혼란스럽다 보니까 사람들이 현실에 급급해서 꿈을 잃어버리고 삽니다. 어두운 현실 앞에 주눅이 들고, 생각이 우울해지고, 발등에 불끄기 바빠서 당장 돈 몇 푼 때문에 허겁지겁 살다 보니 꿈은 사라지고 사랑도 사라지고 오직 경쟁 상대만 남아 있는 시대가 이 시대입니다.

요즘 사람들의 마음속에는 염려와 근심이 가득 차 있습니다. 이러할 때에 교회는 어떤 교회가 되어야 할까요? 잃어버린 꿈을 찾아 줘야 합니다.

묵시가 없는 백성은 망한다고 했는데 많은 사람들이 묵시, 꿈을 잃어버리고 살아갑니다. 이러한 사람들에게 가장 절실하게 필요한 것이 하나님의 말씀입니다. 하나님의 말씀을 듣고 생활에 적용하다 보면 삶이 회복되고, 인격이 회복되고, 내 안의 생기와 소망이 넘치게 됩니다. 바로 이러한 하나님의 말씀이 있는 곳이 바로 교회입니다. 내 발의 등이 되는 하나님의 말씀, 그래서 내게 가야 할 바를 가르쳐 주시는, 하나님의 말씀을 가르쳐 주는 곳이 교회입니다. 교회는 하나님의 말씀을 통해 사람들에게 꿈을 찾아 주고 그 꿈을 이뤄 가게 하는 역할을 합니다. 그래서 우리가 교회에 가면 하나님 말씀만 듣는 것이 아니라 그 말씀으로 인하여 잃어버린 꿈을 찾게 되고, 소망을 발견하게 됩니다. 하나님 말씀에는 능력이 있어서 그 말씀이 선포될 때 잠자는 거인들이 깨어나고, 현실에 안주해서 쉽고 무난하게 살아가려고 하는 사람들의 가슴에 불이 붙는 역사를 일으킵니다. 이렇게 찬양과 말씀과 기도를 통해서 영혼이 날마다 새로워지고 인생의 소망이 생기는 곳이 바로 교회입니다.

저는 개인적으로 아주 소심한 사람이고 꿈이 별로 없는 사람이었습니다. 신학을 하면서도 그냥 삼백 명쯤 되는 교회에서 사역하면서 조용하게 살았으면 좋겠다고 생각했습니다. 최근 어떤 분이 저에게 지구본을 선물로 보내 주셨습니다. 그리고 "목사님, 선교사 십만 명을 파송하는 과업을 이루세요."라고 메일을 보내셨습니다. 그냥 소박하게 살고 싶은 저에게 이 '요구'는 상당한 심적 부담이 됐습니다. 그러던 어느 날 지구본을 유심히 보다가 그 일이 그렇게 어려운 일만은 아니라는 생각이 들었습니다. 초고속 인터넷 시대에 방송과 인터넷을 통해 설교가 전국 방방곡곡에 나가는데 십만 명이 보는 것은 일도 아니더란 것을 깨달았습니다.

지진이 나고 해일이 덮치니까 십만 명 이상이 한꺼번에 쓸려 갔습니다. 심판도 그렇지만 구원도 그렇습니다. 구원의 역사가 일어났을 때 예루살렘 도성의 백성 3,000명이 회개하고 구원을 받았습니다. 그래서 저도 큰 꿈을 가지고 살기로 했습니다.

말씀이 선포되면 물이 바다 덮음같이 이 세상에 변화의 물결이 일어납니다. 한 사람이 각성하면, 잠자는 한 영혼이 감동을 받으면 그 파장이 옆 사람에게 전달되어 사방으로 퍼져 나가고, 그것이 하나의 물결을 이루고 대세를 이루어 이 세상을 변화시키는 원동력이 됩니다.

말씀이 선포되면 물이 바다 덮음같이 이 세상에 변화의 물결이 일어납니다. 한 사람이 각성하면, 잠자는 한 영혼이 감동을 받으면, 그 파장이 옆 사람에게 전달되어 사방으로 퍼져 나가고, 그것이 하나의 물결을 이루고 대세를 이루어 이 세상을 변화시키는 원동력이 됩니다. 하나님은 꿈을 주시고, 그 꿈을 성취해 가시는 분인데 여기서 꿈은 하나님께서 성도들의 가슴에 붙여 주신 소원이요, 기도 제목이요, 비전이요, 환상이요, 목표입니다. 그래서 성도들은 말씀과 기도와 찬양을 만날 때마다 가슴에 꿈을 품고 소생시키는 영과 더불어 그 꿈의 실현에 한 발짝 나서게 됩니다.

그러나 꿈을 포기하면 두 가지 대가를 치루게 됩니다. 한 가지는 삶의 반 이상이 고통스럽다는 것이고, 또 한 가지는 부요한 자가 될 수 없다는 것입니다. 그러나 꿈을 포기하지 않으면 두 가지 보상이 따르는데 하나는 인생의 반이 즐겁고 신명나게 된다는 것이고, 또 하나는 반드시 부요한 자가 된다는 것입니다.

믿음의 사람은 꿈을 꾸는 사람입니다. 아브라함은 75세 백발노인일 때 하나님을 만났습니다. 그리고 하나님께서 "너는 복의 근원이 될 것이다. 너의 자손이 바닷가의 모래알과 같이 되고 너의 자손이 무수한 복

Blessing of the man serving the lord
쓰임 받는 사람의 축복

불과 몇 년 전, 동독 니콜라이 교회에서 8명의 교인이 모여 기도를 시작했습니다.
미약했던 그 기도 모임이 7년 뒤인 1989년에는 57만 명이 됐다고 합니다. 그리고 그 이듬해 1990년 10월, 독일 국민들이 그렇게 꿈에 그리던 통일이 이뤄집니다.

을 받을 것이다"는 꿈을 주셨습니다. 아브라함에게 주신 하나님의 그 꿈은 지금도 이루어지고 있습니다. 전 세계적으로 볼 때, 지금도 하루에 아브라함의 자손이 십만 명이 태어난다고 합니다.

하나님께서는 또 포로로 잡혀간 다니엘에게도 뜻과 목표를 정하게 하셨습니다. 다니엘의 기도로 하나님께서 그에게 하늘 문을 열어 주시고 남다른 명철을 주셔서 총리 대신을 세 번이나 하는 영광을 누렸습니다. 그런가 하면 요셉은 열일곱 살에 인신매매되고, 남의 나라에 끌려가 노예로 살지만 '꿈꾸는 자'라는 칭호 그대로 그 꿈을 포기하지 않아서 결국 꿈을 현실로 만드는 역사의 주인공이 됐습니다. 사도 바울은 전도 여행을 하다가 환상을 보았습니다. 꿈에서 바울은, 마게도냐 사람으로부터 "마게도냐로 와서 우리를 도우라"는 환상을 보고 마게도냐로 돌아섭

니다. 그런데 이 사건이 바로 유럽이 복음화되는 시발점이 되었습니다. 그래서 믿음의 사람들은 꿈을 가져야 합니다.

미국에 킹 목사라는 유명한 목사가 있었는데 그가 1963년 링컨 기념관 앞에서 참 대단한 연설을 합니다.

> 나에게는 꿈이 있습니다. 언젠가는 모든 계곡이 메워지고,
> 모든 언덕과 산이 깎이고, 울퉁불퉁한 곳이 평탄케 되고, 휘어진 곳은 곧게
> 되고, 하나님의 영광이 이루어지고 모든 사람이 그것을 보게 될 것입니다.
> 흑인과 백인이 싸우지 않고 노예와 노예 주인이 함께 모여서
> 그 하나님의 영광을 보게 될 그런 꿈이 나에게 있습니다.

킹 목사는 꿈에 대한 유명한 연설을 하고 총탄에 맞아 죽었지만 결국 그의 꿈은 이루어져서 아메리카 합중국을 탄생시켰습니다. 한 사람이 각성하고, 한 사람이 변화 받으면 그 사람을 통해서 역사가 얼마든지 바뀔 수 있습니다.

불과 몇 년 전, 동독 라이프니치에 있는 니콜라이 교회에서 8명의 교인이 모여 기도를 시작했습니다. 독일의 통일을 위해 니콜라스 목사님과 일곱 명의 성도들이 모여서 월요일마다 기도회를 했는데 미약했던 그 기도 모임이 칠 년 뒤인 1989년에는 오십 칠만 명이 됐다고 합니다. 그리고 그 이듬해 1990년 10월, 독일 국민들이 그렇게 꿈에 그리던 통일이 이뤄집니다. 기도를 시작하고 십 년이 채 되기 전에 일어난 일입니다.

이 시대를 이끌어갈 사람은 누구입니까? "현실에서는 안 됩니다, 어렵습니다, 힘듭니다." 하면서 현실에 굴복하는 사람이 아닙니다. 꿈을 꾸는

사람입니다. 꿈을 꾸십시오. 꿈은 아무리 커도 세금을 안 받는다고 하지 않습니까? 북한에서도 꿈은 자유라고 하지 않습니까? 말씀을 들을 때 영성의 문을 열고 기도의 창을 열면 축복의 신세계가 펼쳐집니다. 믿음의 사람은 꿈꾸는 사람입니다. 고독하고 추운 고난의 길을 걸어갈지라도 꿈꾸는 자는 그 고난을 마다하지 않습니다. 꿈의 대가를 지불합니다. 현실에 굴하지 말고 꿈을 꾸고 비전을 가지고 비전 선언문을 적으십시오. 이 시대에 꿈이 재생되어야 하고, 말씀을 들을 때 가슴에 불이 당겨져야 되고, 은사가 불 일듯 일어나야 합니다. 지금은 보잘것 없지만 물방울이 모여서 큰 물결이 되고, 북경의 나비가 팔랑거려서 일으킨 바람이 워싱턴에서 토네이도가 된다는 사실을 명심하시기 바랍니다.

교회는 사랑이 샘솟는 곳입니다

교회는 꿈꾸는 곳, 사랑이 샘솟는 곳입니다. 이 시대가 아무리 가혹하다고 해도 사람은 사랑을 맛보고, 사랑을 누리고, 사랑에 감격하면서 살아가야 합니다. 그런데 이러한 사랑을 줄 수 있는 곳이 어디입니까? 바로 교회입니다. 세상의 사랑은 쓴맛 단맛 다 주고, 세상의 사랑하는 사람들은 사랑과 함께 상처와 고통도 줍니다. 하지만 우리 하나님 아버지의 사랑은 우리의 상처를 치유하고 고통을 감해 줍니다. 한없는 사랑으로 천 번 만 번도 더 속아 주시고, 천 번 만 번도 더 기다려 주시며, 천 번 만 번도 더 용서해 주십니다. 이러한 사랑이 샘솟듯 하는 곳이 바로 교회이며, 우리는 그 사랑 가운데서 날마다 치유되고 회복되고 새로워지는 은혜를 경험합니다.

이사야 58장 11절에 보면 물 댄 동산과 같고 물이 끊어지지 않는 샘 같은 곳이라는 표현이 나옵니다. 샘의 특징이 뭡니까? 저수지와 샘이 확연히 다른 것은 저수지는 아무리 많은 물을 모아 놓아도 썩지만 흐르는 샘물은 썩지 않는다는 것입니다. 샘물은 조그마한 해도 퐁퐁 솟아납니다. 자기 정화 능력을 가지고 있는 것이 바로 샘물입니다. 이 시대의 성도들이 문제를 해결하고 난관을 돌파하고 사단 마귀를 이기는 영적인 능력을 갖추려면 샘솟듯 하는 은혜를 덧입을 때일 것입니다. 내 힘으로는 안 됩니다. 성령님의 나타나심과 능력으로만 됩니다. 이처럼 은혜와 사랑이 샘솟듯 하는 교회가 되려면 교회마다 끊임없는 회개와 헌신이 필요합니다.

다시 본문으로 돌아가 봅시다. 본문 내용은 수가성 우물가의 여인에 대한 이야기로 지금 예수님께서 행로에 피곤하셔서 우물가에 있는 한 여인에게 물을 좀 달라고 청하고 있는 장면입니다. 예수님은 우리에게 다가오실 때 꼭 현실적인 문제를 가지고 오십니다. "목이 마르니 물을 달라"는 것도 지극히 현실적인 문제였습니다. 그런데 여기서 목이 마른 사람, 물이 필요한 사람은 누구입니까? 예수님이 아니라 여인입니다. 예수님께서 달라고 했던 물은 현실적인 문제인 동시에 본질적인 문제였습니다. 그런데 이 여인이 예수님의 말씀을 계속 못 알아듣습니다.

Blessing of the man serving the lord
쓰임 받는 사람의 축복

믿음의 사람은 꿈꾸는 사람입니다. 고독하고 추운 고난의 길을 걸어갈지라도 꿈꾸는 자는 그 고난을 마다하지 않습니다. 꿈의 대가를 지불합니다.

"이 물을 마시는 자는 다시 목마르겠지만 내가 주는 물을 마시는 자는 영원히 목마르지 않을 것이다."

그러자 여인이 뭐라고 합니까?

"당신은 물을 길어 올릴 두레박도 없고, 우물도 저렇게 깊은데 어떻게 물을 구할 수 있습니까? 당신이 야곱보다 큽니까?"

이렇게 질문한 여인은 그러고 나서 영원히 목마르지 않는 물이 있으면 자기를 달라고 합니다. 그랬더니 이번에는 예수님께서 남편을 데려오라고 합니다. 그때 여인의 얼굴이 갑자기 빨개지면서 남편이 없다고 말합니다. 성경에 보면 분명 이 여인의 남편이 다섯 명이라고 기록되어 있는데 이 여인은 왜 남편이 없다고 말하는 걸까요? 이 여인은 남편 다섯 명과 살았지만 인생의 갈증을 해결하지 못했다는 얘깁니다. 이 여인에게 다섯 명의 남편은 그냥 '남의 편'이었던

자기 정화 능력을 가지고 있는 것이 바로 샘물입니다. 이 시대의 성도들이 문제를 해결하고 난관을 돌파하고 사단 마귀를 이기는 영적인 능력을 갖추려면 샘솟듯 하는 은혜를 덧입을 때일 것입니다.

예수님은 우리에게 다가오실 때 꼭 현실적인 문제를 가지고 오십니다.

것입니다. 해결되지 않은 여인이었습니다. 결혼을 여러 번 했다는 것으로 동네 사람들의 수군거림과 손가락질의 대상이 되었을 것이고 그래서 사람들 없는 대낮에 우물물을 길러 왔을 것입니다. 그런데 그 시간 그곳에서 예수님을 만난 것입니다. 이리저리 예수님 대답을 회피하고 화제를 돌렸지만 예수님께서 단도직입적으로 물을 달라, 남편을 데려오라 정곡을 찌르며 들어오니 결국 이 여인은 항복하게 됩니다.

우리도 이 세상을 이 여인처럼 살아가고 있지는 않습니까? 아무리 물을 길어 올리지만 해결되지 않는 목마름을 갖고 살지 않습니까? 인생의 우물에서 재물을 퍼 올리고, 쾌락을 퍼 올린다고 인생의 갈증이 해결되지는 않습니다. 많은 여자가 살아가면서 십 대에는 공부하느라, 이십 대

에는 연애하느라, 삼십 대에는 자식 키우느라, 사십 대에는 부귀와 영화와 안정을 위해 집 한 칸 마련하느라 이리 뛰고 저리 뛰다, 결국 수가성 여인처럼 남은 것 없이 가슴만 뻥 뚫려 있는 자신을 발견하게 될 것입니다.

하지만 우리를 찾아오신 예수님께서는 우리에게 영원이 목마르지 않는 물이 있다고 말씀하고 계십니다. 세상이 주는 물은 일시적으로 해갈이 되더라도 다시 목마르겠지만 예수님께서 주시는 물은 영원히 목마르지 않을 것입니다. 그 속에 영생하도록 솟아나는 샘물이 되리라고 말씀하고 계십니다. 요한복음에서 가장 핵심이 되는 단어가 '영생'입니다. 여기서 영생은 모든 축복, 은혜, 사랑이 다 집약된 말입니다. 오래 살고, 평안하고, 행복하고, 근심이 없고, 흡족한 상태를 말합니다. 우리는 인생을 목마르게 살아갑니다. 수가성 여인처럼 남편을 바꿔가면서 이곳에 기웃 저곳에 기웃하며 살아갑니다. 하지만 우리가 성령으로 충만하고 성령을 마시면 인생의 갈증은 해결될 수 있습니다. 영원히 목마르지 않는 생수가 아버지께 있습니다.

Blessing of the man serving the lord
쓰임 받는 사람의 축복

아무리 현실이 가혹해도 굴하지 말고, 어려우면 어려울수록 꿈꾸는 자가 되어야 하겠습니다. 한 가지 꿈을 가지고 살아가다가 세계 지도를 바꾸어 놓은 사도 바울, 민족의 운명을 바꿔놓은 요셉처럼 살아가십시오.

수가성 우물가의 여인이 예수님을 만나서 완전히 변화되고 죄 사함을 받고 영생을 얻은 것처럼 우리도 예수님을 만나서 변해야 합니다. 아무리 현실이 가혹해도 굴하지 말고, 어려우면 어려울수록 꿈꾸는 자가 되어야 하겠습니다. 한 가지 꿈을 가지고 살아가다가 세계 지도를 바꾸어 놓은 사도 바울, 민족의 운명을 바꿔놓은 요셉처럼 살아가십시오. 그리고 자식들에게, 사랑하는 이웃들에게 아름다운 파장을 띄우고, 꿈을 나누어 주고, 꿈을 현상해 주십시오. 교회가 주의 사랑이 샘솟듯 하는 사랑의 진원지, 발전소, 현상소라면 이제는 그리스도인 한 사람 한 사람이 꿈과 사랑이 샘솟는 몸 된 교회가 되어야 할 것입니다.

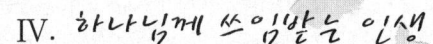

IV. 하나님께 쓰임받는 인생

그 후에 예수께서 디베랴 바다에서 또 제자들에게 자기를 나타내셨으니 나타내신 일이
이러하니라 시몬 베드로와 디두모라 하는 도마와 갈릴리 가나 사람 나다나엘과 세베대의
아들들과 또 다른 제자 둘이 함께 있더니 시몬 베드로가 나는 물고기 잡으러 가노라 하매
저희가 우리도 함께 가겠다 하고 나가서 배에 올랐으나 이 밤에 아무 것도 잡지 못하였더니
날이 새어갈 때에 예수께서 바닷가에 서셨으나 제자들이 예수신줄 알지 못하는지라
예수께서 이르시되 얘들아 너희에게 고기가 있느냐 대답하되 없나이다 가라사대
그물을 배 오른편에 던지라 그리하면 얻으리라 하신대 이에 던졌더니 고기가 많아 그물을
들 수 없더라 예수의 사랑하시는 그 제자가 베드로에게 이르되 주시라 하니 시몬 베드로가
벗고 있다가 주라 하는 말을 듣고 겉옷을 두른 후에 바다로 뛰어 내리더라 다른 제자들은
육지에서 상거가 불과 한 오십 간 쯤 되므로 작은 배를 타고 고기든 그물을 끌고 와서
육지에 올라보니 숯불이 있는데 그 위에 생선이 놓였고 떡도 있더라
예수께서 가라사대 지금 잡은 생선을 좀 가져오라 하신대 시몬 베드로가 올라가서
그물을 육지에 끌어 올리니 가득히 찬 큰 고기가 일백 쉰 세 마리라 이같이 많으나
그물이 찢어지지 아니하였더라 예수께서 가라사대 와서 조반을 먹으라 하시니 제자들이
주신 줄 아는 고로 당신이 누구냐 감히 묻는 자가 없더라 예수께서 가셔서 떡을 가져다가
저희에게 주시고 생선도 그와 같이 하시니라 이것은 예수께서 죽은 자 가운데서
살아나신 후에 세 번째로 제자들에게 나타나신 것이라
저희가 조반 먹은 후에 예수께서 시몬 베드로에게 이르시되 요한의 아들 시몬아 네가
이 사람들보다 나를 더 사랑하느냐 하시니 가로되 주여 그러하외다 내가 주를 사랑하는 줄
주께서 아시나이다 가라사대 내 어린 양을 먹이라 하시고 또 두 번째 가라사대 요한의
아들 시몬아 네가 나를 사랑하느냐 하시니 가로되 주여 그러하외다 내가 주를 사랑하는
줄 주께서 아시나이다 가라사대 내 양을 치라 하시고 세 번째 가라사대
요한의 아들 시몬아 네가 나를 사랑하느냐 하시니 주께서 세번째 네가 나를 사랑하느냐
하시므로 베드로가 근심하여 가로되 주여 모든 것을 아시오매 내가 주를 사랑하는 줄을
주께서 아시나이다 예수께서 가라사대 내 양을 먹이라
내가 진실로 진실로 네게 이르노니 젊어서는 네가 스스로 띠 띠고 원하는 곳으로 다녔거니와
늙어서는 네 팔을 벌리리니 남이 네게 띠 띠우고 원치 아니하는 곳으로 데려가리라
이 말씀을 하심은 베드로가 어떠한 죽음으로 하나님께 영광을 돌릴 것을 가리키심이러라
이 말씀을 하시고 베드로에게 이르시되 나를 따르라 하시니 베드로가 돌이켜
예수의 사랑하시는 그 제자가 따르는 것을 보니 그는 만찬석에서 예수의품에 의지하여
주여 주를 파는 자가 누구오니이까 묻던 자러라 이에 베드로가 그를 보고 예수께 여짜오되
주여 이 사람은 어떻게 되겠삽나이까 예수께서 가라사대 내가 올 때까지
그를 머물게 하고자 할지라도 네게 무슨 상관이냐 너는 나를 따르라 하시더라

요한복음 21:1~22

쓰임받는 제자입니까

예수를 믿고 교회를 다니면서 나름의 신앙생활을 한다고 누구나가 다 예수님의 제자가 되는 것일까요? 과연 우리들 중 누가 예수님의 제자라고 할 수 있을까요? 과연 누가 쓰임받는 제자가 되는 것일까요? 요한복음 21장은 4복음서의 제일 마지막 장으로 예수님의 제자훈련 사역이 마무리되는 장입니다. 말 그대로 예수님 사역의 완결편이 요한복음 21장입니다.

> "그후에 예수께서 디베랴 바다에서 또 제자들에게 자기를 나타내셨으니 나타내신 일이 이러하니라"(요21:1).

우리는 여기서 '그후에' 라는 말에 주목할 필요가 있습니다. '그후' 란 예수님께서 가룟 유다에게 팔려 가시고, 베드로에게 부인당하시고, 제자들이 다 떠나간 후를 말합니다. 예수님의 제자 사역이 완전히 실패로 끝난 이후입니다. 그러한 때에 예수님께서는 디베랴 호수에서 다시 제자들 앞에 나타나셨습니다. 그런데 여기에 쓰임받는 제자의 첫 번째 특징이 무엇인지 알 수 있습니다.

예수님께서 먼저 나타내셨습니다

쓰임받는 제자들의 첫 번째 특징은 예수님께서 제자들에게 먼저 자신을 나타내셨다는 것입니다. 쓰임을 받는 사람은 똑똑하고 잘나서 쓰임을 받는 것이 아닙니다. 우리가 쓰임을 받고 받지 않고는 하나님께서 우리에게 찾아오시는 것에 달려 있습니다. 주님께서 그 사람을 얼마나 주도적으로 부르시느냐에 달려 있습니다. 지금 본문의 배경은 모든 제자들이 다 예수님을 부인하고 도망쳐 버린 상황입니다. 의리를 지키고 예수님 곁에 남아 있는 사람이 한 사람도 없었습니다. 그러한 상황에서 예수님은 제자들에게 다시 한번 나타나십니다. 이처럼 우리가 잘못하고 오해하고 불신하고 엉뚱하게 나아갈 때에도 주님께서는 우리에게 먼저 자신을 나타내십니다.

성경 속의 누구를 봐도, 한 시대에 쓰임받았던 사람들이 주님 앞에 드러난 것은 대체적으로 그들이 잘나서, 똑똑해서, 자질이 뛰어나서가 아니었습니다. 상당한 애로사항이 있고, 상당한 문제점이 있었지만 하나님께서 그에게 나타나시고 주도적으로 이끌어 가시니까 복을 받은 것이었습니다. 그렇기 때문에 우리들에게도 소망이 있는 겁니다. 주님께서는 실패한 제자, 도망간 제자, 배반한 제자들에게도 다시 자기를 나타내신 분이었다는 것을 기억할 때 우리도 주님의 제자로 쓰임받을 수 있다는 소망이 생기는 것입니다.

어린 아들과 아버지가 팔씨름을 하면 누가 이기는 줄 아십니까? 아이가 이깁니다. 어떤 아버지도 아들을 이기지 못합니다. 왜냐하면 일부러 져 주기 때문입니다. 어린 딸과 숨바꼭질을 하는 아버지가 있습니다. 아버지가 숨을 때 어떻게 할까요? 기둥 뒤에 다 보이도록 숨습니다. 찾지 못할 곳에 숨지 않습니다. 그리고 아이가 와서 찾아 주기를 기다립니다. 우리 하나님 아버지도 그렇습니다. 매일 우리에게 져 주시는 분입니다. 그리고 꼭꼭 숨어 계시는 것이 아니라 늘 잡혀 주시는 분입니다. 천 번, 만 번도 속아 주시고 참아 주시는 분이 우리 하나님 아버지입니다.

누가 제자입니까? 하나님께서 많이 용서해 주시고, 많이 져 주시고, 많이 속아 주시고, 그러면서도 때마다 자기를 나타내셔서 다시 부르는 그 사람이 바로 주님의 제자입니다. 이렇게 속으시면서도 기다려 주셨기 때문에 베드로가 제자가 될 수 있는 것이지 베드로가 잘나서 제자가 된 것이 아니었습니다. 예수님의 제자 사역은 처음과 끝 모두를 당신이 직접 주도하셨습니다. 당신이 직접 나타나셔서 제자들을 부르시고 훈련하셨습니다. 우리도 삶 속에서 친히 나타나시는 예수님을 발견하고 그 예수님의 부르심을 들어야 할 것입니다.

Blessing of the man serving the lord
쓰임 받는 사람의 축복

한 시대에 쓰임받았던 사람들이 주님 앞에 드러난 것은 대체적으로 그들이 잘나서, 똑똑해서, 자질이 뛰어나서가 아니었습니다.

상당히 문제점이 있었지만 하나님께서 주도적으로 이끌어 가시니까 복을 받은 것이었습니다.

예수님의 제자 사역은 처음과 끝 모두를 당신이 직접 주도하셨습니다. 당신이 직접 나타나셔서 제자들을 부르시고 훈련하셨습니다.

실패해 본 사람이 쓰임을 받습니다

두 번째 예수님의 제자가 되는 사람은 실패해 본 사람입니다. 2절에 보면 시몬 베드로, 디두모라고 하는 도마, 갈릴리 가나 사람 나다니엘, 그리고 세배대의 아들들과 또 다른 제자 둘이 함께 있다고 나오는데, 여기서 이름이 언급된 제자들을 주목해 보십시오. 제자들의 블랙리스트 순서 아닙니까? 예수님을 부인하고 도망친 베드로, 의심 많은 도마에게 예수님은 제일 먼저 나타나셨습니다. 예수님께서는 실패한 삶 가운데 찾아오시는 분입니다. 만일 베드로가 예수님을 다시 만나지 못하고 죽었다면 어땠을까요? 나중에 예수님 볼 면목이 없었을 것입니다. 창피해서 어떻게 얼굴을 들고 예수님 얼굴을 보겠습니까? 그런데 예수님께서는 베드로가 죽은 후가 아니라 실패한 그 현장으로 찾아오셨습니다. 이것은 베드로의 삶이 결국 실패로 끝나는 것이 아니라는 것을 말해 주고 있습니다. 그렇기 때문에 우리도 살아가면서 감당하기 어려운 문제를 만났을 때 실망할 필요가 없습니다. 그 현장으로 먼저 찾아오시는 예수님을 만나면 됩니다. 본문에서도 왜 하필이면 베드로 이름이 먼저 나올까요? 베드로야말로 주님을 가장 많이 부인하고 주님을 애먹였던 사람인데 예수님께서 베드로에게 가장 먼저 나타나신 것은, 우리가 아무리 실수하고 실패하더라도 포기하지 않으시고 다시 찾아오셔서 주님의 제자로 만들어 가신다는 것을 말해 주기 위해서입니다.

쓰임받은 사람을 보면 대체적으로 상처가 많은 사람들입니다. 상처 입은 치유자라는 말이 있듯이, 주님께서는 상처가 아무리 많아도 우리를 치유하시고 다듬으셔서 당신의 제자로 삼으십니다. 가정 사역을 하시는 분들의 가정을 보면 마냥 행복했던 것이 아니라 사연, 사건이 참 많았던 것을 알게 됩니다. 하나님께서는 이런 사람들을 들어서 변화시켜 쓰시는 것입니다.

구성애 씨를 아시지요? 그분의 강의를 들어보면 시원시원합니다. 어렵고 예민한 부분이라도 거침없이 이야기합니다. 구성애 씨가 잘하는 말이 있습니다.

"상처는 부자다."

원래 상처가 오래 가면 한으로 남습니다. 그리고 상처가 사람을 우울하게 만들고 열등하게 만들기 때문에 상처 많은 사람들을 상대하기란 쉽지 않습니다. 상처를 잘못 건드리면 아파하기 때문에 늘 조심해야 합니다. 상처 많은 사람들은 공격적이고, 뻐딱하고, 무슨 이야기를 해도 곡해하는 경우가 많습니다. 정상적인 커뮤니케이션이 잘 안됩니다. 그런데 구성애 씨는 상처가 많은 사람이 부자라고 합니다. 무슨 뜻일까요? 그것은 상처가 아무리 많아도 그것을 주님 앞에 드러내고 치유받으면 오히려 나중에 상처받은 다른 사람들을 도와줄 수 있다는 말입니다. 예수님은 쓴뿌리에서 난 쓴물도 단물로 만드시며 쓸데없는 일, 허드렛일조차도 극상품으로 만드십니다. 그런 예수님이 우리를 한번 만져 주시면 우리 삶에도 엄청난 변화가 일어납니다. 그리고 이렇게 예수님을 만나 치유되고 회복된 사람들은 모두 위대한 사람들이 됩니다.

목사님 딸이었던 구성애 씨는 과거에 성폭행을 당하고 여섯 달 동안 하혈을 했다고 합니다. 그렇게 끔찍한 일과 깊은 상처를 받았으니 얼마나 고통스러웠겠습니까? 하지만 지금은 탁월한 상담가가 되었습니다. 자기가 그런 일들을 직접 경험해 보고, 죽으려고도 해 봤기 때문에 자신과 같은 상황에 있는 사람들을 누구보다도 더 잘 도와줄 수 있게 된 것입니다.

이렇게 한 사람이 큰 상처를 입고 인생을 포기하고 싶은 순간이 와도 예수님을 믿고 성경 속에서 답을 찾아 치유되고 나면 변화가 일어납니다. 왜 그렇습니까? 우리 주님은 실패자, 실패의 현장에 먼저 찾아오셔서 위로해 주시고 새롭게 해 주시는 분이시기 때문입니다. 실패한 현장 가운데 있다면 이제 소망을 가지십시오.

성경 속의 위대했던 사람들도, 실패한 그 현장 가운데 찾아오신 하나님의 역사로 인생이 역전된 자들입니다. 모세를 보십시오. 모세가 애굽에서 최고의 엘리트 코스를 마쳤을 때 하나님께서 쓰신 것이 아니었습니다. 모세가 살인을 하고 도망치는 신세가 되었을 때 하나님께서 모세를 쓰셨습니다. 모세로 하여금 안락한 황실을 포기하게 만드시고 광야로 내모신 후 하나님께서는 모세를 쓰셨습니다. 요셉 역시 아버지 품에서 채색옷을 입으며 사랑을 받고 자랄 때는 하나님께서 쓰시지 않았습니다. 팔려가고 끌려가는 등 힘든 고생을 다하고 나니까 비로소 하나님께서 쓰셨습니다. 인생 밑바닥까지 갔을 때 소생시키시는 분이 하나님이십니다. 이처럼 하나님께서는 당신의 종들을 광야 학교에 보내셔서 훈련을 시키십니다. 주의 제자는 상처의 시간, 고독한 시간들이 지나고 난 뒤에 쓰임을 받게 됩니다. 저는 이 본문을 보면서 예수님께서는 실패, 허물이 많은 순서대로 찾아오신다는 것을 깨닫고 소망을 얻었습니다. 의심 많은 자로 치면, 허물이 많은 자로 치면 앞에서 순위 안에 드는데 그러면 가능성이 있는 것 아니겠습니까? 그러니 얼마나 감사한 일입니까?

제가 아는, 체격이 대단한 회사의 대표님 한 분이 사업이 부도가 난 후

Blessing of the man serving the lord
쓰임 받는 사람의 축복

성경 속의 위대했던 사람들도, 실패한 그 현장 가운데 찾아오신 하나님의 역사로 인생이 역전된 자들입니다.

시골에서 단감 농사를 짓게 되었습니다. 그분은 자신은 부도 때문에 살았다고 간증을 합니다.

"지금도 제 사업이 잘나갔으면, 그래서 매일 좋은 음식 먹고, 좋은 차 타고 다녔으면 저는 아마 심장병이나 고혈압으로 죽었을 겁니다."

도시 생활을 할 때 심각한 비만이었던 그분이 시골에서 땅을 파고 일을 한 후로 체중이 20kg이나 준 것입니다. 육적인 건강만 회복된 것이 아닙니다. 의사들도 포기했었던 이분이 부도 한번 나더니 육적인 다이어트뿐만이 아니라 영적인 다이어트도 해서 완전히 새사람이 된 것입니다.

인생의 실패는 하나의 코스에 불과합니다. 그 시기는 우리가 하나님을 더욱 인격적으로 만날 수 있는 기회가 되고, 하나님을 만남으로 치유되고 회복의 경험을 얻게 되는 은혜의 시간이 됩니다. 이런 사람은 어디를 가게 되더라도 좋은 지도자, 좋은 제자가 될 수밖에 없습니다. 자신이 실패해 보고, 자신이 밑바닥까지 가 보고, 자신이 망해 봤는데 어떻게 교만을 떨고 건방을 떨겠습니까?

베드로 다음에 도마라는 이름이 나옵니다. 도마는 어떤 사람입니까? 열두 제자 중에 의심이 가장 많았던 제자였습니다.

"열두 제자 중에 하나인 디두모라 하는 도마는 예수 오셨을 때에 함께 있지 아니한지라"(요 20:24).

예수님이 오셨을 때 도마는 함께 있지 않았다고 기록되어 있는데 이 표현이 아주 재미있습니다. 제자는 원래 주님과 함께하는 사람인데 도마는 함께 있지 않았습니다. 예수님께서는 제자들을 훈련하실 때 기초, 중급, 고급과정과 같은 커리큘럼을 가지고 교육하지 않으셨습니다. 그 냥 데리고 다니셨습니다. 예수님의 제자 훈련 방법은 직접 데리고 다니시면서 보여 주시는 것이었습니다. 주님과 함께하는 그 자체가 훈련이었던 것입니다.

그래서 성도들은 함께 있어야 합니다. 늘 모이기에 힘쓰고 교제를 나누고 연합하여 동거하는 삶을 살아야 합니다. 은혜의 현장에서 빠지지 마십시오. 주님이 계시는 현장에서 빠지지 마십시오. 그런데 도마는 함께 있지 않았다고 합니다. 도마가 의심이 많았던 것은 바로 이 때문입니다. 부흥하는 교회의 특징을 보면 성도들이 늘 함께합니다. 그래서 서로 닮아 갑니다. 이처럼 함께하는 것은 참 중요합니다. 예수님의 제자란 예수님과 함께하는 사람입니다.

하나님의 본심은 심판이 아니고 평강입니다. 우리들의 영혼이 잘되고, 범사가 잘되기를 간절히 원하시는 분입니다. 범죄하고 실패하고 주님 앞에서 얼굴 뵐 면목이 없는 제자들에게 나타나셨을 때도 책망부터 하시지 않고 평강을 선포하셨습니다.

"열두 제자 중에 하나인 디두모라 불리는 도마는 예수 오셨을 때에 함께 있지 아니한지라"(요20:24).

"여드레를 지나서 제자들이 다시 집 안에 있을 때에 도마도 함께 있고 문들이 닫혔는데 예수께서 오사 가운데 서서 가라사대 너희에게 평강이 있을 지어다 하시고"(요20:26).

처음 예수님께서 오셨을 때는 함께 있지 않던 도마가 여드레 후엔 다른 제자들과 함께 있었습니다. 그때 비로소 도마는 예수님을 만나게 됩니다. 그런데 더 중요한 것은 그 다음 말씀입니다. 예수님께서 제자들을 찾아오셔서 처음 하시는 말씀이 무엇입니까?

"너희에게 평강이 있을지어다."

예수님께서 제자들에게 나타나실 때마다 말씀하시는 "평강이 있을지어다"로 우리는 하나님의 본심을 확인할 수 있습니다. 하나님의 본심은 심판이 아니고 평강입니다. 우리들의 영혼이 잘되고, 범사가 잘되기를 간절히 원하시는 분입니다. 범죄하고 실패하여 주님 앞에서 얼굴 뵐 면목이 없는 제자들에게 나타나셨을 때도 책망부터 하시지 않고 평강을 선포하셨습니다. 하나님께서는 우리에게도 나타나실 때 평강을 선포하십니다.

의심 많은 도마에게 나타나신 예수님께서 도마에게 손과 옆구리를 만져 보게 하시면서 "믿음 없는 자가 되지 말고 믿는 자가 되라"고 말씀하십니다. 예수님의 제자는 예수님을 믿는 자입니다. 하지만 의심 많은 도마는 처음에 "나는 믿지 못하겠다, 만져 보기 전에는 믿지 못하겠다."고 말했다가 "당신은 나의 주시며, 나의 하나님이십니다."라고 고백합니다. 가장 의심 많았던 제자가 가장 확신에 찬 제자로 변하는 순간입니다. 처음에는 우리도 하나님을 잘 모릅니다. 그랬던 우리에게 주님께서 직접 찾아오시게 되면, 그것도 내가 힘들고 어려울 때 찾아오시게 되면, 그래서 그분과 함께하고, 그분을 믿게 되면 우리도 그분의 제자가 되는 것입니다. 그때에 우리도 도마처럼 나의 주님, 나의 하나님이라고 고백하게 되는 것입니다.

저도 문제가 참 많은 사람이었습니다. 목회자가 되기에 부적격한 사람이었습니다. 성경을 봐도 그냥 믿으면 되는데 믿어지지가 않았습니다. 늘 "왜"라는 의심이 따라다녔습니다. 그리고 예수님의 제자 선발에도 불만이 많은 사람 중 하나였습니다.

'왜 이렇게 시원찮은 사람을 부르셨을까, 좀 똑똑하고 능력 있는 제자들을 스카웃하시지, 왜 이렇게 무식하고 성질 더러운 사람들을 부르셨을까……'

그런데 성경을 반복해 보다가 이것이 축복이라는 것을 깨닫게 됐습니다. 주님께서 이렇게 하지 않으셨으면 나 같은 것이 어떻게 주의 종이 되었겠습니까? 저는 예선 서류 심사부터 탈락했을 것 같습니다. 그러나 주님께서 먼저 나타나시고 소명을 주셔서 주의 종이 될 수 있었습니다. 저도 도마처럼 의심이 많은 사람입니다. 성경을 읽어도 그냥 넘어가지 못합니다.

"왜, 하필이면, 이것은 뭐지?"

단어를 봐도 그냥 보는 것이 아니라 왜 이 단어가 나올까 생각하며 봅니다. 그래서 사전을 찾고 주석을 찾았습니다. 그런데 언제부터인가 남들이 못 보는 것이 보이고, 이해하지 못하는 것이 이해가 되고, 확신이 들기 시작했습니다. 이처럼 의심이 많은 사람도 주님을 만나면 흔들리지 않는, 확신에 찬 사람이 됩니다.

의심이 많은 도마였지만 결국엔 주님을 위해 인도에서 순교합니다. 의심이 많다고 너무 걱정 마십시오. 의심이 많은 것이 예수님을 만날 수 있는 계기가 되었기 때문입니다. 하나님께서는 우리의 기질과 체질을 아시고 그 기질대로, 체질대로 쓰십니다. 그러기에 베드로도 소망이 있는 것이고, 도마도 소망이 있는 것입니다.

성격, 기질, 은사의 한계로 고민하지 말고 약점으로 느껴질 때 감사하십시오. 의심 많은 제자가 확신의 제자로 변하고, 허물 많은 제자가 수제자로 변합니다. 하나님께서는 약점을 강점으로 쓰시는 분입니다. 애물단지 같은 사람도 예수 믿으면 보물단지가 됩니다. 때로는 나의 약점이 쓰임받는 조건이 되는 것입니다. 그 약점을 통해 남들이 만나 보지 못하는 하나님을 만나게 되고, '나의 주님, 나의 하나님' 이라고 고백할 수 있게 되는 것입니다.

Blessing of the man serving the lord
쓰임 받는 사람의 축복

하나님께서는 약점을 강점으로 쓰시는 분입니다. 애물단지 같은 사람도 예수 믿으면 보물단지가 됩니다. 때로는 나의 약점이 쓰임받는 조건이 되는 것입니다. 그 약점을 통해 남들이 만나 보지 못하는 하나님을 만나게 되고, '나의 주님, 나의 하나님' 이라고 고백할 수 있게 되는 것입니다.

주가 쓰시면 됩니다

또 어떤 사람이 쓰임을 받습니까? 마가복음에 예수님께서 예루살렘에 입성하실 때 제자들에게 나귀 새끼를 끌고 오라고 하시는 장면이 있습니다. 거기서 제자들이 "주인이 뭐라고 하면 어떡합니까?"라고 묻자 예수님께서 "주가 쓰시겠다 하라."고 말씀하십니다. 저는 여기서 해답을 얻었습니다. 제가 왜 목회자가 되고 제가 왜 이 자리에 있습니까? 제가 똑똑하고 잘나서가 아니라 주께서 쓰시기로 했기 때문이었습니다. 사람의 신체 조건, 학력, 인물, 기질, 배경이 중요한 것이 아니라 주님께서 "내가 쓰겠다." 하면 되는 것입니다. 베드로든 도마든 상관없이 주님께서 들어 쓰시면 제자가 된다는 말입니다. 우리가 주님 앞에 소망이 있는 것은 주께서 쓰시면 되기 때문입니다. 사람은 포기하고, 변절

하기 쉬운 존재이지만 하나님의 언약은 파기되지 않고 영원한 것이기 때문에 우리가 손을 놓아도 하나님께서는 우리 손을 놓으시지 않으시고 우리를 들어 쓰십니다.

사람은 쓰임받을 때가 가장 아름답습니다. 제가 언제 가장 멋있겠습니까? 설교할 때 가장 멋있습니다. 이처럼 사람은 쓰임받을 때, 그 현장에 있을 때가 가장 아름답습니다. 쓰임받는 종이, 목회자가 설교 안 하고 집에 있으면 스트레스가 더 쌓입니다. 속이 부글부글 합니다. "어떻게 하나?"하던 사람이 "할렐루야! 피할 길을 주실 줄 믿습니다. 지혜를 주셔서 감당하게 하실 줄 믿습니다."하면서 거침없이 뚫고 나갈 저력이 생깁니다. 주께서 쓰시면 피곤치 않습니다. 쓰임받을 동안에는 아프지도 않고, 문제도 없습니다. 건강도 물질도 다 채워주시기 때문입니다. 그래서 우리는 쓰임받는 제자가 되어야 합니다.

먼저 먹이십니다

다시 요한복음 21장 본문으로 돌아가서 이렇게 허물 많고 의심 많은 제자들을 주님께서 어떻게 변화시켜 가시는지 살펴봅시다. 예수님께서는 제자들에게 나타나셔서 처음 어떤 일을 하셨습니까?

사람은 쓰임받을 때, 그 현장에 있을 때가 가장 아름답습니다.

"예수께서 가라사대 와서 조반을 먹으라 하시니 제자들이 주신줄 아는 고로 당신이 누구냐 감히 묻는 자가 없더라"(요21:12).

예수님께서 조반을 준비해 제자들에게 먹이시는 장면이 나옵니다. 주님께서는 사람을 쓰실 때 먼저 먹이십니다. 예수님께서 베드로에게 다시 나타나셔서 "베드로야 이리 와 봐라. 네가 나를 아는지 모르는지 다시 얘기해 보거라."하시지 않고 "와서 조반을 먹으라. 생선도 먹으라."고 하십니다. 하나님께서는 우리의 성격, 정서를 다루실 때 먼저 먹이십니다. 이것이 치유와 회복의 첫 단계입니다. 요한복음 21장을 심리학적으로, 교육학적으로, 의학적으로 분석해 볼 때 예수님의 행동은 굉장한 것이었습니다. 가출한 자식이 집에 들어와 불안해하고 있을 때 엄마들이 뭐라고 합니까? "밥은 먹었니?" 그 말에 자식의 마음은 치유가 되고 회복이 됩니다. 왜 그렇습니까? 이 말에는 부모의 용서와 사랑이 담겨 있기 때문입니다. 예수님께서도 "삼 년을 키워 놨더니 배반이나 하고 도망을 치다니 정말 밥이 아깝다, 너는 밥 먹지 마라."고 책망하지 않습니다. 그냥 아무 말 없이 제자들을 먹이시는 것은 제자들을 용서하고 사랑한다는 주님의 마음 그대로를 나타내십니다.

구약에서도 하나님께서는 엘리야를 고치실 때 이와 같이 먼저 먹이셨습니다. 이세벨의 말 한마디에 영적인 침체에 빠져 로뎀나무 밑에서 "하나님, 차라리 나를 죽여주세요. 저는 못 살겠습니다."라고 할 때에 "엘리야야! 네가 불의 종이 맞느냐. 조금 전에 기도하던 그 제자 맞느냐?"라고 다그치시지 않고 떡을 주시며 물을 주시고 회복시키십니다.

이처럼 하나님께서는 머리가 깨질 것같이 복잡한 고민을 할 때도, 마음이 상하고 낙담이 되어 죽고 싶을 때도 밥을 먹이십니다. 그런 과정을 통해 우리는 주님의 사랑을 느끼게 됩니다. 우리 주님은 상하고 지친 우리를 그렇게 고쳐 가십니다.

주님께서 밥을 먹인 다음에는 "이제부터 네가 한 일에 대해서 얘기해 보자."하시지 않고 "시몬아, 네가 나를 사랑하느냐."라고 물으십니다. 주님은 이것을 통하여 베드로의 영육을 회복시키고 계십니다. 이것이 바로 전인치료라는 것입니다. 우리 주님은 제자들에게 떡과 물, 조반, 생선을 먹이시면서 영육 간에 회복을 주시는 분입니다.

이렇게 예수님은 우리를 먼저 찾아오셔서 부르시고 "내가 쓰겠다."하셔서 제자를 세우시는데 제자마다 특성이 다 다릅니다. 본문에는 세 제자가 나옵니다. 예수님께서 제자들에게 다시 나타나셨을 때 예수님을 가장 먼저 알아본 제자가 있었습니다. 성경에는 '예수의 사랑하시는 그 제자'라고 표현되어 있는데 이가 바로 요한입니다. 요한은 예수님이 가장 사랑하는 제자였습니다. 하지만 요한은 우뢰의 아들이라고 할 만큼 성품이 그다지 좋은 사람이 아니었습니다. 우뢰처럼 시끄러운 사람이었습니다. 그런데 이와 같은 사람이 주님의 사랑을 받고 나니까 주님을 가장 먼저 알아보는 사람이 됩니다. 본문에서 예수님을 알아보는 사람은 요한밖에 없었습니다. 그래서 주님의 사랑을 받는다는 것은 중요합니다. 사랑하면 보입니다. 사랑하면 들립니다. 사랑하는 사람은 예수님을 알아봅니다.

저희 두 아이가 어렸을 적 2층 침대에서 재웠을 때의 일입니다. 딸 아이가 종종 자다가 침대에서 떨어지는 일이 있었습니다. 저는 잠을 자면 누가 업어 가도 모를 정도로 깊이 자는데, 우리 딸이 침대에서 떨어지는 소리에는 벌떡 일어납니다. 아무리 깊은 잠에 빠져있어도 사랑하는 내 딸이 떨어지는 소리는 들리는 것입니다. 마찬가지입니다. 주님을 사랑하는 사람은 주님이 보입니다. 사랑하는 제자가 되십시오. 그리고 사랑받는 제자가 되십시오. 21장에서도 예수님께서 마지막으로 베드로에게 얘기하는 것은 "네가 나를 사랑하느냐."였습니다. 결론은 사랑입니다. 사랑하는 제자에게는 부족하더라도 양떼를 맡기십니다. 예수님께서 십자가에 돌아가시기 전에 모친 마리아를 누구에게 맡겼습니까? 사랑하는 제자 요한에게 맡기셨습니다. 누가 자기 어머니를 아무에게나 맡기겠습니까? 사랑하는 사람이니까 가능한 것입니다. 천국의 비밀을 본 유일한 사람도 사도 요한입니다. 요한계시록을 기록했던 요한, 제자들 중에 가장 끝까지 남아서 사역을 마무리한 사람도 바로 요한이었습니다. 왜 그렇습니까? 사랑 때문이었습니다. 사랑이 묘약이라고 합니다. 다른 것은 몰라도 주님의 사랑에서 실패하지 마십시오. 사랑받는 일엔 양보도 하지 마십시오. 주님의 사랑을 독차지하십시오. 사랑받는 제자가 되어야 사명자가 됩니다. 사랑받는 제자가 주님을 알아보고, 주님의 뜻을 알고, 주님을 기쁘시게 해드리는 것입니다.

두 번째 나오는 제자는 베드로입니다. "저 분이 예수님이시다."라는 요한의 말을 듣고 베드로가 어떻게 합니까? 겉옷을 두른 후에 바다로 뛰어내립니다. 그곳에 있던 많은 제자 중에서 바다에 뛰어내린 제자는 베드로밖에 없습니다. 성격 탓도 있겠지만 바다에 뛰어든 것은 헌신을 의미합니다. 자신의 몸을 던진 것입니다.

요한은 예수님을 알아보고, 베드로는 뛰어내렸는데 다른 제자들은 어떻습니까? 다른 제자들은 계산을 합니다. 육지에서 거리가 얼마나 되는

지를 계산해 보고 배를 타고 가서 그물을 끌고 옵니다. 앞에 두 제자와의 차이가 무엇입니까? 다른 제자들은 예수님도 못 알아봤고, 예수님이라고 했을 때 뛰어들지도 않았습니다. 그냥 하던 대로 일을 했습니다. 그랬더니 그들에게는 아무 일도 일어나지 않았습니다. 이것이 가장 안 좋은 종류의 사람입니다. 그런데 오늘날 많은 사람들이 그렇게 살아갑니다.

"뭐 하러 뛰어드나, 그냥 보트타고 가면 되지."

하면서 헌신하지 않습니다. 하지만 주님께서는 몸을 던지는 사람, 헌신하는 사람을 기뻐하십니다. 베드로가 수제자가 될 수 있었던 이유가 바로 이것이었습니다.

교회일도 그렇습니다. 몸을 던지는 사람을 주님께서 쓰십니다. '지금 다른 제자들은 육지에서 상거가 불과 한 오십 칸쯤 되지 않겠는가? 작은 배를 타고 그물을 끌고가면 되지 않겠는가…' 계산하고 있습니다. 이렇게 계산하는 사람은 그 삶에 시험도 없고, 문제도 없이 순탄할 수는 있지만, 그러나 축복도 없고 영광도 없다는 것을 알아야 합니다. 그렇다면 우리는 어떤 제자가 되어야 하겠습니까? 손해 보지 않고, 체면 지키고서는 쓰임받을 수 없습니다. 본문 속의 다른 제자들에 불과합니다. 믿음의 사람은 몸을 아끼지 않습니다. 체면도 따지지 않습니다. 예수님을 알아보는 즉시 뛰어듭니다.

예수님이 제자들을 선발할 때 막 부르신 것 같지만 그렇지 않습니다. 예수님께서 베드로를 부르셨을 때 베드로는 배와 그물을 버려두고 주님을 따라갔던 사람입니다. 저한테 지금 주님이 오셔서 "문훈아, 가자!"라고 하시면 저는 아마 이렇게 말할지도 모르겠습니다.

"저에게 일주일만 시간을 주세요. 집에 가서 인사 좀 하고, 짐도 싸고,

은행 정리도 하고 오겠습니다.”

많은 사람들이 이렇게 말하지 않을까 싶습니다.

그런데 베드로는 주님이 부르셨을 때 아무것도 계
산하지 않았습니다. 오라고 하니까 따라가고 주님이
라고 하니까 일단 몸을 던졌습니다. 이것을 '저지름
의 원칙'이라고 하는데 믿음의 사람은 일단 저지르고
봅니다. 계산 잘한다고 믿음이 좋은 것이 아닙니다.
가나안을 정복할 때 열두 명의 정탐꾼을 보냈는데 열
명은 대단히 합리적이고 계산적이고 상식적인 사람
이었습니다. 하지만 그들은 믿음이 없었습니다. 반면
에 두 명의 정탐꾼 갈렙과 여호수아는 상식을 넘어서
믿음으로 나아갑니다.

“주님이 함께하시면 이길 줄로 믿습니다. 이기리
라, 건너가자. 능히 이기리라!”

주님께서는 몸을 던지는
사람, 헌신하는 사람을 기
뻐하십니다. 베드로가 수
제자가 될 수 있었던 이유
가 바로 이것이었습니다.
하나님께서는 상식적이
고 계산적이며 옷에 물 한
방울 안 묻히려는 사람보
다 다소 무모해 보일지라
도 자신을 던질 수 있는
사람을 들어 쓰시며 역사
해 나가십니다.
신앙생활은 머리로 하는
것이 아닙니다.

똑같은 상황을 놓고도 엄청난 차이가 나는데 하나님께서는 믿음으로
일단 저지르는 자를 쓰십니다. 성전 건축할 때, 돈 좀 모아서 형편 좋아
지면 그때 짓자, 라고 한다면 형편이 좋아지는 것보다 아마 주님 재림하
시는 것이 더 빠를지도 모릅니다. 형편 좋아져서 되는 것이 아니라 베드
로와 같이 몸을 던지는 사람을 통해서 하나님께서는 역사를 이루어 가
십니다.

하나님께서는 상식적이고 계산적이며 옷에 물 한방울 안 묻히려는 사

람보다 다소 무모해 보일지라도 자신을 던질 수 있는 사람을 들어 쓰시며 역사해 나가십니다. 이스라엘 백성이 요단강을 건너갈 때 요단강이 갈라지고 건넌 것이 아니라 믿음으로 요단강에 발을 담갔을 때 요단강이 갈라지는 기적이 일어났습니다. 바지 젖을까 봐 발을 물에 담그지 못했다면 요단강이 갈라지는 체험을 못 했을 것입니다. 발을 담그십시오. 몸을 던지십시오. 그래야 예수님의 제자가 됩니다. 예수님께서 왜 베드로를 예뻐하셨습니까? 머리가 좋아서도 아니고, 인물이 좋아서도 아니고 허물이 없어서도 아닙니다. 오히려 남들보다 허물이 많았던 사람이 베드로였습니다. 예수님께서 베드로를 예뻐하셨던 것은 베드로의 남다른 열심과 헌신 때문이었습니다. 신앙생활은 머리로 하는 것이 아닙니다.

누가 쓰임받는 제자입니까? 다시 정리해 보면 예수님께서는 실패한 현장에서 낮아진 사람에게, 세상 포기하고 사는 사람에게 찾아오십니다. 그리고 자기를 나타내 주십니다. 내가 똑똑하고 잘나서 예수님 잘 믿는 것이 아니라 주님이 나를 강권하시고 성령님이 말할 수 없는 탄식 가운데 밀어붙이시기 때문입니다. 나를 항상 주도적으로 인도하시고 고쳐 가시며, 실패하고 어려울 때 오셔서 함께하심으로 우리는 주님을 닮은 제자가 되는 것입니다. 의심 많은 도마, 우뢰의 아들 요한, 허물 많은 베드로였지만 예수님께서는 그들에게 나타나시고 먹이셨으며 양떼를 맡기셨습니다. 예수님의 주도적인 부르심 가운데 쓰임받는 제자가 된 것입니다. 실패한 제자들의 기를 죽이지 않고 "조반을 먹으라, 생선도 먹으라."이렇게 제자들을 먹이시면서 원기를 회복시켜 주시고, 제자의 길을 가게 하시는 우리 주님의 쓰임받는 제자가 됩시다.

우리가 쓰임받을 때는 아프지도 죽지도 않을 뿐만 아니라 쓰임받는 그 순간이 가장 아름답게 됩니다. 이제 주를 믿는 모든 자마다 불꽃같이 쓰임받고, 놀랍게 쓰임받고, 믿음으로 발을 내딛을 때마다 새로운 역사가 펼쳐지며, 한 사람 한 사람의 손길을 통해서 비전이 이루어지고 주님의 역사가 나타나기를 주님의 이름으로 축원합니다.

악한 사람들과 속이는 자들은 더욱 악하여져서 속이기도 하고 속기도 하나니

그러나 너는 배우고 확실한 일에 거하라

너는 네가 뉘 게서 배운 것을 알며

또 어려서부터 성경을 알았나니

성경은 능히 너로 하여금 그리스도 예수 안에 있는 믿음으로 말미암아

구원에 이르는 지혜가 있게 하느니라

모든 성경은 하나님의 감동으로 된 것으로

교훈과 책망과 바르게 함과 의로 교육하기에 유익하니

이는 하나님의 사람으로 온전하게 하며

모든 선한 일을 행하기에 온전케 하려 함이니라

디모데후서 3장 13~17절

생각의 시스템

사람이 계속해서 반복적인 실패를 하는 경우 그 원인을 보면 대부분 사고방식에 문제가 있음을 알 수 있습니다. 잘못된 사고방식, 잘못된 가치 체계를 가지고 있기 때문에 잘못된 판단을 하게 되고, 그러다 보니 똑같은 실수와 실패를 반복하게 되는 것입니다.

자동차 사고를 방지하는 시스템은 그 차가 선을 넘어가거나 인근에 물체가 있을 때 경고음을 냅니다. 이렇듯 우리 몸에도 사고 방지 시스템이 있는데, 그것이 고장나면 자신이 지금 잘못 가고 있다는 사실을 인식하지 못한 채 엉뚱한 방향으로 나아가게 됩니다.

고장난 관념, 이것이 바로 고정관념이라는 것인데 생각이 잘못되어 있고, 가치관, 세계관이 잘못된 사람은 분별력, 변별력이 없어서 인격에 오작동을 일으킵니다. 그래서 설교를 들을 때 남들이 은혜로 받아들이는 것도 오해하고, 남들은 감사하는데 짜증을 내는 것입니다. 이처럼 우리의 생각에 문제가 생기면 몸과 일, 관계에 연쇄적으로 문제가 생겨서 인생이 역기능적으로 흘러가게 됩니다.

우리 몸에서 가장 예민한 부위가 어디인지 아십니까? 두뇌입니다. 모든 것이 머릿속에서 판가름이 납니다. 그렇기 때문에 뇌에서 어떤 생각의 틀을 가지고 있느냐가 대단히 중요합니다. 우리의 생각을 성령 하나님께서 충만하게 채우실 때엔 우리의 삶에 성령의 열매가 주렁주렁 맺히게 되지만, 나쁜 생각으로 채우면 나쁜 말이 나오고 나쁜 습관이 나오고, 결국 나쁜 인간이 되고 맙니다.

코카콜라 회사 사장님은 몸에 피가 흐르는 것이 아니고 코카콜라가 흐른다는 말이 있습니다. 앉으나 서나, 자나 깨나 코카콜라만 생각하기 때문입니다. 그만큼 우리가 무엇을 생각하느냐에 따라 우리의 체질과, 습관, 인격이 달라지는데 여러분은 무슨 생각을 하시며 사십니까?

Blessing of the man serving the lord
쓰임 받는 사람의 축복

사람이 계속해서 반복적인 실패를 하는 경우 그 원인을 보면 대부분 사고 방식에 문제가 있음을 알 수 있습니다. 잘못된 사고 방식, 잘못된 가치 체계를 가지고 있기 때문에 잘못된 판단을 하게 되고 그러다 보니 똑같은 실수와 실패를 반복하게 되는 것입니다.

복 있는 생각, 복 있는 사람

"악한 사람들과 속이는 자들은 더욱 악하여져서
속이기도 하고 속기도 하나니"(딤후 3:13).

악한 사람은 그 마음속에 악한 뜻을 품고 있기 때문에 계속해서 악한 말과 악한 행동을 하게 된다는 말입니다. 생각의 시스템이 그 사람의 행동 유형을 만들어 갑니다. 복 있는 사람은 복 있는 생각을 하고, 복 없는 사람은 복 없을 생각을 합니다.

시편 1편에서 강조하는 것이 무엇입니까? 복 있는 사람은 악인들의 꾀를 따르지 않습니다. 하지만 복 없는 사람은 분별력, 판단력이 없기 때문에 악한 꾀를 따라갑니다. 복 있는 사람은 죄인들의 길에 서지 아니하며 오만한 자들의 자리에 앉지 않습니다. 죄인들의 길, 오만의 자리는 망할 자리인데 복 있는 사람은 절대로 그 자리에 가지 않습니다. 그러나 복 없는 사람은 망할 자리를 스스로 찾아갑니다. 솔로몬이 일천 번제를 드렸을 때 하나님께서는 출입을 아는 지혜를 주셨습니다. 출입을 안다는 말은 무엇입니까? 나가야 할 때와 들어가야 할 때를 안다는 것입니다. 위치 선정을 잘 한다는 의미도 됩니다. 예배당에서도 '금자리', '은자리', '동자리', '잠자리' 가 있는데 은혜를 받으려면 이 자리를 잘 잡아야 합니다. '모진 놈 옆에 섰다가 벼락 맞는다' 고 하지 않습니까? 그래서 사람은 살아갈 때 위치 선정이 중요합니다.

사람을 만나도 이왕이면 부흥을 체험하고 하나님의 은혜를 체험한 사람을 만나도록 하십시오. 이런 사람들 옆에 있으면 덩달아 은혜를 받을 수 있습니다. 옆에 있기만 해도 은혜의 콩고물이 묻습니다. 복 있는 사람들은 복 받을 생각을 하고, 복 받을 행동을 하고, 복 받을 자리에 있기 때문에 그 복이 나에게도 흘러오는 것입니다. 그러나 악인의 꾀에 빠져 있고, 엽기적인 생각을 하는 사람들 옆에 있으면 같이 망합니다. 묘수 끝에 악수를 두는 일이 없기를 바랍니다.

복 있는 사람은 여호와의 율법을 즐거워하고 주야로 묵상하는 사람입니다. 그런데 많은 사람들이 율법에 매여서 피곤하게 하시는 하나님, 까다로우신 하나님, 시어머니 같은 하나님으로 하나님을 오해합니다. 그래서 말씀을 부담스러워하고 말씀 때문에 스트레스를 받습니다. 여호와의 말씀은 생명이며, 언약입니다. 진리입니다. 우리는 이 말씀을 즐거워해야 합니다.

성공하는 사람들의 특징은 자신의 일을 즐기는 사람들입니다. 찬양을 잘하는 사람은 찬양대에 앉아 있을 때 가장 행복합니다. 찬양할 때 혈색이 살아나고 생기가 돕니다. 악기를 잘 다루는 사람은 연주하는 것을 즐거워합니다. 연주할 때 가장 신바람이 납니다. 그래서 복 있는 사람은 말씀을 즐거워합니다.

생각 자체를 하나님의 말씀으로 가득 채우십시오. 사람이 떡으로만 살 것이 아니요 하나님의 말씀으로 산다고 했는데 말씀은 떡 이상입니다. 하나님께서 축복하시고 능력을 주실 때 보면, 백발백중 말씀을 먼저 주십니다. 말씀을 듣다 보면 하나님이 기뻐하시는 일을 하고 싶어지는데 하나님이 기뻐하시는 일을 하는 사람은 어떻게 될까요? 당연히 복을 받습니다. 예배, 기도, 찬양을 즐거워하고 내 삶의 취미로 만드십시오. 하나님께서 나를 만져 주시고, 성령을 물 쏟듯 부어 주시고, 기름 부으심을 통해 인생의 윤활유가 돌기 때문에 신바람이 나고, 할렐루야가 저절로 나옵니다.

여호와의 율법을 즐거워하고 주야로 말씀을 묵상하는 사람은 생각을 해도 벌써 하나님이 기뻐하시는 것만 생각하게 되고, 하나님이 기뻐하시는 감정을 갖게 되고, 하나님이 기뻐하시는 뜻을 정해 살려고 합니다. 말씀을 통해 성경적인 사고방식을 갖게 되면 결국 성경적인 감정과 행동이 나오기 때문에 그 사람은 하나님께서 기뻐하시는 인생을 살아갈 수밖에 없습니다.

하나님의 입으로 나오는 모든 말씀으로 사는 것이 사람입니다. 그만큼 말씀이 중요합니다.

"오직 너는 마음을 강하게 하고 극히 담대히 하여 나의 종 모세가 네게 명한 율법을 다 지켜 행하고 좌로나 우로나 치우치지 말라 그리하면 어디로 가든지 형통하리니 이 율법책을 네 입에서 떠나지 말게 하며 주야로 그것을 묵상하여 그 가운데 기록한대로 다 지켜 행하라 그리하면 네 길이 평탄하게 될 것이라 네가 형통하리라 내가 네게 명한 것이 아니냐 마음을 강하게 하고 담대히 하라 두려워 말며 놀라지 말라 네가 어디로 가든지 네 하나님 여호와가 너와 함께 하느니라 하시니라"(수1:7~9).

좌로나 우로나 치우치지 말고 여호와의 율법을 다 지켜 행하면 형통하게 되고 평탄하게 된다고 말씀하고 계십니다. 형통, 평탄하게 되는 사람은 시편 1편 4절의 시냇가에 심겨진 나무와 같은 사람입니다. 시냇가에 심겨진 나무는 사시사철 열매를 맺고 잎사귀가 마르지 않습니다. 말씀에 심겨지고, 말씀을 붙들고, 말씀을 의지하고, 신뢰하는 사람이 바로 시냇가에 심겨진 나무와 같은 사람인데 이런 사람들은 자신의 모든 것을 하나님 중심으로 생각하고, 하나님께 중심을 두고 있기 때문에 하나님께서 평강으로 지키십니다. 내 마음의 뿌리를 생명 되신 예수님께 두어야 합니다. 그래야 사시사철 열매를 맺고 잎사귀가 마르지 않습니다.

이렇게 악인의 꾀를 좇지 않고, 영적인 분별력을 가지고 죄인의 길과 오만한 자리에 가지도 않으며, 위치 선정을 잘해서 복 있는 자리에 앉고 서는 사람, 하나님의 율법을 즐거워하고 묵상하는 사람은 시냇가에 심겨진 나무처럼 마르지 않으며 열매를 맺게 됩니다. 우리의 삶은 내가 어떤 사고의 샘을 가지고 있느냐에서부터 시작됩니다. 복 있는 사람은 복 받을 생각의 시스템을 가지고 있습니다. 복 있는 사람은 좋아하는 것부터 다릅니다.

> "그것들에게 절하지 말며 그것들을 섬기지 말라 나 여호와 너의 하나님은 질투하는 하나님인즉 나를 미워하는 자의 죄를 갚되 아비로부터 아들에게로 삼사 대까지 이르게 하거니와 나를 사랑하고 내 계명을 지키는 자에게는 천 대까지 은혜를 베푸느니라"(출20:5~6).

누군가를 사랑하고 좋아하면 그 사람을 닮고 싶고, 그 사람을 따라 하게 되는 것처럼 하나님을 사랑하면 하나님의 말씀이 즐겁고, 그래서 지키고 싶어집니다. 하지만 하나님을 미워하고 싫어하면 말씀이 질리고, 부담스럽습니다. 복 있는 사람은 복 있는 생각, 복 있는 만남, 복 있는 취미를 가지고 있기 때문에 복을 받을 수밖에 없습니다. 사람은 절대로 하루아침에 망하거나 하루아침에 복을 받는 것이 아닙니다. 내 안을 어떤 것들로 채우고 사느냐가 중요합니다.

생각의 차이가 착하고 충성된 사람을 만들기도 하고, 악하고 게으른 사람을 만들기도 합니다. 생각의 차이가 영적인 빈익빈 부익부 현상을 만드는 것입니다.

생각의 차이

경제 용어로 빈익빈(貧益貧) 부익부(富益富)라는 말이 있습니다. 그런데 이 말은 영적인 원리에도 적용이 됩니다.

"무릇 있는 자는 받아 풍족하게 되고 없는 자는 그 있는 것까지 빼앗기리라"

(마 25:29).

돈 있는 사람이 돈을 벌기가 더 쉽듯이 영적으로도 그렇습니다. 왜 그렇습니까? 있는 자는 받아서 더 풍족하게 되고 없는 사람은 있는 것까지 빼앗기는 이유가 무엇입니까?

달란트 비유를 살펴봅시다. 다섯 달란트, 두 달란트 받은 사람과 한 달란트 받은 사람은 사고방식에서부터 차이가 난다는 것을 알 수 있습니다. 앞에 두 종은 주인을 이해하고 순종합니다. 일을 시켰을 때 기꺼이 순종하는 사람이 예쁩니다. 다섯 달란트와 두 달란트 받은 사람은 주인의 말을 잘 이해하고 순종함으로써 자신이 받은 은사를 잘 개발한 사람들입니다.

그런데 한 달란트 받은 사람은 주인을 오해하고 있습니다.

"주인이여 당신은 굳은 사람이라 심지 않은 데서 거두고, 헤치지 않은 데서 모으는 줄을 내가 알았으므로" (마 25:24).

알기는 알았는데 잘못 알았습니다. 한 달란트 받은 종의 문제는 생각에 문제가 있었습니다. 주인을 삐딱한 사람으로 잘못 생각했습니다. 나에게 제대로 주지도 않으면서 얻기만 하려는 나쁜 사람으로 생각했습니다. 그렇기 때문에 그는 주인에게 순종할 수 없었습니다.

이렇듯 생각의 차이가 착하고 충성된 사람을 만들기도 하고, 악하고 게으른 사람을 만들기도 합니다. 생각의 차이가 영적인 빈익빈 부익부 현상을 만드는 것입니다. 받은 은사를 묻어 두지 마십시오. 활용하고 개발하십시오. 그러면 더 큰 은사들을 주십니다. 묻어 두면 있던 은사도 빼앗깁니다.

생각을 바꾸면 행복해집니다.

저는 예수님을 믿고 '생각의 시스템'에서 가장 많은 변화를 체험했습니다. 예수님을 믿으면 많은 부분들에서 치유가 일어나고 회복이 되지만 무엇보다 먼저 우리의 생각이 회복되어집니다. 옛날의 저는 예민하고 소심한 사람이었습니다.

'나는 왜 이렇게 못생기고, 사투리가 충만하고, 이렇게 별볼일 없을까?'

늘 이런 생각뿐이었습니다. 그런데 성령님께서 기름 부어 주신 후 말씀이 깨달아지고, 말씀을 깨닫고 나니까 생각이 달라졌습니다. 싫고 창피했던 마음, 열등감들이 사라졌습니다. 사투리마저도 서민적이고 구수해서 평소 말투 때문에 느꼈던 열등감이 오히려 자신감으로 변했습니다. 예민한 성격이 옛날엔 고통이었는데 지금은 찬송을 하고 기도를 할 때 은혜를 더 풍성하게 느낄 수 있는 장점이 되었습니다. 말씀을 볼 때도 말씀이 컬러풀하게, 버라이어티하게, 멀티하게, 센서티브하게 다가오는데 얼마나 좋은지 모릅니다. 시스템이 바뀌었기 때문입니다.

기계의 시스템이 고장나면 어떻게 됩니까? 도둑이 들어와도 아무 소리 안 나고, 기름이 새서 폭발 직전인데도 아무 소리가 안 납니다. 차도 고성능일수록 시스템이 잘되어 있어서 안전벨트만 안 매도 빨간 불이 들어오고, 문이 덜 닫혀도 불이 들어오고 경고음이 울립니다. 시스템이 예민하게 잘 작동해야 생명이 안전하듯이 우리의 영적인 삶도 마찬가지입니다. 영적인 사고의 시스템이 예민해야 우리에게 문제가 생기면 즉시 알려줄 수 있습니다.

생각을 바꾸면 행복이 보입니다. 회개한다는 것은 생각을 돌이킨다는 것을 말합니다. 이 시대에 우리의 사지백체(四肢百體) 중에서 가장 부패하고 타락한 곳이 마음이고 생각입니다. 생각이 온통 쓰레기통 같으면 부정적이고 방정맞고 우울한 생각들로 가득 차 있습니다. 죄책감, 수치감, 열등감, 패배감으로 가득 차 있습니다. 그래서 생각들이 역기능적으로 흘러가는 것이고 거기서부터 인생이 불행해지는 것이기 때문에 생각을 바꾸면 행복이 보이기 시작합니다. 길흉화복(吉凶禍福)은 생각하기 나름입니다. 슬픈 일도, 불행한 일도 생각의 시스템, 생각의 필터를 통과할 때 육각수가 될 수 있습니다.

'카리스마'는 헬라어로 '카리스'라는 말인데 카리스는 은혜라는 뜻입니다. 그러니까 카리스마가 있는 사람들은 은혜를 받은 사람들입니다. 은혜를 받으면 카리스마가 생깁니다.

따뜻한 카리스마

『따뜻한 카리스마』라는 책을 읽었는데, 거기에 그런 내용이 있습니다. 최고 경영자, 지도자, 사장님들을 만나 보고 저자가 깨달은 것이 있는데, 그것은 바로 그 사람들에게 '따뜻한 카리스마'가 있다는 것입니다. 카리스마란 독특한 권위와 힘이 있어서 근접할 수 없게 하는 분위기를 말합니다. 진정으로 성공한 사람들에겐 카리스마, 그것도 따뜻한 카리스마가 있다는 말이 제게 은혜가 되었습니다. '따뜻한 카리스마'라는 말이 무슨 말입니까? 탱크처럼 밀어붙이는 추진력이 있지만 그와 동시에 동료들이나 직원들을 대하는 태도와 행동에 부드러움과 따뜻함이 있다는 말입니다. '카리스마'는 헬라어로 '카리스'라는 말인데 카리스는 은혜라는 뜻입니다. 그러니까 카리스마가 있는 사람들은 은혜를 받은 사람들입니다. 은혜를 받으면 카리스마가 생깁니다. 하나님이 사랑하시고, 복을 주시는 사람은 자신감이 넘치고, 영적인 엔돌핀이 나와서 늘 기쁘고 당당합니다.

"내가 너와 함께 하리라. 나의 오른 팔로 너를 붙들어 주리라."

하나님께서 주시는 격려와 사랑의 말씀에 마음이 평안하고 행복한 것입니다. 이런 음성을 듣는 사람은 어디를 가도 밝고 따뜻한 이미지를 풍깁니다. 이것이 바로 따뜻한 카리스마입니다.

따뜻한 카리스마가 나타난다는 것은 기독교의 핵심 용어로 믿음, 소망, 사랑이 충만한 상태를 말합니다. 믿음이 역사하고, 소망으로 인내하고, 사랑이 수고할 때 따뜻한 카리스마가 나오는 것입니다. 믿는 구석이 다른 사람, 꿈꾸고 기대하는 소망이 다른 사람, 그리고 사랑받은 추억이 다른 사람은 어디에 가서도 방황하지 않습니다. 성령으로 충만하고, 믿음, 소망, 사랑이 그 사람의 삶 속에서 독특한 캐릭터로 나타나는 것이 따뜻한 카리스마입니다.

사람은 생각하기 나름입니다. 주변을 보십시오. 나 같으면 자살할 것만 같은 어려운 환경에서도 웃는 사람은 항상 웃습니다. 믿음이 있는 사람은 그 믿음이 역사합니다. 소망이 있는 사람은 낙망하고 절망하고 포기하지 않습니다. 소망이 있는 사람은 그 소망이 인내합니다.

독수리는 날지 않고 뜹니다. 독수리가 날개 치는 것은 위를 바라본다는 것입니다. 앞뒤 전후 좌우사방으로 우겨 싸임을 당해도 위를 바라보

면 싸이지 않습니다. 독수리 날개 치듯 한다는 것은 위를 바라보고 올라
간다는 것을 말합니다. 우리가 기도할 때도 그렇습니다. 우리가 기도할
때도 위를 바라보지 않습니까? 그럴 때 하늘 문이 열리고 우리가 올라가
는 것입니다. 지금 나의 상황은 서글프더라도 창대케 하실, 온전케 하실
주님을 바라보면서 바람을 타는 것입니다. 그러면 놀랍게도 내가 떠오
르는 것을 경험할 수 있습니다.

유연한 사고방식, 적극적 사고방식

그렇다면 나의 사고방식을 어떻게 길들여야 할까요? 대나무가 왜 곧
고 길게 자라는 줄 아십니까? 바람이 불면 대나무는 유연하게 누웠다가
일어납니다. 인생에도 많은 바람이 있습니다. 스트레스가 있고 시험이
있고, 시련이 있습니다. 이러한 인생의 바람이 불 때 우리도 대나무와 같
은 유연한 사고 구조를 가져야 합니다. 믿음의 사람은 인생의 바람을 탑
니다. 즐깁니다. 믿음의 사람은 사건을 해석하는 것부터가 다릅니다.
"하나님께서 감당치 못할 시험은 안 주신다. 시험을 주실 땐 피할 길도
주신다."고 믿고 정면으로 나아갑니다. 믿고 의지하면 정말로 하나님께
서 감당할 힘도, 능력도, 사람도 붙여 주십시오. 욥을 보십시오. 욥은 모
진 시련 앞에서 "주신 자도 여호와, 취하신 자도 여호와, 다시 복을 주실
자도 여호와"라고 고백합니다. 욥은 하나님에 대해서 바르게 이해하고
있었던 겁니다. 결국 하나님께서는 욥에게 갑절로 복을 주셨습니다.

성경적인 사고방식, 하나님이 기뻐하시는 사고방식이 무엇입니까? 인
생을 피해가자는 주의로 살지 마십시오. 죄를 두려워하지 마십시오. 성

령이 충만하면 죄, 안 짓습니다. 두려워하고 피할수록 오히려 죄짓기가 쉽습니다. 악화를 피하려고 하지 말고, 양화를 구축하십시오. 그러면 자연히 못된 것, 나쁜 것은 없어집니다. 스트레스도 피하려고 하면 중압감이 더 생기게 마련입니다. 문제를 해결하려고 하지 말고 문제를 즐기십시오.

그렇게도 우유부단하고 겁이 많던 저도 시스템이 회복되고 지금은 밝고 적극적인 사람이 됐습니다. 부교역자들과 회의를 할 때도 예전에는 '하는 게 나은가, 안 하는 게 나은가, 안 하는 게 낫겠지···.' 하면서 매사를 부정적으로 생각했습니다. 그런데 지금은 '안되는 게 어디 있나? 하면 돼지. 안 되면 되게 하라!' 는 주의입니다. 말씀 붙들고 성경적인 사고방식을 유지하다보니까 담대한 사람이 된 것입니다. 웬만한 시험 앞에서는 눈도 깜짝 안 합니다. 사고가 바뀌니 그렇게 된 것입니다.

인생을 피해가자는 주의로 살지 마십시오. 죄를 두려워하지 마십시오. 성령이 충만하면 죄, 안 짓습니다. 두려워하고 피할수록 오히려 죄짓기가 쉽습니다. 악화를 피하려고 하지 말고, 양화를 구축하십시오.

늘 나쁜 생각을 하고 성경적인 사고방식을 갖지 않는 것은, 영적 자해행위와도 같습니다. 내 생각으로 나를 죽이는 것입니다. 우리 몸에 엔돌핀과 아드레날린이란 것이 있는데 나쁜 생각, 부정적인 생각을 하면 아드레날린이 분비됩니다. 아드레날린이 많아지면 내 몸이 산성화되면서 면역력이 저하되어 병에 잘 걸리는 체질이 됩니다. 하지만 좋은 생각, 적극적인 생각을 하는 사람은 엔돌핀이 분비가 됩니다. 엔돌핀이 나오면 저항력이 생기고 몸도 마음도 신바람이 납니다. 이런 사람은 공부를 하든지, 일을 하든지, 봉사를 하든지 남다른 사람이 됩니다. 영적인 원리가 그렇습니다. 지붕을 뚫고 내려가서

예수님을 만난 중풍병자처럼 고정관념을 깨야 예수님을 만나고 치유받
고 회복될 수 있습니다.

이젠 하나님께서 기뻐하실 생각만 하십시오. 악한
생각은 꿈도 꾸지 마십시오. 믿음의 사람은 말씀 안에
서 성경적인 가치관에 입각해 살아야 합니다. 그래서
말씀이 능력이 되고, 치료의 광선이 되고, 내 발의 등
이 되고, 내 길의 빛이 되어야 합니다. 나를 인도하고
안내하는 것을 체험하고 간증하는 사람이 되어야 합니다.

스트레스도 피하려고 하
면 중압감이 더 생기게 마
련입니다. 문제를 해결하
려고 하지 말고 문제를 즐
기십시오.

예수께서 세례를 받으시고 곧 물에서 올라오실 새

하늘이 열리고 하나님의 성령이 비둘기 같이 내려 자기 위에 임하심을 보시더니

하늘로서 소리가 있어 말씀하시되

"이는 내 사랑하는 아들이요 내 기뻐하는 자라" 하시니라

 마태복음 3장 16~17절

일보다 중요한 것

세상을 살아가는 데 가장 중요한 것이 세 가지가 있다고 생각합니다. 물론 더 많이 중요한 것들이 있겠지만 본문에 나오는 이 세 가지야말로 우리 인생에 있어서 가장 중요한 것이 아닌가 싶습니다. 마태복음 3장 16~17절 말씀은 예수님께서 세례를 받으시고 물에서 올라오실 때 일어난 사건입니다. 예수님께서 이 땅에 오셔서 삼십 년 동안 모든 준비를 마치시고 공생애의 첫발을 대딛는 순간입니다.

이제 이 사건으로 예수님의 사역이 본격적으로 시작됩니다. 이때 하늘에 계신 아버지의 마음이 어떻겠습니까? 군대가는 아들보다, 시집가는 딸보다 더 신경이 쓰이시고, 무엇이든 밀어주고 싶으셨을 것입니다. 그래서 하나님께서 사역 현장으로 나가는 예수님께 세 가지를 해 주시는 데 그것이 바로 본문에 나와 있습니다. 첫째 하늘 문이 열리고, 둘째 성령이 임하셨으며, 셋째 "너는 내 사랑하는 아들이다, 내 기뻐하는 자라."

는 음성을 들려 주셨습니다. 우리가 살아갈 때에도 이 세 가지가 매우 중요합니다.

하늘 문을 더시다

하늘 문을 열어 주셨다는 것은 하늘의 창고 문을 활짝 여셔서 예수님의 앞길을 축복해 주셨다는 말입니다. 이것은 우리의 인생도 우리가 아무리 애를 쓴다고 되는 것이 아니라 하나님께서 축복의 문을 열어 주셔야 된다는 것을 말합니다.

어느 선교사님이 간증을 하시는데, 사업이 국제적으로 진행되고 큰 규모의 공사를 해도, 결국 모든 일은 내가 애쓰고 노력하고 욕심 부린다고 되는 것이 아니라, 위에 계신 하나님께서 사인하시고 허락하셔야 된다는 겁니다. 사업을 할 때도 하나님께서 하늘 문을 여시고 부어 주셔야 하는 것입니다.

제가 섬기는 교회의 집사님 중에, 매우 특별한 가훈을 둔 집사님이 한 분 계십니다.

"신통, 인통, 물통, 사통"

이것이 그 집사님 댁의 가훈인데, 요한 3서 2절 말씀에서 착안한 것이라고 합니다.

"사랑하는 자여 네 영혼이 잘됨같이 네가 범사에 잘되고 강건하기를
내가 간구하노라"(요삼3:2).

그분의 해석에 따르면 하나님과 나의 관계가 똑바로 되는 것이 신통인데, 신통하면 인간관계, 재물, 사업 문제들도 자연스럽게 해결된다는 것입니다. 맞는 얘깁니다. 사람은 신통해야 합니다. 하나님과 나 사이가 화목하고 좋아지면 인간관계, 물질 관계 같은 것은 하나님께서 알아서 처리해 주시기 때문입니다.

Blessing of the man serving the lord
쓰임 받는 사람의 축복

하나님께서 사역 현장으로 나가는 예수님께 세 가지를 해 주시는데 첫째 하늘 문이 열리고, 둘째 성령이 임하셨으며, 셋째 "너는 내 사랑하는 아들이다, 내 기뻐하는 자라."는 음성을 들려 주셨습니다.

> "너희는 먼저 그의 나라와 그의 의를 구하라 그리하면
> 이 모든 것을 너희에게 더하시리라" (마6:33).

하나님께서는 내가 일일이 구하지 않아도 내게 있어야 할 것을 다 아시기 때문에 먼저 주님의 마음에 합한 사람이 되면 모든 것은 자연적으로 따라옵니다. 그래서 무슨 일을 하든 신통이 먼저 돼야 합니다. 하나님과 내가 통하면 그 다음부터 인생은 술술 풀리게 되어 있습니다.

그렇다면 어떻게 해야 하늘 문이 열릴까요? 마가복음 2장에 보면 예수님께서 중풍병자를 고치시는 사건이 나옵니다. 예수님이 설교를 하실 때 네 명의 친구가 중풍병자를 들것에 실어 오는데, 사람들이 너무 많아 예수님께 가까이 갈 수가 없었습니다. 다른 사람들 같았으면 그냥 돌아 갔을 텐데 이 친구들은 지붕으로 올라가서 지붕을 뜯고 중풍병자를 내립니다. 요즘 누군가 그런다면 아마 난리가 났을 것입니다.

그런데 예수님께서는 그들의 믿음을 보셨습니다. 믿음이 무엇입니까? '무리(無理)' 하는 것이 믿음입니다. 그런데 알고 보면 인생 살아가는 것 자체가 무리입니다. 세상에 쉬운 일이란 없기 때문입니다. 어차피 우리

가 무리를 해야 한다면 은혜 받는 일, 신령한 일에 무리를 하십시오.

제가 저희 교회 집사님들에게 늘 하는 얘기가 있습니다.

"엄한 곳 싸돌아다니지 말고 집회 열심히 참석하고, 새벽 기도 부지런히 참석하고, 그러고도 할 일이 없으면 차라리 주무십시오. 쇼핑 다니고, '묻지마 관광' 다니고, 하루 종일 컴퓨터 켜 놓고 채팅 하는 것보다 차라리 자빠져서 자는 것이 더 현명합니다. 아르바이트 한다고 노래방에 나가서 그 돈으로 남편 보약 해 주고, 아이들 등록금 댈 생각 말고 기도하고 말씀 듣는 데 무리 하십시오."

인생 사는 것이 다 무리인데 이왕이면 복 받는 일에 무리해야 하지 않겠습니까? 지붕을 뜯으면 욕을 바가지로 얻어먹을 수 있겠지만 그래도 내 가족이 예수님 만나고, 죄사함 받고, 일어나서 걸어 나가는 축복을 받을 수만 있다면 지붕쯤이야 인정사정없이 뜯어야 합니다. 여기서 지붕을 뜯는다는 것은 무엇을 말하는 걸까요? 생각의 뚜껑을 열라는 것, 고정관념을 깨라는 것입니다. 안된다고만 생각하지 마십시오.

"목사님, 저 사람은 절대 예수 안 믿습니다. 저 사람이 예수 믿으면 제가 손에 장을 지집니다."

그렇다면 장을 지지십시오. 안되는 일이란 없습니다. 이렇게 믿음을 가지고 영적인 일에 무리하는 것, 이것이 바로 하늘 문을 여는 비결입니다. 우리가 찾고 구하고 두드리는 일에 힘쓰며 나아갈 때 하늘 문이 열리는 축복이 있습니다. 어차피 무리해야 한다면 영적인 일에 무리해서 하늘 문을 열어 봅시다. 그래서 위로부터 쏟아지는 축복을 누리십시오.

성령이 임하시다

예수님께서 물에서 올라오실 때 하늘이 열리더니 성령이 비둘기같이 임하는 사건이 있었습니다. 성령이 임한다는 것은 하늘의 권능, 능력이 임한다는 것을 뜻합니다. 이제 사역을 시작하는 예수님께 하늘의 권능이 주어진 것입니다. 우리가 신앙생활을 하려면 능력이 있어야 합니다. 마귀를 대적하고 고난을 이기고 사람들에게 복음을 전하는 모든 일에는 능력이 필요합니다. 그런데 이 능력은 성령이 임할 때 주어지는 것입니다. 그렇다면 어떻게 해야 성령이 우리에게 임하여 우리가 능력 있는 자가 될 수 있을까요?

'너희 하늘 아버지께서 구하는 자에게 성령을 주시지 않겠느냐'(눅11:13).

성령은 구하는 자에게 주신다고 했습니다. 우리는 날마다 성령을 구해야 합니다. 이 세상에는 우리의 힘과 우리의 능력으로는 되지 않는 일이 많습니다. 하지만 우리가 성령 충만을 받으면 더 이상 어려운 일이 없습니다. 더 이상 안 되는 일이 없습니다. 차가 길에서 퍼졌는데 땀 흘리며 떠밀고 가는 것이 좋겠습니까? 기름 넣고 운전해서 가는 것이 좋겠습니까? 성령의 기름 부음을 받는다는 것이 바로 그런 의미입니다. 내 인생도 내 힘으로 살아가려면 땀이 나지만 성령이 기름 부어 주시면 발동이 걸려서 신바람 나게 갈 수 있습니다.

에베소서 후반에 보면 교회 다니는 사람이 어떻게 살아야 하는가에 대한 말씀이 나옵니다. 그리스도인들의 가정 생활, 직장 생활에 대해서 소상히 가르쳐 주고 있는데, 그중 하나가 '아내들아 복종하라, 남편들아 사랑하라.' 입니다. 이것이 쉽습니까? 사랑은 아무나 하는 것이 아닙니다. 사랑을 하고 싶어도 잘 안 됩니다. 복종이 잘 안되는 게 사람입니다. 사람들은 하나같이 자기중심적이고 이기적이기 때문에 그렇습니다. 그런데 그런 인간을 보고 사랑하라고 하니까 되겠습니까? 그렇다면 어떻게 해야 합니까? 에베소서에 보면 "오직 성령의 충만을 받으라."고 나오는데, 이것이 핵심입니다.

> "그런즉 너희가 어떻게 행할지를 자세히 주의하여 지혜 없는 자 같이 하지
> 말고 오직 지혜 있는 자 같이 하여 세월을 아끼라 때가 악하니라
> 그러므로 어리석은 자가 되지 말고 오직 주의 뜻이 무엇인가 이해하라
> 술 취하지 말라 이는 방탕한 것이니 오직 성령으로 충만함을 받으라
> 시와 찬송과 신령한 노래들로 서로 화답하며 너희의
> 마음으로 주께 노래하며 찬송하며 범사에
> 우리 주 예수 그리스도의 이름으로 항상 아버지 하나님께
> 감사하며 그리스도를 경외함으로 피차 복종하라"
>
> (엡5:21).

날마다 성령의 전신갑주를 입어야 합니다. 안으로 성령 충만해야 한다면 밖으로는 성령으로 무장해야 한다는 말입니다. 그래야 마귀의 궤계에 능히 대적할 수 있습니다.

우리는 하나님 나라의 영적인 군사들입니다. 그렇기 때문에 날마다 무장을 하고 있어야 합니다.

말씀의 순서를 보면 어떻게 행할 것을 알고, 세월을 아끼고, 하나님의 뜻을 이해하며, 성령의 충만함을 받으라고 나옵니다. 그리고 그 뒤에 시와 찬미와 신령한 노래로 화답하고, 범사에 감사하며, 피차 복종하라고 나옵니다. 이 말이 무슨 말입니까? 성령 충만함을 받아야 시와 찬미가 나온다는 말입니다. 성령 충만함을 받아야 범사에 감사가 나오고 피차 복종할 수 있다는 말입니다. 성령 충만하지

못하면 피차 복종이 아니라 서로 싸웁니다. 그리고 범사에 감사가 아니라 불평이 충만합니다. 성령 충만을 받아야 절제가 되고, 온유해지며, 그때 비로소 인간이 되는 것입니다. 성령 충만함을 받을 때 비로소 남편다워지고, 아내다워지고 자식 구실을 하는 것입니다. 인생 살아가는 데 있어서 성령 충만함을 받는 것이 가장 경제적이고 현실적이고 효율적인 방법입니다.

"너는 내 것이다, 나의 신부다, 만민 중에 구별해서 너를 불렀다."
이것은 우리를 향한 하나님의 사랑 고백입니다. 성경을 한마디로 요약하면 "하나님이 나를 사랑하신다."입니다. 이것이 성경의 핵심입니다. 사람이 사랑을 받으면 자신감이 생깁니다.

그리고 날마다 성령의 전신갑주를 입어야 합니다. 안으로 성령 충만해야 한다면 밖으로는 성령으로 무장해야 한다는 말입니다. 그래야 마귀의 궤계에 능히 대적할 수 있습니다. 전투 경찰이 덥다고 여름에 팬티만 입는 것 봤습니까? 전경은 더워도 솜바지를 입고 헬맷을 쓰고 철망을 덮어써야 '눈탱이' 가 '밤탱이' 가 안됩니다. 덥다고 팬티만 입고 있으면 다 죽습니다.

우리는 하나님 나라의 영적인 군사들입니다. 그렇기 때문에 날마다 무장을 하고 있어야 합니다.

이는 내 사랑하는 자라

마지막으로 하나님께서 예수님을 향해 "이는 내 사랑하는 자"라고 선포하십니다. 자기 아들에 대한 당신의 사랑을 공개적으로 표명하고 계시는 것입니다. 이처럼 사람은 살아갈 때 하나님께서 하늘 문을 열어주셔야 하고, 성령의 충만함을 받아야 하며, 하나님의 사랑을 입어야 합니다. 무슨 일을 할 때 지지를 받고 사랑을 받는다는 것은 참으로 중요합니다. 사람은 사랑을 먹고 삽니다. 밥만 먹고는 살 수 없습니다. 엔돌핀을 천연 진통제라고 하는데 엔돌핀이 언제 나옵니까? 사랑할 때, 사랑받을 때입니다. 자식이 죽을병에 걸려도 엄마가 사랑하는 마음으로 간호를 하면 낫습니다. 그만큼 사랑이 강한 것입니다. 그런데 세상적 사랑은 별 것 없습니다. 하나님의 사랑이 최고선(最高善)입니다.

"너는 내 것이다, 나의 신부다, 만민 중에 구별해서 너를 불렀다."

이것은 우리를 향한 하나님의 사랑 고백입니다. 성경을 한마디로 요약하면 "하나님이 나를 사랑하신다."입니다. 이것이 성경의 핵심입니다. 사람이 사랑을 받으면 자신감이 생깁니다. 그리고 사랑받은 사람이 다른 사람을 사랑할 줄도 압니다. 하나님께서 내게 사랑을 넘치게 주셔야 이것이 흘러서 가족들에게 가는 것입니다. 본문에 보면 하나님께서 아들 예수님을 향해 "너는 내 사랑하는 아들이다."라고 말씀하고 계십니다.

"너는 내 기쁨이다. 세상에서 위로받으려고 하지마라. 내가 너를 도우리라. 반드시 도우리라."

하나님께서는 오늘도 당신의 자녀들에게 이렇게 말씀하시는 것입니다.

예수님께서는 하나님의 사랑을 받았기에 주신 사명을 끝까지 감당할 수 있었습니다. 그래서 우리 인생도 하나님의 사랑을 받는 것이 중요합니다. 그 사랑이 있어야 믿음의 경주를 끝까지 할 수 있게 됩니다.

기도에 힘쓰고, 영적인 일들에 힘써서 하늘 문을 여는 사람이 되십시오. 그리고 하늘로부터 임하는 성령의 충만함을 받으십시오. 구하면 주신다고 하셨습니다. 무엇보다 하나님의 사랑을 입는 자가 되십시오. "이는 내가 사랑하는 자"라는 하나님의 음성을 들으십시오. 이 세 가지야말로 우리 인생에서 가장 중요한 것들입니다.

스스로 지혜롭게 여기지 말지어다

여호와를 경외하며 악을 떠날지어다

이것이 네 몸에 양약이 되어 네 골수로 윤택하게 하리라

 잠 3: 7~8

마음의 양약

세상에 살면서 성공한 사람은 일과 때를 잘 만
난 사람이고, 행복한 사람은 사랑하는 사람을 잘 만난 사람이며, 건강한
사람은 좋은 약과 음식을 만난 사람입니다. 이 장에서는 우리의 몸과 마
음에 좋은 약이 어떤 것들이 있는지 살펴보려고 합니다.

몸이 건강하려면 물을 많이 마셔야 한다고 합니다. 우리 몸의 70%가
수분으로 되어 있고, 우리 세포의 90%가 물로 되어 있어서 좋은 물을 많
이 마시는 것이 건강의 첫걸음이라고 합니다. 전문가의 말에 따르면 하
루에 500ml짜리 물병으로 6병 정도를 마시는 것이 좋다고 합니다. 언젠
가 간호사인 제자한테 전화를 받았는데, "목사님, 비타민 꼭 챙겨 드세
요!"라는 얘기를 들었습니다. 비타민을 먹으면 혈관이 튼튼해진다고 합
니다. 그런데 비타민은 식사 중에 먹는 것이 가장 좋다고 합니다. 공복에

먹으면 위를 자극하기 때문에 밥이랑 같이 먹으면 좋다는 것입니다.

음식은 대체로 색깔 있는 음식이 몸에 좋다고 합니다. 레몬, 감귤, 오렌지 등 노란 음식은 비타민이 많고, 빨간 음식인 토마토를 많이 먹으면 암 예방에 좋다고 합니다. 그런가 하면 포도 같은 보라색 음식은 우리 몸의 피로를 풀어주는 데 효과가 있답니다. 그런데 시고 쓴 것은 몸에 대체로 좋은데 달고 고소한 것은 몸에 안 좋다고 합니다. 이처럼 음식에도 몸에 좋은 것이 있고 나쁜 것이 있어서 잘 가려 먹어야 합니다.

하나님께서는 인간을 영과 육으로 만드셨습니다. 우리는 영적인 존재일 뿐만 아니라 육적인 존재입니다. 그래서 하나님께서 주신 몸도 잘 돌봐야 할 필요가 있습니다. 육체가 곤고하고 병이 들면 은혜 받는 데 장애가 됩니다. 사랑도, 봉사도, 신앙생활도 몸으로 하는 것인데 몸이 말을 듣지 않으면 사랑도, 섬김도 잘할 수가 없습니다. 그래서 우리가 몸을 잘 관리하는 것도 사명이고, 사역입니다. 그런데 자신의 몸을 함부로 하는 사람들이 많습니다. 자동차를 십 년쯤 끌고다니면 어떻게 됩니까? 부품들이 노후되어서 말썽을 일으키기 시작합니다. 수시로 수리, 교체, 보수를 해 줘야 하는데 사람의 몸은 어떻습니까?

우리 몸도 중고차 신경 쓰듯이 신경을 쓰지 않으면 언제 이상이 올지 모릅니다. 그리스도인들이 건강에 신경을 쓰는 것도 그리스도인의 사명 중 하나임을 명심하십시오. 내 건강, 가족 건강을 지켜야 강건한 그리스도의 용사로 맡은 사명을 감당할 수 있습니다.

몸의 양약

성경에 보면 하나님께서 우리에게 주신 네 가지 보약, 영적인 비타민이 있는데, 첫 번째 양약은 몸의 양약입니다.

"스스로 지혜롭게 여기지 말찌어다 여호와를 경외하며 악을 떠날찌어다 이것이 네 몸에 양약이 되어 네 골수로 윤택하게 하리라"(잠3:7-8).

스스로 지혜로운 체하면서 내 몸을 돌보지 않는 사람일수록 빨리 죽는다는 말이 있습니다. 자기 몸을 너무 믿고 함부로 굴리는 사람들이 돌연사, 급사할 가능성이 많습니다. 그래서 스스로 지혜롭게 여기지 말라는 말입니다. 하지만 여호와를 경외하면 내 몸에 양약이 된다고 했습니다. 여호와를 경외하는 것이 무엇입니까? 하나님을 두려워하고 공경하며 사랑하는 것을 말합니다.

큰 두려움이 작은 두려움을 물리친다는 말이 있습니다. 어떤 사람이 매일 머리도 아프고, 소화도 안되고, 전신이 쑤시고 아팠는데 어느 날 암에 걸렸다는 사실을 알고 보니까 그전에 아팠던 것은 아무것도 아니더랍니다. 더 큰 두려움이 생기니까 그동안 있었던 자잘한 걱정거리가 사라져버리더랍니다. 마찬가지입니다. 하나님을 두려워하지 않는 사람들은 함부로 살아갑니다. 자기 마음대로 살다가 덫에 걸리고 올무에 빠집니다. 하지만 하나님을 두려워하는 사람은 세상의 것에 대해서 겁을 내지 않습니다. 오히려 하나님을 두려워함으로 삼가고 조심하면서 살게 되는데 그러다 보면 자연히 내 몸은 좋아지고, 유익해지는 것입니다. 그래서 하나님을 경외한다는 것은 영적인 얘기지만 결국은 육체적으로도 유익하게 되는 것입니다.

또 하나님을 잘 섬기고 공경하는 사람은 다른 사람들에게도 잘합니다. 현숙한 여자란 여호와를 경외하는 여자라고 했습니다. 실제로 하나님을 공경하고 하나님을 잘 섬기는 여자가 어떻게 지아비한테 함부로 하고 자식들에게 함부로 하겠습니까? 현숙한 여자가 있는 가정은 건강할 수밖에 없습니다.

이처럼 여호와를 경외하고 악에서 떠난 사람은 삶의 바른 길을 선택해서 가기 때문에 가난하고 병드는 일들을 미리 예방할 수 있습니다.

사람이 왜 방황하고 방탕하게 됩니까? 방탕한 사람들을 보면 반드시 그 마음에 걱정과 불안이 있습니다. 불안하고 긴장하기 때문에 자꾸 담배를 피우는 것이고, 술을 마시게 되는 것입니다. 술이라도 마셔야 복잡하고 머리 아픈 일들을 잠시라도 잊을 수 있기 때문입니다. 이러한 사람들 마음에는 늘 긴장과 스트레스가 충만합니다. 그래서 술, 도박, TV를 찾게 되는 것입니다. 정서가 불안한 사람들이 텔레비전 시청률이 높다고 합니다. 마음에 안정이 없고, 일도 공부도 손에 안 잡히고, 마음은 계속 답답하고 불안하고 두려우니까 폭력물, 음란물을 보면서 대리만족을 느끼는 것입니다. 밤늦게까지 텔레비전을 보면 어떻게 될까요? 수면 부족으로 간이 나빠지기도 합니다. 수면이 부족하고 몸이 과로하면 몸에 젖산이 쌓여서 간이 나빠지고, 그러다 보면 간경화가 되고 간암이 됩니다.

하나님을 경외하지 않는 것은 세상의 자잘한 두려움들로부터 나를 해제하는 것입니다. 하나님을 의지하고, 하나님을 바라보지 않기 때문에 세상의 오만(五萬) 것들이 내 마음을 장악해서 염려와 근심을 낳는 것입니다. 이렇게 염려와 걱정으로 가득 찬 사람은 속이 상합니다. 위장이 상하고 간이 상합니다. 내시경을 해 보면 겉은 멀쩡한 사람이 속에서는 피가 나오는 경우가 있습니다. 위가 다쳐섭니다. 요즘 위염 없는 사람 없다고 하는데 이 위염이 오래가면 위궤양이 되고 심한 경우 위암이 됩니다. 속상하면 마음을 다치고, 그렇게 되면 내 위에서도 피가 나고 염증이 생겨 궤양으로, 암으로 발전하는 겁니다.

쓸데없는 걱정 말고 하나님께 맡기십시오. 하나님을 믿고 의지하는 사람은 담력이 생기고, 담력이 생기면 속이 상할 일이 없습니다. 대체로 겁을 많이 내는 사람은 쓸개가 안 좋고, 화를 많이 내는 사람은 간이 안 좋다고 합니다. 사람이 화를 내고 분만 품어도 이렇게 몸이 상합니다.

우리는 영육으로 된 존재라서 영적인 건강과 육체적인 건강이 밀접한 관계를 잘 알아 통제하고 유지해 나가야 합니다. 어떤 글에서 보니까 습관을 바꾸면 25년 정도는 훨씬 더 건강하게 살 수 있다고 합니다. 생각을 바꾸면 행동이 달라지고, 행동은 습관이 되고 체질이 되어 운명을 결정짓습니다. 따라서 우리는 영적인 체질을 만들어야 합니다. 말씀을 사모하고 하나님을 사랑하십시오. 예배를 기뻐하고 즐기십시오. 주님의 임재를 누리십시오.

"사랑하는 내 아들아 두려워 말라 놀라지 말라 내가 너와 함께 할 것이다. 반드시 너를 도와 줄 것이다. 너는 세상의 찌꺼기가 아니다. 내가 너를 만민 중에 구별해서 불렀다. 너는 나의 소유된 백성 내가 너로 인하여 기쁨을 이기지 못하리라. 내가 너를 도와주리라. 의로운 오른팔로 꽉 잡으리라. 세상 끝 날까지 함께 하리라. 해와 같이 빛나게 하리라."

언약의 말씀을 묵상할 때마다 내 영이 새롭게 솟아납니다. 내 마음의 어두움과 우울한 것들이 물러갑니다. 하나님과의 사랑에 빠지고, 기도의 즐거움을 누리고, 예배를 사모하면 하나님의 말씀이 나를 만져 주십니다. 하나님의 말씀은 살아 운동력이 있기 때문에, 하나님의 말씀은 치료하는 광선을 발하기 때문에, 말씀을 들으면 더러운 것이 더럽게 느껴지고, 좋은 것이 좋게 느껴집니다. 그래서 사전에 예방이 가능해집니다. 이처럼 하나님을 경외하면 자연히 건강하게 됩니다.

만남의 양약

"악한 사자는 재앙에 빠져도 충성된 사신은 양약이 되느니라" (잠 13장 17절).

두 번째 좋은 양약은 만남의 양약입니다. 양약은 영어로 bring healing, 치료를 가져온다는 뜻이 있습니다. 사람은 악한 사람을 만났을 때와 충성된 사람을 만났을 때가 다릅니다. 사람은 누구를 만나느냐에 따라 인생이 달라지고 판가름납니다. 저도 직장 생활을 오랫동안 했습니다만 직장생활할 때 제일 힘든 것이 인간관계입니다. 모질고 독한 사람과는 밥도 같이 먹기가 싫습니다. 같은 책상에서 마주보고 있기가 고통스럽습니다. 고부간도 마찬가지입니다. 갈등이 생기면 함께 있을 수가 없습니다. 아무리 권사, 사모라 해도 고부간의 갈등 앞에서는 무력합니다. 이럴 땐 일단 떨어져 지내는 것이 가장 현명합니다.

누군가를 미워하면 내 몸이 이상 반응을 나타냅니다. 밥맛이 떨어지고 살맛이 없어집니다. 얼굴을 마주할 때마다 내 몸에 스트레스가 쌓여갑니다. 얼굴은 굳어지고 웃음도 사라집니다. 그러면 위에서 분비액이 안 나옵니다. 소화가 안 되고 설사가 납니다.

저는 항상 기쁘게 목회를 하려고 합니다만 원래는 굉장히 예민한 성격이었습니다. 교회에서 지나가는 말이라도 삐딱한 얘기를 들으면 그 날 저녁에 바로 설사를 했습니다. 사실 예민한 사람들이 찬양을 하거나 기도할 때 하나님의 사랑과 임재를 더 잘 느낄 수 있기 때문에 은혜 받을 때는 풍성하지만 시험 들 일이 생겼을 때는 더욱 심각하게 반응합니다. 자려고 누우면 낮에 들었던 말들이 다시 재생되면서 불면증에 시달립니다.

"설교할 때 사투리 좀 쓰지 말라고, 가시나가 뭐고, '자빠져'가 뭐냐."는 항의를 듣고 나면 고맙지만 상처가 됩니다. 인간관계를 망치는 비결을 하나 가르쳐 드릴까요? 그것은 바로 충고하고 조언하는 것입니다. 만날 때마다 충고해 보십시오. 정이 생기지 않습니다. 병아리가 깨어날 때 안에서 병아리가 알을 톡톡 쪼는 타이밍에 맞추어서 어미가 밖에서 도와줍니다. 안에 있는 병아리가 불쌍하다고 열흘도 안되서 알을 쪼면 병아리는 죽습니다. 자기가 깨고 나와야지 밖에서 도우면 미숙아가 되거나 죽고 맙니다. 지적하고 충고하는 것도 좋지만, 시기를 못 맞추면 그 사람에게 치명적인 상처를 줄 수 있습니다.

관계가 안 좋으면 "네가 천당 가면 나는 지옥 가겠다."고 합니다. 감정이 상하면 천국도 안 간다는 말입니다. 이처럼 모진 사람을 만나면 신경쇠약에 걸리고 강박관념이 생깁니다. 우리 몸의 건강은 만남에서 시작됩니다. 악한 사자는 재앙에 빠뜨리고 충성된 사자는 양약이 된다고 했습니다. 충성스럽지 못한 사람은 결국 주인에게 해를 끼칩니다.

"게으른 자는 그 부리는 사람에게 마치 이에 초 같고 눈에 연기 같으니라"

(잠 10:26).

'식초 같다'는 말은 일을 새까맣게 만들어서 다 망쳐버린다는 뜻입니다. '눈에 연기같다'는 말은 눈에 연기가 들어가면 맵고 따가워 눈물이 나듯이 주인을 괴롭힌다는 뜻입니다.

"미련한 자 편에 기별하는 것은 자기의 발을 베어 버림이라 해를 받음과 같으니라" (잠 26:6).

미련한 자에게 기별을 하면 제대로 전달을 못하기 때문에 발 없는 발송자같이 되고 해를 받습니다. 게으른 사람, 미련한 사람, 충성스럽지 못한 사람과 일한다는 것은 자해 행위와도 같습니다. 그 사람이 내 인생의 채찍이 되기 때문에 미련한 사람과 지내는 것은 결국 고통만 가져옵니다. 이처럼 만남에도 축복이 있고 저주가 있기 때문에 우리는 만남을 위해 기도해야 합니다.

성경에서 만남을 통해 축복을 받은 대표적인 사람이 아브라함입니다.

"그가 가로되 우리 주인 아브라함의 하나님 여호와여 원컨대 오늘날 나로 순적히 만나게 하사 나의 주인 아브라함에게 은혜를 베푸시옵소서" (창24:12).

아브라함이 축복을 받고 천대까지 복을 받은 것은 충성된 신하가 있었기 때문입니다. 창세기 24장 12절은 아브라함의 종이 이삭의 며느리를 찾으러 가면서 드리는 기도입니다. 100세에 낳은 아들의 며느리를 구하는데 아버지 아브라함이 얼마나 신경을 썼겠습니까? 그런데 그 중요한 일을 종에게 다 맡깁니다. 아무 종에게나 이런 일을 맡길 수는 없을 것입니다. 여느 종 같았다면 교만하게 행동했을지도 모릅니다. 그러나 그는 하나님께 기도부터 합니다. 얼마나 멋있습니까?

"아브라함의 하나님이여, 주인의 며느리를 제가 구해야 하는데, 주인님이 이 일을 저에게 다 맡기셨으니 내 눈을 열어주시고 내 마음을 주장하셔서 순조롭게 만나게 하소서."

사람을 만나는 데 있어 순조롭고 순적하게 만난다는 것이 참 중요한데 아브라함의 종은 그것을 알았던 사람입니다. 아브라함이 복을 받은 비결 중 하나는 이처럼 좋은 신하를 데리고 있었다는 것입니다. 그랬기에 리브가 같은 탁월한 며느리를 얻을 수 있었던 것입니다. 우리가 무슨 일이든 안심하고 맡길 수 있는 친구가 한 명만 있어도 그 사람은 부자이고, 행복한 사람입니다. 이 시대에 저와 여러분은 그런 사람이 되어야 됩니다. 유익한 사람, 충성된 사람, 틀림없는 사람, 신실한 사람, 약방의 감초 같은 사람이 되어야 합니다. 그리고 그런 사람을 얻을 수 있도록 기도하십시오.

"원컨대 순적히 만나게 하옵소서."

이 기도가 참 중요합니다. 내 며느리, 내 사위, 내 애인, 내 배필, 내 파트너를 어떻게 선택하시겠습니까? 하나님께서 영안을 열어 주셔야 합니

우리 몸의 건강은 만남에서 시작됩니다. 악한 사자는 재앙에 빠뜨리고 충성된 사자는 양약이 된다고 했습니다. 충성스럽지 못한 사람은 결국 주인에게 해를 끼칩니다.

게으른 사람, 미련한 사람, 충성스럽지 못한 사람과 일한다는 것은 자해 행위와도 같습니다. 그 사람이 내 인생의 채찍이 되기 때문에 미련한 사람과 지내는 것은 결국 고통만 가져옵니다.

우리는 만남을 위해 기도해야 합니다.

다. 분별력, 판단력을 주셔야 합니다. 그래야 좋은 만남, 축복된 만남을 얻을 수 있습니다. 현숙한 여인을 만나면 부족한 남자도 성공하고, 약한 남자도 건강해집니다.

만남의 복을 위해서 기도하십시오. 그리고 충성된 사람이 되십시오. 나를 만나는 사람은 복이 터지고, 나를 만나는 순간 팔자가 피고, 인생의 봄날이 오도록 축복된 사람이 되어야 합니다.

뼈의 양약

"선한 말은 꿀송이 같아서 마음에 달고 뼈에 양약이 되느니라" (잠 16:24).

묵상이란 단어 Meditation은 약이라는 단어 Medicine과 어근이 같습니다. 우리가 말씀을 묵상할 때 그 말씀의 능력이 내 골수까지 쪼개고 치료하는 광선을 발하여 내 안의 상처들을 치유한다고 해서 나온 말입니다.

복 있는 사람은 들을 것을 듣고, 안 들을 것을 안 듣는 사람입니다.

세 번째 양약은 뼈의 양약입니다. 원래 좋은 약은 뼈와 관련이 많습니다. 그리고 뼈가 튼튼해야 건강합니다. 뼈가 튼튼해지려면 가끔씩 햇볕을 쬐어 주어야 하는데 칼슘이란 성분이 햇볕을 통해서도 생성되기 때문입니다. 칼슘은 먹기만 하는 것이 아니라 이렇게 하나님이 주신 햇빛을 통해서 만들어진다고 합니다. 뼈에 좋은 것이 또 있습니다. 바로 선한 말입니다. 그렇다면 선한 말에는 어떤 것들이 있습니까? 하나님 말씀, 찬양이 바로 선한 말들입니다.

"여호와의 율법을 즐거워하여 그 율법을 주야로 묵상하는 자로다" (시 1:2).

여기서 묵상이란 단어 Meditaion은 약이라는 단어 Medicine과 어근이 같습니다. 우리가 말씀을 묵상할 때 그 말씀의 능력이 내 골수까지 쪼개고 치료하는 광선을 발하여 내 안의 상처들을 치유한다고 해서 나온 말입니다. 사람들을 만날 때, 사람들 앞에서 얘기할 때, 나를 회복하고 교육하며 온전케 하는 말씀을 전하십시오. 하나님 말씀을 전하면 나중에도 그 말씀이 귓가에 맴돌고 자꾸 생각나서 말씀을 붙들게 되어 있습니다. 말씀을 붙들면 문제도, 시험도, 질병도 다 이길 수 있습니다. 성경에 축복의 말씀이 5,000가지가 있는데 이 중에서 한 구절만 붙들어도 삽니다. 늘 말씀을 붙잡고 묵상하십시오. 귀 있는 자 들으라고 했습니다. 귀 없는 사람 있습니까? 자꾸 선한 말을 들으십시오. 복 있는 사람은 들을 것을 듣고, 안 들을 것을 안 듣는 사람입니다.

또 우리는 입을 열 때마다 찬양이 나와야 합니다. 찬양 속에 거하시는 하나님은 찬양 중에 찾아오셔서 우리의 마음을 만져 주십니다. 찬양에는 힘이 있고 능력이 있습니다. 이스라엘 군대가 전쟁할 때 찬양대를 앞에 세웠더니 승리하지 않습니까? 이제 은혜로운 찬양을 입술에 달고 살아가십시오. 그것이 바로 뼈의 양약입니다.

마음의 양약

"마음의 즐거움은 양약이라도 심령의 근심은 뼈를 마르게 하느니라"

(잠 17: 22).

마지막으로 마음의 양약이 있습니다. 양약을 '마음의 즐거움' 이라고 표현했습니다. 여기서 양약이라는 단어는 영어로 Good Medicine입니다. 우리의 몸과 마음은 같이 돌아갑니다. 마음에서부터 모든 것이 시작이 됩니다. 질병도 80% 이상이 마음에서 시작됩니다. 마음의 근심, 염려는 뼈를 녹게 한다고 성경에도 기록되어 있습니다. 스트레스가 만병의 근원이라고 했습니다. 걱정하고 염려하고 긴장하면 스트레스를 받는데, 이렇게 되면 피가 굳어집니다. 피가 뻑뻑해지는 겁니다. 그래서 피가 잘 안 통하는 것이고, 피가 잘 안 통하면 피곤합니다. 피가 잘 안 돌면 영양 공급, 산소 공급이 잘 안 이루어지고 몸에 이상이 생기는 것입니다. 우리가 근심하고 스트레스 받으면 뼈가 마릅니다.

> "무릇 지킬만한 것보다 더욱 네 마음을 지키라 생명의 근원이 이에서
> 남이니라"(잠4:23).

마음을 즐겁게 유지하려고 애를 쓰십시오. 제가 자주 쓰는 말 중에 마음에도 알통이 있고, 생각에도 근육이 있으며, 믿음에도 뼈가 있다는 말이 있습니다. 보이지 않는 믿음이라고 흐물흐물하지 않습니다. 믿음의 통뼈가 있습니다. 마음에 알통이 있는 사람이 건강한 사람입니다. 양약을 먹듯이 마음을 지키십시오. 내 마음을 아무나 와서 짓밟고 다니도록 방치하지 마십시오. 내 마음에 아무나 와서 쓴뿌리를 심어 놓고, 내 마음을 가시밭을 만들도록 내버려 두지 마십시오. 산소와 같은 마음, 옥토와 같은 마음을 유지하십시오. 내 마음의 즐거움을 유지하십시오.

저는 목회를 하면서 영적인 즐거움을 누리려고 애를 씁니다. 교인들 몇 천 명보다도 제 영성을 지키기 위해, 저의 컨디션을 최상으로 만들기 위해 애를 씁니다. 왜 그렇습니까? 제게 허락하신 은혜가 사라지고, 성

령으로 충만하지 않으면, 또 제가 영적으로 고갈되고 마음에 걱정 근심
이 쌓이면, 설교가 안 되고 기도가 건조해지기 때문입니다. 내 몸과 마음
이 가라앉으면 영적으로도 침체가 되면서 그때는 건
드리기만 해도 상처를 받고, 화가 나고, 잔소리만 늘
기 때문에 교회 분위기도 안 좋아집니다. 무엇보다 내
마음을, 영적인 컨디션을 신바람 상태로 유지해야 가
정과 교회가 행복해집니다.

> 양약을 먹듯이 마음을 지
> 키십시오. 내 마음을 아무
> 나 와서 짓밟고 다니도록
> 방치하지 마십시오. 내 마
> 음에 아무나 와서 쓴뿌리
> 를 심어 놓고, 내 마음을
> 가시밭을 만들도록 내버려
> 두지 마십시오.

　시험에 들 일, 시험에 드는 말에 내 마음을 함부로
방치하지 마십시오. 내 마음이 사단의 놀이터가 되지
않도록 하십시오. 마음의 즐거움, 구원의 즐거움을 빼
앗기지 마십시오. 오히려 사단에게 주의 이름으로 선포를 하고 내 마음
에 깃발을 세우십시오. 그리고 내 마음을 주님께 드리십시오. 우리가 물
질 때문에 행복한 것이 아닙니다. 우리는 존재의 행복을 누려야 합니다.
사람이 염려와 근심에 휩싸이고 쓸데없는 생각에 내 마음을 방치하기
시작하면 내 마음이 갈래갈래 찢어지고, 상처가 납니다. 한번 상처받은
마음은 회복되기가 상당히 어렵습니다. 그래서 우리는 내 마음을 지키
되, 하나님께 모든 것을 맡기고 감사함으로 나가야 합니다. 무거운 짐들
을 십자가 아래에 내려놓고 믿음으로 나아가야 합니다.

　이제까지 네 가지 양약을 살펴보았습니다. 양약에는 몸의 양약, 만남
의 양약, 뼈의 양약, 마음의 양약이 있습니다. 여러분의 마음속에 하나님
이 주신 은총을 유지하고, 영적인 컨디션을 최상으로 유지하십시오. 오
늘 이 한순간을 인생의 절정으로 생각하고 은혜를 만끽하면서 찬송을

뿌리며 사십시오. 날마다 몸의 양약, 마음의 양약, 뼈의 양약을 드십시오. 그래서 늘 강건하고 멋지게 살아가는 여러분이 되시기를 바랍니다.